拒绝上学行为
评估与干预

陈玉霞 ◎ 著

SCHOOL REFUSAL BEHAVIOR:
ASSESSMENT AND INTERVENTION

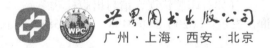

世界图书出版公司
广州·上海·西安·北京

图书在版编目（CIP）数据

拒绝上学行为评估与干预 / 陈玉霞著. —广州：世界图书出版广东有限公司，2022.12（2025.1重印）
ISBN 978-7-5192-9998-9

Ⅰ. ①拒… Ⅱ. ①陈… Ⅲ. ①儿童心理学—学习心理学—研究 Ⅳ. ①G442

中国版本图书馆CIP数据核字（2022）第255181号

书　　名	拒绝上学行为评估与干预
	JUJUE SHANGXUE XINGWEI PINGGU YU GANYU
著　　者	陈玉霞
责任编辑	刘　旭
责任技编	刘上锦
装帧设计	几　瓦
出版发行	世界图书出版有限公司　世界图书出版广东有限公司
地　　址	广州市海珠区新港西路大江冲25号
邮　　编	510300
电　　话	（020）84460408
网　　址	http://www.gdst.com.cn/
邮　　箱	wpc_gdst@163.com
经　　销	新华书店
印　　刷	悦读天下（山东）印务有限公司
开　　本	880 mm × 1 230 mm　1/16
印　　张	18.25
字　　数	369千字
版　　次	2022年12月第1版　2025年1月第2次印刷
国际书号	ISBN 978-7-5192-9998-9
定　　价	88.00元

序言

2007年，我硕士研究生毕业，进入现在的工作单位。我的第一个来访学生是因拒绝上学来求助的。他对学校的情感非常复杂，一方面，他对学校无比恐惧，不仅无法去学校，也不能提到上学相关的事情；另一方面，他对上学又充满渴望，即使在家也要穿着校服。虽然在跟我一起工作10余次之后，他脱落了，但他却深刻地影响了我。

在接下来的十几年里，我在工作中不断接触到这个群体。他们其实就在我们的身边，以病假、休学、转学等方式隐秘地存在。如何尽早识别并帮助他们？这是我一直在尝试寻求答案的问题。这本书算是一个阶段性的小结。

我的第一个来访学生，在两年多的挣扎后重返校园，现在他已经成为一个自食其力的劳动者。谨以此书献给他以及曾经或正在遭受拒绝上学行为困扰的学生及家庭，并祝福他们早日走出隐秘的角落，沐浴阳光，自然生长。让我们共同关注、关心、关爱拒绝上学学生。

陈玉霞

2022年10月于广州

目录

I

拒绝上学行为的理论研究

　　本章将对拒绝上学行为的概念、评估、影响因素、干预等方面进行系统的介绍。

　　当前，青少年拒绝上学已经成为世界各国关注的心理卫生问题。如不对其干预，拒绝上学行为将会给个人、家庭、社会带来短期及长期的负面影响。短期影响：拒绝上学行为使青少年无法完成学业，个人与同伴群体疏离，社会功能减退；给家庭带来心理压力、经济压力，影响家庭和谐，降低生活质量；增加学校整体管理的压力、增加教师与学校管理人员的工作量，可能导致家长与学校管理人员冲突的增多。长期影响：导致个人未来的职业、婚姻与生活问题以及心理疾病，也是以后罹患精神疾病的高危因素；拒绝上学的青少年会长期依赖原生家庭，继而导致家庭在心理、经济和生活等方面的巨大压力；拒绝上学行为可能会导致青少年的行为不良、犯罪倾向与暴力行为等，危害社会安定。

　　鉴于拒绝上学行为的普遍发生及其危害，发达国家对其高度重视。英国教育部门每年发布与拒绝上学行为有关的报告；美国教育部把拒绝上学行为列为美国的十大教育问题之一；在日本文部科学省（相当于我国教育部）每年出版的青少年白皮书中，拒绝上学行为被视作最严重和最受关注的儿童行为问题之一。一个多世纪以来，世界各国对其开展了长期研究，在拒绝上学行为的预防和干预方面取得了一定的成效。而在我国，拒绝上学行为的研究尚处于起步阶段。由于各种原因，该问题尚未受到社会各界足够的重视。

第一节　拒绝上学行为的概念

　　本小节将对拒绝上学行为概念的发展、界定、相关概念、理论模式的发展进行介绍。

世界各国学者对拒绝上学行为进行了一个多世纪的研究。在不同的时期，研究者从各自的理论观点出发，使用不同的概念，如逃学（Truancy）、神经心理性逃学（Psychoneurotic Truancy）、学校恐怖症（School Phobia）、拒绝上学（School Refusal）、拒绝上学行为（School Refusal Behavior）等。学者们尝试从不同的角度对拒绝上学行为进行研究，形成了较为完善的理论体系。以各历史时期起主导作用的理论进行划分，可以将拒绝上学行为的研究分为司法的、医学的和综合的理论模式。

一、概念的发展

拒绝上学行为的出现与义务教育法的实施密切相关。19世纪，随着工业革命的到来，为了给工厂提供有技术、守纪律的工人，西方发达国家制定和实施了义务教育法和童工法。这些法律的实施，使得拒绝上学行为现象成为需要研究和解决的严重的社会问题和行为问题。

（一）逃学期（19世纪末到20世纪初）

早期的研究者倾向于使用逃学这一概念。这一时期，逃学指的是儿童在父母不知情和不同意的情况下故意不去上学。这个概念至今仍然在使用。

逃学有以下特征：①问题家庭、不良身体状况、极端的社会暗示性、极度的爱冒险、缺乏动力和交友不慎。②问题性的学校、班级、教师和评估策略；不良的校外吸引；父母的忽视。③学校适应不良和低智商。

从本质上讲，早期学者们认为逃学是一种违法行为，或者与违法行为密切相关，或者是违法行为产生的前兆。

（二）逃学的分化期（20世纪三四十年代）

到了20世纪三四十年代，有学者提出，学生不上学跟焦虑有关，不应该将其视为违法行为，这使得逃学是违法行为的观念开始分化。

Broadwin（1932）指出部分学生拒绝上学是由深层的强迫型神经症引起，他进一步准确地描述了部分拒绝上学行为在本质上是焦虑症。

Partridge（1939）更进一步提出了神经心理性逃学的概念，特指那些表现出胆小、内疚、焦虑、乱发脾气和攻击性，同时在过度保护的亲子关系中渴望关注的儿童。该概念的提出将拒绝上学行为的研究分化为两个派别：传统派，将拒绝上学行为视为一种违法和犯罪的行为（称为逃学）；现代派，将该问题视为复杂的神经症（称为神经心理性逃学）。

Johnson（1941）提出了学校恐怖症的概念。他指出，部分儿童不上学是因为有学校恐怖症，即一种以恐怖和强迫交叉的神经心理性障碍。学校恐怖症被认为是神经心理性逃学的一个分支。之后，Johnson又提出分离焦虑（Separation Anxiety）的概念，指出不上学的问题实际上是由儿童的分离焦虑造成的，主张使用分离焦虑。分离焦虑指的是儿童预期或经历与依恋对象（父母或主要看护者）分离时，表现出过度的与儿童发育阶段不相符的焦虑状态。

（三）学校恐怖症和拒绝上学期（20世纪五六十年代）

Waldfogel，Coolidge，Hahn（1957）将学校恐怖症的定义扩展为：由于对学校有病态的恐惧而不去上学。这个定义有重要意义，指出了学校恐怖症的核心是学校，而非家庭或亲子关系。

Coolidge，Hahn，Peck认为学校恐怖症有两个分支：一个是神经性型，指的是学校恐怖症的原始概念；另一个是性格型，指的是普通神经心理性逃学的最初概念。Coolidge等人有关学校恐怖症的观点为大多数人接受。在20世纪50年代，学校恐怖症取代了神经心理性逃学，被广泛使用。

Hersov等人在1960年提出以拒绝上学取代学校恐怖症，认为拒绝上学能更形象、更具体地描述有焦虑和抑郁情绪的不上学儿童，得到广大学者的认可。随后拒绝上学被正式定义为由于情绪障碍，特别是焦虑和抑郁，导致儿童上学发生困难，并出现回避上学行为的一种心理疾病。

（四）拒绝上学行为期（20世纪90年代之后）

Heyne等人主张将儿童不上学的研究分为拒绝上学和逃学两个独立的部分，并指出拒绝上学是以焦虑为主要特征，而逃学是以行为问题为主。Berg最早对拒绝上学的特征进行了界定，Fremont更进一步指出了拒绝上学和逃学的差异。

Kearney（1996）建议采用拒绝上学行为作为对逃学和拒绝上学的统称，并将其定义为：儿童自发地拒绝上学或难以整天坚持在课堂学习的现象。拒绝上学行为是一个综合性概念，它揭示了儿童没有保持和年龄相符的上学功能或应对学校压力源的能力。Kearney对拒绝上学行为的研究做出了卓越的贡献。他所提出的拒绝上学行为的概念彻底摆脱了以往精神病理的印象，扩展了研究范围；其有关拒绝上学行为的定义和分类，使得该领域的研究更加规范。首先，拒绝上学行为作为对不上学现象的客观描述，改变了以往司法的或疾病的模式下的概念的偏见，比较适用正处于不断发展变化中的儿童。其次，作为一个异质的、多维的、综合性的概念，拒绝上学行为能够涵盖不上学儿童的各种行为表现。它提醒我们，拒绝上学行为是对复杂的影响因素的包容和反应，其产生的原因不仅仅是生物学的或心理的，而且是社会的、文化的、体制的众多因素综合作用的结果。因此，其解决方式也应该是综合的，单纯依靠心理咨询或药物干预是不够。在Kearney及其同事的大力提倡导下，拒绝上学行为作为描述学生不上学现象的综合性概念，已经得到广泛的认同和使用。

（五）小结

拒绝上学行为从最初的逃学（Truancy）到神经心理性逃学（Psychoneurotic Truancy）、学校恐怖症（School Phobia），再到拒绝上学（School Refusal）、拒绝上学行为（School Refusal Behavior）的发展可以看出，学者们对拒绝上学行为的认识经历了从特殊到普通，从视为疾病到正常看待的过程。拒绝上学行为从最初被认为是"特殊孩子的问题"，转变为在"教育、家庭、社会的共同作用下，每个孩子都可能会发生的问题"。

二、概念的界定

作为严重影响儿童青少年身心健康发展的心理卫生问题之一，拒绝上学行为在世界范围内引起普遍关注，而在我国尚未受到足够重视。我国需要在对该行为明确界定的基础上进行针对性的分类研究，同时采用心理学、社会学、医学等多学科整合的研究视野。

鉴于Kearney所提出的拒绝上学行为概念的影响力，我国可以沿用其所倡导的这个概念，并将其界定为：6～18岁儿童由于心理社会原因（经济贫困和身体疾病除外），主动地拒绝去学校或难以整天坚持在课堂学习的现象。

儿童的行为符合以下要素即是拒绝上学行为：

（一）行为主体为儿童。根据联合国《儿童权利公约》规定，儿童是指18岁以下的任何人。在此，主要指18岁以下的中小学生（不包括幼儿园的小朋友）。

（二）行为原因是心理社会因素，排除因身体疾病或贫困不能上学的情况。20世纪80年代，我国中小学生不上学的主要原因是经济贫困。90年代以后，城市和经济发达地区非经济因素造成的学生不上学现象逐渐引起部分学者的关注，但是没有得到社会和学术界足够的重视。心理社会因素造成的拒绝上学行为对学生本人、家庭、社会有极大的负面影响，应该成为研究和关注的中心。另外，要将因身体疾病不能上学的情况排除。由于部分拒绝上学学生会有头痛、肚子疼、恶心、呕吐、颤抖等躯体方面的症状，也要做好鉴别排除。

（三）行为表现。拒绝上学行为包括以下两种情况：儿童主动地拒绝去学校；难以整天坚持在课堂学习。多数儿童的拒绝上学行为是由于没有维持和年龄相符的上学功能或应对学校压力源的能力，即儿童想去上学却没有能力去，这是以往国内外研究的重点。但是，近年来，研究者发现我国儿童拒绝上学行为表现出新的趋势和特点，即儿童主动拒绝上学的情况有所增加。部分儿童对自己的不上学行为变得满不在乎，甚至是享受不去上学的快乐，而不再像传统的拒绝上学行为理论认为的那样，内心充满了罪恶感和内疚感，这种趋势应该引起重视。

拒绝上学行为概念具有以下特征：首先，综合性。它包括厌学、旷课、逃学、拒绝上学等相关概念。其次，多维性。它不仅包含长期不上学行为，也包含那些在胁迫下上学的行为。多数儿童经常表现出波动的上学模式。最后，异质性，有多种典型的特征。常见的情绪反应主要包括：焦虑、抑郁、恐惧等；行为表现：发脾气、言语和身体的攻击、反复寻求确认、纠缠、不服从、从学校或家里逃离等；身体症状：头痛、肚子疼、恶心、呕吐、颤抖等。许多儿童综合表现出上述特征。

三、相关概念介绍

（一）厌学

国内对于厌学有长期的研究，但是对于厌学的定义却很模糊，至今仍没有一个公认的界定。比较有代表性的有高利兵的界定"学生对学校的学习生活失去兴趣，产生厌倦情绪、持冷漠态度及其在行动中的不良表现方式"和申自力提出的"厌学指在学校教育背景下发生的学生消极对待学习的一种心理现象，包括从学习动力不足、学习兴趣减弱或消失到对学习活动或学校生活的逃避甚至抗拒"。上述对厌学的界定，强调的是学生对学校的负面情绪，与拒绝上学行为中主动拒绝上学类型相似。对于拒绝上学行为的另一种情况，学生想去却没办法去，即被动拒绝上学行为，在厌学的概念中没有得到体现。从学术研究的角度考虑，厌学这个概念需要更正。

（二）逃学

有厌学倾向的学生对上学不感兴趣，但迫于家庭或外界压力又不得不上学。他们带着消极的态度学习，注意力不能集中，学习效率低下，甚至看什么都不顺眼，产生严重的厌烦情绪，久而久之就会出现旷课甚至逃学行为。旷课又叫逃课，或叫翘课，指学生未经请假而缺课。逃课包括显性逃课和隐性逃课两种：显性逃课就是课堂学习不见踪影，在校外从事非学习活动，如在校外游玩、打游戏等；隐性逃课就是身在课堂心在外，如课堂学习注意力不集中。在校规中，旷课行为一般都属于严重违纪，缺课次数达到一定程度就会受到校纪校规处罚。当学生连续旷课达到一定天数时就已构成逃学，如果把旷课分为偶尔旷课和习惯性旷课的话，逃学属于后者，是旷课行为中比较严重的一种。

（三）辍学

辍学也可分为显性辍学与潜在辍学。如上面提到的厌学、旷课及逃学行为就具有潜在辍学的性质。如果说符合国家界定标准的未完成学业中途失去学籍并且人不在校的学生属于显性辍学学生，那么在未达到这个标准之前，有辍学的倾向和前期表现的学生则可以称之为潜在的辍学学生，如有厌学表现、有反复旷课和逃学表现的学生。一般来讲，除了因突然变故而辍学的学生外，大部分显性辍学学生在前期都有潜在的辍学倾向，也即辍学行为的发生有一个逐步演变的过程。事实上，不是每一个具有潜在辍学可能的学生最后都会转变成显性辍学生，而这"会"与"不会"之间具有挽救的巨大空间，因此，这些潜在的辍学生群体应成为学校关注的对象。

（四）学校恐怖症

学校恐怖症指的是儿童对学校环境异常恐惧，强烈地拒绝上学的一种情绪障碍，是恐怖症中的一个特殊类型。学校恐怖症在临床上的诊断标准有：对去学校产生严重的困难；产生严重的情绪反应；父母知道他们在家；无反社会行为。

学校恐惧症的儿童暴露出各种心理问题，突出症状就是拒绝上学。可表现为对上学厌倦，以各种理由推诿不去上学或不能在学校待上一整天，且常伴有明显的情绪障碍或行为障碍，如特定的恐怖、睡眠障碍、躯体化症状、同龄人交往障碍等不同的表现形式，蛮不讲理、冲动毁物等行为。学校恐惧症的儿童最常见的主诉不是焦虑、紧张或不愉快，而是躯体化症状，表现为头痛、头晕、腹痛、哮喘发作，自主神经功能紊乱，如出汗、手抖、尿急等。

（五）小结

上述概念中使用较多的是辍学和厌学这两个概念。厌学是一个模糊和笼统的概念，至今没有一个公认的界定，更谈不上分类及相应的对策研究。同时，厌学这个概念强调的是学生本人的心理因素，并未涉及学校、社会等其他因素对学生心理的影响。学校恐惧症是医学界常用的一个概念，青少年对学校特定环境异常恐惧、焦虑，出现强烈的拒绝上学行为。厌学和学校恐怖症是疾病模式理念下的概念，需要更正。辍学是一种中止教育的行为或现象。辍学是一个结果，是一个从量变到质变的积累过程，只有对学生辍学前的拒绝上学行为加以控制，才能真正杜绝其演变成辍学。

上述概念既相互联系又有区别。由于概念不统一，使得相关研究无法比较，不利于研究工作的进一步开展。同时，这些概念带有歧视的情感色彩，容易给有相关经历的学生贴标签，不太适用于处于发展变化中的儿童。对概念进行明确统一的界定是进行科学研究的前提。对同一现象的界定如果不一致，那么研究者会基于自己的主观判断，在测量、操作或解释时对它进行不同的解读，难以保证研究的客观性。

我国对学生不上学现象的研究主要集中在厌学和辍学上。我国对厌学有长期研究，然而，到目前为止，还没有一个对厌学公认的界定，由于其概念的模糊性，在国外没有专门的厌学研究。可以说，厌学研究是一个有中国特色的现象。一直以来，我国辍学研究的重点是因经济贫困而被迫的辍学，忽略了对学生由于心理社会等非经济因素造成的自愿性辍学或主动拒绝上学的研究；同时，现有的辍学率或流失率是以学籍作为界定的标准，只能反映形式上的辍学现象，即显性辍学状况，而不能反映实质意义上的辍学现象，即隐性辍学。对拒绝上学行为的研究应该包括上述二者在内。

四、理论模式的发展

一个世纪以来，各国学者尝试从不同的角度对拒绝上学行为进行研究，形成了较为完善的理论体系。以各历史时期起主导作用的理论进行划分，可以将拒绝上学行为的研究分为司法的、医学的和综合的理论模式。在这些理论模式下，拒绝上学行为的概念、界定和干预措施都有相应的变化。

（一）司法模式

从19世纪末到20世纪初是拒绝上学行为的司法模式阶段。

19世纪末，伴随着第二次工业革命的到来，西方国家大规模兴建工厂。为缓解劳动力不足，同时也为了降低成本，许多工厂开始招收童工。为保障儿童的合法权益，同时也为了给工厂提供合格的劳动力，西方国家开始实施义务教育法和童工法,将儿童的不上学行为界定为违法行为,当时普遍使用的概念是逃学,政府采用司法监禁和罚款的方式对不上学儿童及家庭予以处罚。

司法干预受到了来自儿童本人、家庭和学校的不满和抵制。当时的学校由于教育质量低下,对儿童缺乏吸引力,使得儿童更倾向于进入工厂赚钱;家庭由于贫困也希望孩子更早进入工厂工作,以缓解家庭的经济压力;学校因为办学条件的限制,无法招收所有儿童入学。

拒绝上学行为的司法干预模式受到广泛质疑。学校教育的目的在于促进儿童的发展和成长,而司法干预强调惩罚,而非拯救。另外,经济贫困是当时儿童不上学的主要原因,而司法监禁和罚款,使得本来就贫困的家庭雪上加霜,进一步导致了儿童的不上学行为发生。

(二)医学模式

20世纪三四十年代到八九十年代是拒绝上学行为的医学模式阶段。

这一时期,随着西方资本主义经济的进一步发展,造成不上学行为的经济原因基本得到消除,但儿童不上学现象并未能得到根除。有研究者指出,不上学是由儿童的焦虑情绪引起的。随着医学和心理学的快速发展及其影响力的扩大,学者们开始从个人心理病理方面对不上学现象进行研究。这一阶段的概念带有明显的病理特征,如神经心理性逃学、学校恐怖症、分离焦虑症。其中,影响较大的是分离焦虑症。由于上述概念带有明显的病理特征,存在给儿童贴标签的倾向,因此以 Hersov 为首的学者提倡采用"拒绝上学"的概念。虽然当时学者对拒绝上学的界定仍是疾病范畴,但是"拒绝上学"作为一个不带病理特征的名称得到推广和使用。

受精神分析学派的影响,在早期对拒绝上学行为的干预中,重点在于处理儿童的分离焦虑。之后,行为治疗和认知行为治疗得到较为广泛的使用。行为治疗将焦点集中于儿童的行为表现,采用系统脱敏疗法、暴露疗法、放松训练和社交技巧训练等方法。认知行为治疗通过改变儿童对学校的认知,达到矫正拒绝上学行为的目的。总之,在疾病模式的主导下,拒绝上学行为被视为儿童个体的精神或心理的问题,主要通过药物或心理的方式进行干预。

(三)综合模式

20世纪末至今是拒绝上学行为研究的综合模式阶段。

随着儿童拒绝上学现象越来越普遍,拒绝上学行为从最初被认为是少数儿童的问题,转变为每个儿童都可能会发生的问题。拒绝上学行为的影响因素呈现出复杂化的趋势，社会因素的影响力进一步加大，医学模式显然不能完全解释拒绝上学行为，于是产生了综合模式理论。研究人员开始从更广泛的社会背景对拒绝上学行为加以研究。正是在这种背景下，Kearney 提出了拒绝上学行为这个综合性的概念。该概念的提出具有重要意义。首先，它指出了拒绝上学行为的本质特征，即儿童没有保持和年龄相符的上学功能或应对学校压力源的能力。其次，该概念彻底摆脱了以往精神病理的印象。在Kearney及其同事的大力倡导下，拒绝上学行为取代其他概念，被广泛使用。

拒绝上学行为的综合模式是对复杂影响因素的包容和反应，它提醒我们，造成拒绝上学行为的原因不是单一的，而是社会环境、文化、教育体制等众多因素综合作用的结果，因此，其解决方式也应该是综合的，单纯依靠心理或药物干预是不够的。

在综合模式理论的指导下，欧美国家对拒绝上学行为的干预呈现出系统化和多元化的趋势，形成了政府、学校、市场和民间组织四种干预体系。在政府提供的干预体系中，政府福利部门向拒绝上学儿童及其家庭提供福利帮助，并指定专业社工或者心理治疗人员进行辅导；学校的干预措施则是设计有针对性的课程或活动，另外由心理老师和社工为儿童提供个体辅导；市场的干预则通过专业的教育与心理辅导机构来进行；民间组织则设计一些短期或长期干预项目，并借助社工、教育心理学专业人员的帮助。

第二节 拒绝上学行为的评估

本小节将对拒绝上学行为的评估程序、评估方法及评估量表进行介绍。

研究显示，学生拒绝上学行为的时间越长，重返学校就越困难，越早干预效果越好，因此早期识别尤为重要。由于拒绝上学行为有较强的隐蔽性，往往发展到较为严重时才会引起重视，但此时已经错过了早期干预时机。编制有针对性的评估工具，对拒绝上学行为进行筛查，并对筛查出的学生做全面评估，可以为早发现早干预提供科学依据。由于各种原因，对拒绝上学行为进行针对性评估的工具非常稀少，临床医生和研究者主要参考相关量表的测量结果，对拒绝上学行为进行评估。

随着我国学生拒绝上学行为问题的逐渐显现，对其进行评估、预防和干预成为当前急需解决的问题。由于东西方文化差异，我国学生的拒绝上学行为无论是在产生原因还是在表现形式等方面都有其独特性。在借鉴国外相关研究成果的基础上，编制适用于我国学生拒绝上学行为的评估工具并将其应用于临床和研究工作是当前首要解决的问题。

一、评估程序

临床上对拒绝上学行为的评估程序包括面对面的访谈、量表评估、行为表现的观察。

（一）访谈

在进行评估性会谈时，建议治疗师先访谈孩子，再访谈父母。这样做有几个好处。第一，先访谈孩子意味着治疗师很重视孩子提供的信息，有助于建立良好的治疗关系。第二，首先对孩子进行访谈，会让孩子感受到治疗师不是在和他父母一起来对付他。第三，先访谈孩子能使治疗师有机会尽早和孩子讨论保密问题，并告诉他哪些信息治疗师必须告诉其他人。在治疗开始阶段做到这一点对所有孩子都很重要，特别是对那些为追求实质利益而拒绝上学的孩子。

（二）量表

常规评估包括儿童行为量表、儿童情绪量表、父母及教师测评量表等。不同的量表评估不同的症状和心理问题，但是对制订有效的干预措施还是不够的。

（三）行为表现

在评估阶段，为了收集更准确、更全面的信息，治疗师可以在上学日对儿童早晨离家上学的情景进行观察。通过行为观察可以获得额外的信息以确认其拒绝上学行为的原因及维持因素。

二、评估方法

对拒绝上学行为进行针对性评估的工具非常稀少，临床医生和研究者主要参考相关量表的测量结果，对拒绝上学行为进行评估。鉴于拒绝上学行为是由多方面因素引发，可以从不同方面进行评估。

（一）智力测验

有学者使用韦氏儿童智力量表来评估拒绝上学儿童的智商，发现拒绝上学儿童的智商在边缘智力及以下者显著多于对照组儿童。

（二）个性倾向

艾森克人格问卷（EPQ）是一种自陈测验，共88题，包括4个因子（E、N、P、L），可用来了解儿童的基本人格特征。有学者采用艾森克人格问卷针对学校恐怖症进行研究，发现学校恐怖症儿童四个因子的得分均显著高于对照组。

（三）情绪评定

1. 拒绝上学儿童常伴有焦虑，以下介绍国内学者常使用的工具。

叶仁敏修订的状态——特征焦虑量表（STAIC）为自评量表，于1977年编制。它的特点是简便，能直观地反映焦虑者的主观感受，而且能将当前的状态和一贯的特质区分开来，可测定儿童的状态焦虑与特征焦虑水平。该量表共40题，采用4级评分。

Spence儿童焦虑量表（SCAS）适用于7～18岁儿童，由分离焦虑、旷野焦虑、社交焦虑、身体焦虑、强迫焦虑和一般焦虑6个因子构成，可用于评估儿童焦虑水平。

Sarason考试焦虑量表（TAS）是针对考试焦虑的评估工具，是目前最受专家好评的考试焦虑量表，也是国际上广泛使用的考试焦虑量表之一。该量表共37题，涉及个体对考试的态度、考试前后的感受及身体紧张感等方面，采用"是—否"两级评分，其中有5个反向题，总分越高表示考试越焦虑。

李飞等建立了儿童社交焦虑量表（SASC）的中国城市常模。它包括害怕否定评价、社交回避及苦恼两个因子，共10题，采取0～2三级评分，用于评估儿童焦虑性障碍，可作为诊断、科研及流调的筛查工具。

王凯等修订了儿童焦虑性情绪障碍筛查表（SCARED），包括躯体化/惊恐、广泛性焦虑、分离性焦虑、社交恐怖和学校恐怖等5个因子，按0～2三级计分，适用于9～18岁儿童，有良好的信效度，可作为诊断及科研的工具。

2. 抑郁是拒绝上学儿童常伴有的情绪，国内修订使用过的量表如下。

Bellevue抑郁量表（BID）适用于6～12岁儿童，共40题，10个因子，每题根据严重程度和持续时间评0～3分，总分≥20者可诊断为抑郁症，可自评或他评。

儿童抑郁问卷（CDI）是由Kovacs等于1977年编制的，适用于7～17岁儿童，共27题，含负面情绪、人际问题、效率低下、快感缺乏和负性自尊等5个因子。俞大维等对该量表进行了修订，并证实其有良好的信效度。

苏林雁等于2003年修订了儿童抑郁障碍自评量表（DSRSC），并制定了城市常模。它适用于7～13岁儿童，共18题，按一周内症状出现的频率进行3级评分，但该量表用于评估儿童抑郁的有效性证据还不够充分。

3．在评估情绪方面，还有一些国内没有修订使用过的量表。

负面情绪自陈问卷（NASSQ）是针对广泛性焦虑和抑郁情绪的自我评定量表。它包括儿童版（适合于7～10岁儿童，14个项目）和青少年版（适合于11～15岁青少年，39个项目）。该量表非常适用于评估为了逃避引发负面情绪的刺激而拒绝上学的孩子。

美国儿童青少年精神协会在1997年发表的儿童青少年焦虑障碍评估与治疗的实用参数（AACAP）并不是针对拒绝上学者制订的，但临床实践证明它对拒绝上学者的评估是有效的。

焦虑障碍晤谈进度表（ADIS）是一种半结构式访谈，分别针对儿童和家长进行，先分开诊断，然后二者汇总形成最终诊断。

儿童显著焦虑量表修订版（RCMAS）是一种广泛使用的评估儿童焦虑的量表，它适用于7～17岁儿童，有良好的信效度，它在国外的使用率极高。

儿童多维焦虑量表（MASC），该量表有45个项目，测查生理焦虑、危害回避、社交焦虑及分离焦虑，特别适用于评估因负强化而拒绝上学的儿童。

同样可以对儿童青少年焦虑情绪进行评估的还有儿童焦虑评定量表修订版（ARC-R）和焦虑视觉推理量表修订版（VAA-R）。

在评估儿童抑郁方面，儿童抑郁评定量表修订版（CDRS-R）可以评估儿童青少年的抑郁情绪。

儿童恐惧调查进度表修订版（FSSC-R）专门评估儿童恐惧情绪，共80个条目，其中第1、2、14、15、28、29、40、42、43、54、65和79题是针对学校恐怖症设计的。

（四）意识、行为及社会功能的评估

严重的厌学情绪可引发拒绝上学行为，进而影响儿童的行为模式及社会功能。美国学者于1969年编制了Piers-Harris儿童自我意识量表（PHSCS），并于1974年进行修订，我国学者于2002年建立了中国城市常模。它用6个因子（行为、智力与学校情况、躯体外貌与属性、焦虑、合群、幸福与满足）来评价儿童的自我意识，共80个题目，得分高表明该儿童自我意识水平高。PHSCS可用于6～18岁儿童的行为障碍、情绪障碍的评价和治疗追踪，也可作为流调的筛查工具。

用于评估儿童行为问题的Achenbach儿童行为量表（CBCL），源量表于1991年编制，主要用于筛查儿童的社交能力和行为问题，分为家长版、教师版和儿童版，国内一般使用家长版。它由113个条目组成，分为2个因子（社会能力和行为问题），按最近半年的情况作答，分数越高表明能力越强或问题越严重。

特质应对条目（TCI）用于评估应对方式，共16个条目，分为积极应对（PC）和消极应对（NC）两个因子。有学者使用TCI研究小学生考试焦虑状况及其与应对方式的关系。

解亚宁编制的简易应对方式问卷（SCSQ）分为积极应对和消极应对两个因子，由20个条目组成，采用0~3评分，并证实其有较好的信效度。

拒绝上学儿童常伴有精神障碍，儿童大体评定量表（CGAS）可用于评定儿童精神障碍的严重程度。医师通过询问家长，根据儿童最近1个月的表现填写，按1~100分评定，若＞70分表示社会功能无明显损害。在儿童焦虑与抑郁障碍共病的临床研究中，用其来评估儿童的精神障碍。

（五）环境影响因素

家长的教育方式、家庭和学校环境都会对儿童产生影响，对其成长和受教育的环境因素进行评估是必要的。

岳冬梅等修订的父母教养方式评价量表（EMBU），由81个条目组成，共11个因子，分为父亲养育方式（6个因子）和母亲养育方式（5个因子）。国内有学者使用EMBU对儿童的各个方面（个性、情绪等）进行评估。

Eisen等编制了父母期望量表（PES）来评估父母对孩子的期望程度，它包含20个条目，5个因子（学习、课外活动、社交、家庭和一般成就），采用0~5评分，并被证实有良好的信效度，国内无人修订PES。

家庭环境量表（FES）由Moss等于1981年编制，可以用来了解儿童生长的环境因素。它共90个是非题，10个因子，包括亲密度、情感表达、矛盾性、独立性、成功性、文化性、娱乐性、道德宗教观、组织性和控制性。国内学者对其修订后发现，独立性、道德宗教观和情感表达三个因子的内部一致性较差，因此它在中国的适用性还有待提高。

社会地位两因素指数量表（HTFISP）从家庭成员获得的最高学历和目前工作状况来评估家庭的社会经济水平，国内无人使用过该量表。

学校环境自我功能问卷（SEQ-SS）用于评估儿童对引起焦虑的情境的处理能力，如做学校的作业、处理离开学校的问题、因为上学而与父母分离等，为临床诊治提供依据。

教师评测表（TRF）和康纳斯教师评测量表（CTRS），一般在治疗前后由拒绝上学儿童的教师来填写，可以用来评价疗效。

日常生活压力源量表（DLSS）包含30个项目，主要测查孩子在日常生活事件中的痛苦感。该量表包括早晨和学校相关的事件，对于因负强化和为引起他人关注而拒绝上学的孩子而言，这些项目特别值得注意。

青少年自我评估量表（YSR）包含118个项目，要求孩子对内在和外在的行为问题进行自我评定。本量表适用于11～18岁的青少年，可以用来评估青少年的拒绝上学行为。

国外在评估拒绝上学行为时，对抑郁、焦虑、惊恐、个性、家庭环境等方面都有相应的评估方法。就国内而言，抑郁和焦虑的评估工具比较多，使用率较高的是CDI和SCARED。个性评估方面，国内针对儿童广泛使用的是EPQ。FES是一个比较成熟的量表，可用于评估拒绝上学儿童的家庭环境。总之，就国内现阶段的情况，评估拒绝上学儿童的焦虑、抑郁情绪比较容易做到，其他方面的评估有待开发和引进新的工具。

三、评估工具

当前仅有的针对拒绝上学行为进行评估的工具可分为两类：拒绝上学行为的筛查及对其原因的查找。由于世界各国在拒绝上学行为的概念及界定等方面存在一定差异，这些工具并未能得到大规模的推广和使用。

（一）拒绝上学行为的原因查找

1. **拒绝上学行为评估量表**(School Refusal Assessment Scale, SRAS)

拒绝上学行为评估量表（SRAS）由美国学者Kearney和Silverman于1993年编制，并于2002年修改，修改后的量表分为儿童版和家长版。拒绝上学行为评估量表（SRAS）以临床干预为目标，评估结果对于拒绝上学行为的矫治有较大的参考价值。该量表以Kearney提出的功能模型理论为基础编制而成。功能模型理论认为，有四个原因涉及拒绝上学行为的维持：为了逃避引发负面情绪（恐惧、焦虑、抑郁）的学校相关事物和情境（刺激）；为了逃避学校令人苦恼的社交或评价情境；为了获得和博取校外其他重要之人的关注；为了获得或追求校外实质利益。前两者指出孩子拒绝上学是因为负强化，或逃离学校的不愉快事物；后两者指出孩子拒绝上学是因为正强化，或追求学校以外的某种利益。拒绝上学行为评估量表（SRAS）将这4个原因作为4个因子，每个因子均设置6个条目，一共有24个条目。在量表中，儿童和父母会被问及因上述4个原因而拒绝上学的频率有多少，采取"从不"到"总是"的0～6七级评分，将各因子的条目得分分别相加，分数最高的因子即为拒绝上学行为的主要原因。综合父母量表和儿童量表的得分，能够比较客观地找到儿童拒绝上学的具体原因。Kearney针对4个原因分别提供了详细的治疗方案，治疗师在对个案进行干预时，仅需按方案进行操作就可以取得较好的治疗效果。

拒绝上学行为评估量表（SRAS）是在拒绝上学行为研究领域中出现最早、影响力最大的评估工具，已经被多个国家引用，我国目前暂无该量表的修订版。该量表尚存在以下问题：首先，其评估范围局限在负强化和正强化两个功能上，条目内容范围偏小；其次，题目难度大。儿童必须对两个问题进行回答，即有无拒绝上学行为及其原因。多数儿童未必能明确意识到自己拒绝上学的真正原因，导致回答困难或错误。

2. 儿童青少年拒绝上学原因问卷(School Refusal Reason Inventory，SRRI)

国内有学者根据拒绝上学行为评估量表（SRAS）的思路，编制了拒绝上学行为原因问卷（SRRI），通过问卷查找出学生拒绝上学的原因，为临床干预提供参考。拒绝上学行为原因问卷（SRRI）有6个因子，分别为教养方式、教师因子、同学关系、分离焦虑、学习态度和学习环境，各因子分别反映学生拒绝上学的某一方面的原因，有43个条目，采用0～6七级评分。问卷同样分为父母版和儿童版，综合两者的得分，因子分数越高表示该因子对学生拒绝上学行为的影响越大。临床医生参考评估结果，从得分高的因子着手进行干预。

学生拒绝上学的原因与年龄密切相关。小学生往往会因为分离焦虑而拒绝上学；随着年龄的增加，校内的人际互动、校外不良因素的影响会增加。SRRI的施测对象包括中小学生，忽视了不同年龄阶段学生拒绝上学原因的差异；同时，问卷条目过多，易引起测试疲惫。

无论是国外的拒绝上学行为评估量表，还是国内的拒绝上学行为原因问卷，都是从临床的角度出发，通过量表，找出儿童拒绝上学的原因，从而进行有针对性的干预。

（二）拒绝上学行为的筛查

1. 儿童拒绝上学行为问卷(Child School Refusal Behavior Scale，CSRBS)

陈玉霞从日常行为表现而非功能的角度编制了儿童拒绝上学行为问卷（CSRBS），作为拒绝上学行为的筛查工具。该问卷有5个因子（违抗行为、学校疏离、负性情绪、学习能力和躯体感受），19个条目，1～5五级评分。

儿童拒绝上学行为问卷（CSRBS）有较好的信效度，能达到对拒绝上学行为进行初步筛查的目的。首先，儿童拒绝上学行为问卷（CSRBS）充分考虑到拒绝上学行为涉及的认知过程、情绪体验、生理唤醒以及行为表现，将该行为放到儿童的整个身心系统的视野中来考察，从多方位对其进行评估，能在较大程度上筛查出有拒绝上学倾向的学生。其次，儿童拒绝上学行为问卷（CSRBS）只要求儿童回答有无拒绝上学的各种表现，而不必考虑和选择拒绝上学的原因，比较符合儿童的心理发展水平和自我觉察水平。最后，儿童拒绝上学行为问卷（CSRBS）句子简短，文字浅显易懂，难度低，有利于提高回答的准确率。儿童拒绝上学行为问卷（CSRBS）存在以下局限：一、问卷结构欠清晰；二、条目涉及的拒绝上学行为有限；三、条目分布不均衡，部分因子的条目数偏少；四、施测对象为中小学生，并未进行年龄段的区分。不同年龄段学生拒绝上学行为的原因和表现有较大的差异。小学生拒绝上学行为的主要原因为分离焦虑、学校适应，以不良情绪、身体不适体现；青少年拒绝上学往往与学习压力、人际关系有关，更容易表现在行为方面。

2. **青少年拒绝上学评估量表**(School Refusal Evaluation Scale，SCREEN)

青少年拒绝上学行为评估量表（SCREEN）由法国学者编制，主要针对10～16岁的青少年进行拒绝上学行为的早期筛查。该量表以Kearney的拒绝上学行为理论为基础，同时听取专家意见，将拒绝上学的典型行为编写成量表条目。SCREEN有4个因子，18个条目，0～4五级评分。第一个因子（5个条目）反映了青少年在面临上学情境时的**焦虑预期（Anxious Anticipation）**。第二个因子（4个条目）涉及青少年在学校和家庭之间的**过渡困难（Difficult Transition）**，涉及分离焦虑。第三个因子（5个条目）**人际不安（Interpersonal Discomfort）**，反映的是青少年在学校的不适应及其对自我认知的影响。第四个因子（4个条目）为**学校回避(School Avoidance)**，包括逃学和逃课两种行为。被试得分越高，表明拒绝上学行为越严重。青少年拒绝上学行为评估量表（SCREEN）有较好的信度和效度，可用于临床筛查或研究，但仍存在以下不足：首先，样本量比较小，其有效性尚待在大样本中进行验证。其次，条目表述有待改进。如"我害怕去学校""我不想去上学"等条目的表达过于笼统直白，被试可能会因社会偏见而不诚实作答。

目前国内外拒绝上学行为的评估工具大多以Kearney的功能模型作为理论框架，上述问卷的有效性在一定范围内得到证实，但均未被大范围地推广和使用。功能模型以心理学中的行为主义为其理论基础，能在一定程度上对拒绝上学行为进行解释，特别是针对西方文化背景下、以外显行为为特征的拒绝上学行为。然而，学生拒绝上学的原因非常复杂，Kearney的功能模型还需要在借鉴心理学中其他流派理论的基础上，进一步扩展和细化，以期更全面地理解学生的拒绝上学行为。

随着我国学生拒绝上学行为问题的逐渐显现，对其进行评估、预防和干预成为当前急需解决的问题。由于东西方文化差异，我国学生的拒绝上学行为无论是在产生原因还是在表现形式等方面都有其独特性。在借鉴国外相关研究成果的基础上，编制适用于我国学生拒绝上学行为的评估工具并将其应用于临床和研究工作是当前我们面临的一个挑战。

第三节 拒绝上学行为的影响因素

本小结将对拒绝上学行为的影响因素进行介绍，包括个人因素、家庭因素、社会因素。

在拒绝上学行为影响因素的研究上，早期研究强调家庭及个人因素。之后，随着拒绝上学行为研究的综合模式理论的提出，研究者开始从学校、社会等各方面对拒绝上学行为进行更全面的研究。影响拒绝上学行为的相关因素并不是单一存在的，而是相互影响、相互作用的。儿童自身的个性特点是以遗传为基础，在外界环境因素的影响下逐渐发展的。在分析拒绝上学行为问题时，需结合儿童自身特点、遗传、家庭、学校、社会等各方面因素进行综合考虑。

一、个人因素

（一）身心状况方面

身体状况不佳是儿童拒绝上学行为发生的原因之一。有拒绝上学行为的儿童普遍存在焦虑、抑郁、躯体化、强迫症状、恐怖等心理问题。常见的躯体化症状包括胃痛、腹痛、失眠、头痛、头昏、恶心、呕吐、疲乏无力、腹泻和呼吸急促等。

有研究者认为，儿童拒绝上学与害怕和母亲分离有关。入学对儿童来讲，是从家庭走向社会，需要与父母分离。分离时儿童存在矛盾心理，他们既不想离开父母，又担心不上学会受到责备，如果这种矛盾心态得不到及时解决，就容易发展为焦虑与恐惧。由于儿童对情绪的识别和表达能力尚未发育完善，往往用行为和躯体表达，所以可能会出现一些躯体化症状。

（二）人格特征

人格是一个人独特的、稳定的心理倾向和心理特征的总和，它对个体的行为、情感、意志、适应能力等方面都有明显的影响。拒绝上学行为多见于那些胆小、敏感、行为退缩的儿童，常表现出过分拘谨、喜好他人表扬、任性、不善交友、固执等特征。

我国研究者采用明尼苏达多项人格测验（MMPI）对拒绝上学儿童进行研究，发现研究组在疑病（Hs）、抑郁（D）、癔症（Hy）、精神衰弱（Pt）、精神分裂（Sc）等5个临床量表与对照组相比差异显著。这表明，拒绝上学儿童常常过分关心自己的身体健康，敏感、疲劳、抑郁、焦虑、稚气、注意力不集中和缺乏安全感。

这些人格特征导致拒绝上学儿童胆小、紧张焦虑、敏感多疑、行为退缩、固执任性、好攻击、缺乏同情心、不友好、人际交往和社会适应能力不足、不能适应学校环境。他们往往自我评价低，或是过分要求完美，当遇到挫折时容易引发强烈的焦虑与恐惧，又不懂得怎么和人好好相处，继而导致人际关系紧张，容易诱发情绪和行为问题，从而更加易于出现拒绝上学行为。

（三）素质因素

素质因素指遗传因素、气质因素。遗传因素研究方面，有学者对299名患有广场恐怖症的母亲进行家族史研究，发现其子女比正常母亲所养育的子女更容易发生学校恐怖症；Mcshane等发现，在患有学校恐怖症的儿童中，有一半以上有精神障碍家族史。

根据发展心理学家的观察，婴儿从出生开始就表现出气质上的差异。根据儿童的活动水平和易激惹性，可分为易养型、难养型、迟缓型。难养型儿童抚养困难，容易引发父母的愤怒情绪以及父母之间的不一致反应，比其他类型儿童更易在学龄期表现出行为问题，如拒绝上学行为。

（四）分离性焦虑障碍

分离性焦虑障碍与拒绝上学行为密切相关。Johnson最早提出儿童是由于害怕与父母分离而回避上学，并将拒绝上学问题描述为分离焦虑。Bahali等对55名拒绝上学儿童进行研究，发现其中75%的儿童符合分离性焦虑障碍的诊断标准，是所有相关精神、心理障碍诊断中所占比例最高的。这类儿童大多对父母或其他养育者有较强的依赖性，感觉与依恋的人在一起有安全感或是担心自己离开后父母或自己会发生意外事故如车祸、死亡、被绑架等，因而不愿离开父母，拒绝去上学。他们一旦与父母分离，就会产生恐惧、焦虑等症状，甚至出现明显的躯体化症状，如头痛、头晕、恶心、呕吐等。需要注意的是，分离性焦虑的儿童并不都出现拒绝上学行为，拒绝上学行为也不一定都是分离性焦虑障碍引起的；若儿童的主要表现是害怕与父母分离，在家中或学校以外的其他场合仍会伴有明显的焦虑现象，那么拒绝上学行为是由分离性焦虑引起的；若儿童的焦虑情绪只在面临上学或上学时才出现，回到家后症状完全消失，在离开亲人单独到其他社交场合时情绪放松，适应正常，则拒绝上学行为与分离性焦虑无直接相关性。

（五）其他精神心理障碍

研究显示，大部分的拒绝上学儿童同时患有一种或多种符合DSM-IV或ICD-10诊断标准的精神、心理疾病，如抑郁症、社交恐怖症和特定恐怖症等。1996年，美国心理学家在加州对450名儿童进行精神检查和访谈，发现与拒绝上学行为相关的诊断包括：分离焦虑、广泛性焦虑、单纯性焦虑、社交恐惧、单纯或特定恐惧、惊恐障碍、抑郁症、恶劣心境、品行障碍、对立违抗性障碍、注意缺陷（多动）障碍、物质滥用和睡眠障碍等。近几年，Prabhuswamy等的研究也发现，拒绝上学儿童在抑郁症、焦虑症、强迫症、社交恐怖症等情绪障碍上发生率较高。可见，精神心理疾病对拒绝上学行为的发生有着重大的影响。

二、家庭因素

（一）国外研究

国外对拒绝上学行为家庭影响因素的研究有较长历史，研究范围广泛，涉及家庭的各个方面。其中，开始最早、影响最大的是家庭互动模式的研究。

1. 互动模式。

20世纪二三十年代，受精神分析学派的影响，对拒绝上学行为影响因素的研究集中在母子关系上。研究者认为，拒绝上学儿童的家庭被病态的母子关系所纠缠和控制，这类母子关系是相互依赖、敌对、动摇、剥夺、内疚的。父亲在家庭中显得消极、被动，不愿意参与到其他家庭成员的生活中。在个案研究中，拒绝上学行为在很大程度上与有敌意或不称职的母亲有关，这些母亲要么排斥孩子，要么助长孩子的过度依赖和拒绝上学行为。

在上述研究的基础上，Hersov将拒绝上学儿童家庭的亲子关系进一步总结和归纳为以下三种类型：①母亲过度溺爱；父亲无能、被动；孩子固执、任性、难伺候，在家庭中处于主导地位，而在家庭外的场合却显得胆小、拘谨。②母亲严厉、控制欲强、要求高；父亲被动、退缩，在孩子教养方面不能给予任何支持；孩子被动、服从、害怕离开家，到青春期很可能变得固执和叛逆。③父亲强势、控制欲强，在家庭生活中处于主导地位；母亲过度溺爱，母子关系紧密并被孩子控制；孩子在家固执、任性、难伺候，在外则机灵、友好、外向。

虽然早期家庭动力的研究在方法学上存在一定的问题，但是"纠缠"这个概念却极具影响力。Berg和McGuire发现，与对照组相比，学校恐怖症儿童的母亲能在更大程度上控制与孩子的情感与沟通。这类母亲过度保护孩子，希望孩子完全依赖自己。有研究者将学校恐怖症儿童的家庭和神经症儿童的家庭进行对比研究发现，学校恐怖症组在母子分离上有显著问题，如父母不能意识到孩子的分离需求；不满意孩子有要求；让孩子成为替罪羊；母子关系比夫妻关系更紧密等。上述问题给母亲带来的影响超过对父亲的影响。Timberlake在对74个学校恐怖症儿童的研究中发现，68.9%的父母对孩子过度保护。

鉴于早期研究在科学性上存在的不足，后继研究者采用心理学量表对拒绝上学儿童的家庭动力进行了更广泛的研究。比较常用的量表有FAM（Family Assessment Measure）和FES（Family Environment Scale）。Bernstein用FAM对76个学校恐怖症儿童的家庭进行了研究，发现与完整家庭相比，单亲家庭有更多的角色行为问题，具体反映在角色的调适、界定和整合上。

Bernstein对拒绝上学儿童的家庭进行了评估，发现存在两种主要的家庭类型：单亲母亲和亲生父母。两组家庭的对比研究发现，单亲母亲的家庭在沟通和角色行为上存在更大的问题。对拒绝上学儿童家庭而言，角色行为问题是指在家务和学校任务之间的界限划分上有困难。Bernstein对46个焦虑抑郁型的拒绝上学儿童进行了研究，发现50.0%的儿童、38.1%的父亲、24.4%的母亲将自己的家庭归类为极端型（即缺少凝聚力和调适能力）。

Kearney和Silverman认为，从家庭动力的角度可以将拒绝上学儿童的家庭分为六种类型。①纠缠型家庭。父母过度保护和溺爱儿童，同时家庭成员之间相互依赖、较少独立。②矛盾型家庭。家庭成员间的相处方式是敌对、暴力、强制的。这种类型在拒绝上学儿童的家庭中普遍存在。③疏离型家庭。家庭成员在生活中很少相互牵连。在很多例子中，儿童的不良行为只有在发展到很严重时才会被注意到。④封闭型家庭。家庭成员与外界社会联系较少，与普通家庭相比，更不愿意寻求治疗。⑤健康型家庭。家庭成员团结，善于表达，能有效解决问题。⑥混合型家庭。许多拒绝上学儿童的家庭是混合型的，具有上述两个或多个家庭类型的特点。

2．其他家庭因素。

①出生顺序。Berg，Butler和McGuire对100个学校恐怖症儿童研究发现，有55.0%的儿童是独生子女或排行最小的孩子。Torma和Halsti在对73个拒绝上学和逃学学生的研究中发现，43.8%的学生是独生子女或是家庭中最小的孩子。另有学者提出，排行最大的孩子更容易发生拒绝上学行为。整体上看，独生子女或多子女家庭中排行最大或最小的孩子更容易发生拒绝上学行为。②父母关系。Timberlake指出，在有学校恐怖症的学生中，52.7%的父母有较大的婚姻问题。在Ollendic对177个四年级学生的研究中发现，与普通家庭相比，单亲家庭的男孩子更容易发生拒绝上学行为，这种趋势在女生中也同样存在。拒绝上学的学生多数来自单亲家庭。③父母的心理健康。Berg，Butler和Pitchart的研究发现，在100个学校恐怖症的学生中，44%的母亲和13%的父亲有心理问题，主要问题是情感障碍。Torma和Halsti指出，在拒绝上学和逃学学生的父母中，有80.8%的母亲和47.9%的父亲有严重的神经症或不成熟型人格，15.1%的母亲和21.9%的父亲有严重的精神病、酗酒、社交回避行为。Last等人发现在学校恐怖症学生的家长中，57.1%的家长有焦虑或情感障碍。④亲属。国外学者在对6个患有严重学校恐怖症的学生和5个情感焦虑障碍学生的一级和二级亲属的对比研究中发现，与对照组相比，在学校恐怖症组的82个亲属中，41.5%的人有焦虑或抑郁障碍，在这些儿童的父母和兄弟姐妹中，72.7%的人有焦虑和抑郁障碍，而对照组为20.0%。另外，与对照组相比，学校恐怖症儿童的父母有更高比例的药物滥用行为，在角色行为、沟通、情感表达和控制力上有更大的问题。

综上所述，国外对拒绝上学行为的家庭影响因素的研究历史较长。在研究范式上，从最初的单因素研究过渡到将家庭作为一个系统来研究，从对家庭的物质环境的研究逐步转变到对心理环境的研究。早期的研究将重点放在家庭经济因素对儿童拒绝上学行为的影响上。之后，家庭亲子关系，特别是母子关系成为研究重点。到20世纪八九十年代，更多家庭因素进入研究者的视野，如夫妻关系、双亲心理健康状况等。在研究方法上，早期研究主要是从实践和经验出发，进行推论和总结。随着心理学、医学等相关学科的发展，心理测量、遗传学等被引入对拒绝上学行为的研究中，提高了研究的科学性。在预防干预方面，随着研究的深入，提出了针对特定的家庭影响因素的预防干预措施，如父母技能培训、家庭计划等，使预防和干预更加细化和具有可操作性。

国外研究虽然取得了较大的成果，但也存在不足之处。如研究对象仅局限于某一地区、某一学校的特定儿童，涉及不同地区、不同类型学校的大样本研究非常少，这在很大程度上影响了研究的代表性。

（二）国内相关研究

1. 厌学研究。我国对学生厌学的研究起源于20世纪80年代《中华人民共和国义务教育法》的实施。研究内容主要包括厌学的现状调查、学生厌学原因分析以及对策探讨等。研究虽然数量多，但内容重复，较少提出新的理论或观点；没有提出有针对性的预防和干预措施。

针对厌学学生的家庭影响因素的研究相当稀少，仅有的研究主要体现在以下方面：①研究对象上，主要是特殊群体，如农村学生、留守学生、中职生或贫困学生，较少针对普通中小学学生群体的研究。②研究内容上，涉及父母的要求与期望、教养方式、家庭结构、家庭经济条件等。如关明杰和洪明的研究发现，来自父母的巨大压力是厌学产生的原因；郭志芳等人的研究发现，父母采用民主式的教养方式，孩子不容易产生厌学情绪；李致忠和冯忠娜等人的研究发现，家庭经济困难的学生容易厌学。这些研究数量少、内容简单，没有对家庭相关因素进行系统的研究。研究工具是研究者自行编制的单一的问卷，较少采用成熟的量表进行研究。③研究方法上，思辨研究多、实证研究少。研究者多采用经验思辨式的探讨而少有客观的实证分析。

2. 拒绝上学行为研究。当前我国的研究停留在对国外相关概念、评估、治疗进展等方面的综述性研究上，仅有少量的实证性研究，其中有部分涉及家庭影响方面的内容。汪玲华、陈玉霞、胡静敏等人采用家庭环境量表、父母养育方式评价量表对拒绝上学行为进行了研究，探讨家庭环境、父母教养方式对儿童拒绝上学行为的影响。上述研究发现，拒绝上学儿童家庭成员间亲密度低、情感表达受限、亲子间缺乏相互的沟通与交流；拒绝上学儿童的父母较正常儿童的父母对子女缺乏情感上的温暖、理解、信任和鼓励，同时却有过多的拒绝、否认、惩罚和严厉。

社会的快速发展、家庭结构的变化、巨大的升学和就业压力，使很多父母过度关注孩子，对孩子的未来过分担忧，对其学业倾注了大量精力和财力，却很少试着去理解儿童在学习过程中所承受的种种困难和心理困扰，导致其内心压力不能及时得到缓解，长期处于情绪紧张状态，一旦受挫，容易诱发拒绝上学行为。

家庭是影响青少年行为的一个重要的环境。家庭被视为一个开放的系统，所呈现出的结构、组织和交互作用模式被视为家庭成员的行为的决定因素。家长对家庭是否能够健康地运行起着至关重要的作用。孩子的心理与行为直接受其父母的行为与教养方式影响，家庭功能的好坏直接影响青少年的心理及行为。对家庭功能的研究十分必要，找到家庭功能出现的问题可以为临床治疗青少年拒绝上学行为提供切入点，一方面为拒绝上学家庭治疗提供理论依据，另一方面家庭功能的好坏可以反映治疗效果，为干预提供可量化的指标，有很高的临床价值。

三、社会因素

（一）学校环境因素

在学校环境中，对学生拒绝上学行为产生影响的主要有以下几个方面：师生互动、标签效应、课程设置和学校行为管理等。师生互动方面，教师对学生的关注不够，甚至对学生持有负面评价和态度，导致学生排斥学校；标签效应认为，学生拒绝上学是因为学生被冠以"坏学生""差学生"等标签所致；课程设置方面，标准化的课程安排无法满足广大学生的多样化需求，导致部分学生抗拒某些课程并逐步发展为拒绝上学行为；学校行为管理主要是指教师在行为管理中对差生的惩罚性和隔离性措施，导致这些学生逐渐脱离学校。

规范的校园管理、活跃的课堂氛围、合理的规章制度，能让学生感到安全、有价值感。而校内发生的各种生活事件或应激事件如转学（班级）、学习困难、考试不及格、被同学嘲笑或欺侮、与教师发生冲突、遭受体罚、教师期望过高、管教严厉、校园暴力、刻板的规章制度等，让学生在学校感到枯燥无聊，往往是拒绝上学行为发生的重要诱因。美国国家健康卫生统计中心数据显示，校园暴力包括校园枪击案、抢劫、性攻击、殴打、同学欺辱等有增加的趋势，大约6%的拒绝上学学生承认因为害怕和回避暴力事件发生而不上学，暴力事件受害者不上学可能性是正常学生的2.1倍。

同伴群体对学生具有不可替代的重要影响。同伴群体可以在需要的时候给予学生支持，帮助学生提升个人价值，消除恐惧，回避敌对，确立自我认同与自我身份等。学校中同伴群体的缺失，会导致学生胆怯、情绪暴躁与攻击性行为，进一步恶化学生在学校的处境。

（二）社会支持

社会支持是以个体为中心的各种社会联系对个体所提供的稳定的物质或精神上的支持。社会支持可以提高个体的社会适应性，使个体免受不利环境的伤害。有研究发现，社会支持可以缓冲应激事件对儿童的影响。缺少社会支持的儿童，更容易受到压力事件的不良影响，不能正确面对来自环境中的各种挑战，导致他们在遭遇负性生活事件时无法应对，产生拒绝上学行为等不良后果。

（三）生活事件

生活事件作为一种压力应激源，对个体身体健康、主观幸福感、情绪等有极大影响。随着心理学的发展，越来越多的学者关注这一领域的研究。中小学生处于人生的快速发展时期，要面对来自生理、心理、环境的重大变化，承受更多的学习、人际等方面的压力，加上解决问题、应对压力的能力不足，各种负性事件的消极影响容易被放大，以致产生各种适应问题，其中比较常见的就是拒绝上学行为问题。

(四) 网络因素

网络在儿童的生活中占有重要位置，它给儿童的学习生活带来便利，同时，网络成瘾也对他们的正常学习生活产生了很大的负面影响。沉迷于网络的儿童会耗费大量时间上网而无法保证正常的学校生活，并最终导致拒绝上学行为的出现。

四、讨论

在拒绝上学行为影响因素的研究上，早期研究强调家庭及个人因素。之后，随着拒绝上学行为研究的综合模式理论的提出，研究者开始从学校、社会等各方面对拒绝上学行为进行更全面的研究。

我国目前还处于拒绝上学行为研究的起步阶段，尚停留在对国外相关概念、评估、治疗进展等方面的综述性研究上，仅有少量的实证性研究，其中有部分涉及人格及家庭影响方面的内容。

影响拒绝上学行为的相关因素并不是单一存在的，而是相互影响、相互作用的。儿童自身的个性特点是以遗传为基础，在外界环境因素的影响下逐渐发展的。父母患有精神心理障碍可能通过遗传影响儿童的心理行为特点，但从学习理论分析，幼儿可以通过模仿父母来习得某些行为，且儿童的情绪也易受父母情绪感染。因此，在分析拒绝上学行为问题时，需结合儿童自身特点、遗传、家庭、学校、社会等各方面因素进行综合考虑。

第四节　拒绝上学行为的干预

本小节将对拒绝上学行为的理论解释、干预模式的发展及治疗方法进行介绍。

一直以来，各国学者尝试对拒绝上学行为进行理论解释，寻找其产生原因。早期理论多数从儿童个体的心理方面入手。随后，研究者将学校、社会等外部环境也考虑在内，产生了功能模型理论、环境要因理论、群体社会化理论等理论。

拒绝上学行为是多种因素相互作用的结果，需要采用多学科、综合的理论解释。

国外对于拒绝上学行为有较长期的矫正实践，经历了司法、医院、学校和社区等不同矫正机构的实施。国外针对拒绝上学行为的矫正实践，有诸多值得借鉴之处，具体表现在社会关注、学校制度与矫正体系三个方面。

当前，对拒绝上学行为常用的治疗方法、包括认知行为治疗、行为治疗、家庭治疗、精神分析治疗以及联合治疗等。

一、理论解释

（一）分离焦虑理论

1941年，Johnson提出分离焦虑理论。分离焦虑指的是在婴幼儿时期，孩子与母亲分离时产生的不安感。分离焦虑理论关注的是母子之间的关系。分离焦虑理论认为，母亲在孩子婴幼儿期对其采取过度保护的养育方式，使得儿童对母亲有强烈的依赖感。孩子长大后，对母亲的依赖感仍然十分强烈，可能会整天纠缠母亲，母亲被剥夺了行动自由，会对孩子产生不满和抵触情绪。但是当母亲意识到这一点时，由于担心破坏那种具有献身精神的母亲形象，会压制这种不满和抵触情绪，进而采取更加过度的保护行为。孩子在母亲的这种过度保护下，极度依赖母亲，对社会产生疏离和不安情绪。这样一来，母子间就产生一种难以分离的状态。分离焦虑理论可用于解释刚入学儿童的拒绝上学行为；对于年龄较大的儿童或某些突发性的拒绝上学行为，分离焦虑理论存在一定的局限。

（二）自我意象防卫理论

自我意象防卫理论认为，拒绝上学行为产生的原因是儿童的非现实的自我意象。拒绝上学儿童在学业、人际关系、处理事务等方面具有超过自身实际情况的被夸大的自我意象。这种非现实的自我意象在家庭中能够被父母接受，使儿童保持较好的情绪，但是在家庭以外的其他场所，却不一定被接受。当儿童的这种非现实的自我意象在学校受到威胁时，他们就会对学校采取逃避的方式，倾向于选择能够保持自我意象的家庭环境，从而产生拒绝上学行为。

青少年期自我意识迅速发展，自我概念的不确定和不稳定性容易导致青少年对自我形象不能有很好的认知，可能产生不符合实际的自我认识和对事物的错误认知，例如认为自己学习成绩差、运动能力不佳、长得丑、不会交朋友等，过分夸大周围师生对自己的负面评价而不愿去上学。

（三）场面逃避理论

日本学者高木隆郎在对分离焦虑理论进行批判的基础上提出了场面逃避理论。他认为，拒绝上学儿童有强烈的完美主义倾向和自卑感，表现为固执任性、过分要强、追求完美、敏感多疑等人格特点。他们常常伴随高成就动机，过分在乎自我形象和感受，同时对自身和环境评价过分敏感，判断问题以偏概全、以点概面。在学校或是班级中，当他们遭遇失败或危机时，引发强烈的焦虑与恐惧，选择逃避，回到安全、舒适的家庭，从而产生拒绝上学行为。

（四）心理独立挫折理论

处于青春期的儿童一方面有强烈的自我独立的心理需求，另一方面，在心理、物质上对家庭、学校又存在依存状态。这种独立性和依存性之间的矛盾使他们产生了心理上的挫折感，从而导致拒绝上学行为的发生。

以上几种拒绝上学行为的理论解释，多数只考虑了儿童自身及其家庭的因素，学校、社会等外部环境未被纳入讨论范围。

（五）环境要因理论

为补充上述理论的不足，一些学者以儿童生活的环境——学校、地域文化、社会等方面为立足点提出了环境要因理论。近几年，儿童生活环境的变化、家庭关系的淡化以及学校管理的社会化等，成为拒绝上学儿童人数增加的一个重要原因。同时，学校状况也发生了变化。学校作为纯粹的文化场所的功能，近几年正在不断地衰退。学校教育中存在的一些问题，如频繁的考试、严格的校规、严厉的体罚、同学的欺负等，使儿童对上学产生不安情绪，导致拒绝上学行为。

（六）功能模型理论

美国心理学家Kearney和Silverman提出的功能模型，认为儿童的拒绝上学行为具有某种功能，通过对拒绝上学行为功能的探讨，找到相应的应对措施。功能模型理论认为，有四个原因导致拒绝上学行为的持续：

1. 为了逃避引发负面情绪（恐惧、焦虑、抑郁）的学校相关事物和情境（刺激）。

儿童逃避的常见的学校相关事物包括校车、火警、操场、走廊和教室等。儿童在这些场景中有不愉快的经历，从而产生恐惧或负性情感体验（如焦虑、抑郁），他们试图远离或避开学校，因为学校让他们不舒服，甚至有生理上的不适症状出现（如肌肉震颤、呼吸急促或过度换气）。

2. 为了逃避学校令人苦恼的社交或评价情境。

儿童回避的学校相关社交情境包括：与教师、校长交流；与有攻击性的同伴交往等。常见的学校相关的评价情境有：考试、朗诵会、演奏会、运动会、在他人面前演讲或写作、和他人一同走进教室等。通常这类儿童交友困难，感觉孤独，有胆怯和退缩性行为。

3. 为了获得校外其他重要之人的关注。

儿童通常表现出想待在家里，希望整天跟父母在一起。大多数情况下，他们的拒绝上学行为在早晨表现明显，在校则因为违反纪律而被送回家。多数年龄较小的儿童不上学是为了获得父母更多的身体亲近或关注。

4. 为了获得或追求校外实质利益，寻求学校以外更有吸引力的事物。

因为觉得校外生活更有趣，这些儿童会在课间溜掉。年龄较大的儿童往往通过拒绝上学获得一些实质性的利益，如在家看电视、睡觉、运动、购物、赌博、和朋友一起参加社交活动等。对这些儿童而言，不上学远比上学快乐得多。

前两种类型的拒绝上学行为是因为负强化或逃离学校的不愉快事物；后两种类型的拒绝上学行为是因为正强化或追求学校以外的某种利益。有时候，儿童拒绝上学可能存在上述两种或两种以上的原因。比如，有些儿童最初是因为对学校的某些事情感觉不安，拒绝上学仅仅是为了避免这些事情。但随后，他们发现留在家中可以做更有意思的事情。因此，这些儿童拒绝上学不仅是为了避免一些不愉快的学校情景，同时也是为了在家中得到一些额外好处。因为两种或两种以上的原因而拒绝上学的儿童，比起因为单一原因拒绝上学的儿童，可能需要更多样化的治疗方式和更长的治疗时间。

（七）群体社会化理论

我国有学者提出群体社会化理论。该理论采用跨社会学和心理学两个学科的群体社会化理论作为核心的分析框架，将拒绝上学行为界定为群体社会化不足的结果。该理论认为，首先，拒绝上学行为的本质是不适应学校生活，核心特质是缺乏在学校中的群体归属感；其次，拒绝上学行为的表现与心理特征是群体社会化影响的结果；再次，影响儿童群体社会化不足的核心因素在于家庭；最后，学校不是拒绝上学行为发生的原因，而是加剧或恶化性因素。

相关研究表明，社会化的不当会导致各种与拒绝上学行为相同的行为与心理特征。Erikson的理论认为个体不适当的社会化过程会引发诸如自卑、缺乏安全感、焦躁、疲劳、空虚、沮丧、神经质、焦虑、孤独和郁闷等心理。其他学者的经验研究显示，群体为儿童学习多种行为与态度提供了重要的社会情境。群体社会化会影响儿童的自我评价、集体认同、偏见、反社会行为（如破坏、攻击性行为、早期性行为、青少年犯罪等）。这些社会化理论与经验研究中提到的心理行为与拒绝上学儿童的个人特征具有高度的一致性。因此，群体社会化理论认为，拒绝上学行为是儿童群体社会化不足的结果。

（八）讨论

分离焦虑理论、自我意象防卫理论、场面逃避理论、心理独立挫折理论等都是从儿童自身的心理因素入手，阐释儿童拒绝上学的原因。随着社会的发展，拒绝上学行为的影响因素呈现出复杂化的趋势，社会因素的影响力进一步加大，研究人员开始从更广泛的社会背景对拒绝上学行为加以研究，扩大了对其成因的研究范围，将学校、社会等外部环境也考虑在内，产生了功能模型理论、环境要因理论、群体社会化理论等理论。拒绝上学行为是多种因素相互作用的结果，仅用单一的理论来解释是不恰当、不科学的。多因素综合的理论模式是对拒绝上学行为复杂影响因素的包容和反应，它揭示出拒绝上学行为是社会环境、文化、教育等众多因素综合作用的结果，因此，其解决方式也应该是综合的，单一的干预方式是不够的。

二、干预模式的发展

国外对于拒绝上学行为有较长期的矫正实践，经历了司法、医院、学校和社区等不同矫正机构的实施。

（一）经济理念下的司法矫正

拒绝上学行为矫正的第一个阶段是经济理念下的司法阶段。在资本主义经济发展初期，急需大量受过教育并具有一定技能的劳动力，西方国家开始实施义务教育制度，大规模建立学校，并将不上学界定为违法行为，运用司法监禁的方式予以处罚。义务教育的普及是资本主义经济发展和工业技术专业化的一个结果。然而，政府对拒绝上学行为的制止和矫正遭到学生个人、家庭和学校的抵制。由于此时学校教育质量低下，儿童更倾向于进入工厂工作而不想进入学校学习；家庭由于贫困也希望儿童更早进入工厂以缓解家庭的经济压力；学校也因为容纳学生的人数有限，认为把所有孩子送到学校是多此一举。

拒绝上学行为的司法干预模式受到广泛质疑。学校教育的目的在于促进儿童的发展和成长，而司法干预强调惩罚，而非拯救。另外，经济贫困是当时儿童不上学的主要原因，而司法监禁和罚款，使得本来就贫困的家庭雪上加霜，进一步导致了儿童的不上学行为。

（二）医学理念下的医院矫正

20世纪三四十年代，随着西方资本主义经济的进一步发展，导致不上学行为的经济原因基本得到消除，但儿童不上学现象并未能得到根除。有研究者发现，不上学是由儿童的焦虑情绪引起的。随着医学和心理学的快速发展及其影响力的扩大，学者们开始从个人心理病理方面对不上学现象进行研究。这一阶段的概念带有明显的病理特征，如神经心理性逃学、学校恐怖症、分离焦虑症。其中，影响较大的是分离焦虑症。由于上述概念带有明显的病理特征，存在给儿童贴标签的倾向，因此以Hersov为首的学者提倡采用拒绝上学的概念。虽然当时学者对拒绝上学的界定仍是疾病范畴，但是"拒绝上学"作为一个不带病理特征的名称得到推广和使用。

受精神分析学派的影响，在早期对拒绝上学行为的干预中，重点在于处理儿童的分离焦虑。之后，行为治疗和认知行为治疗得到较为广泛的使用。行为治疗将焦点集中于儿童的行为表现，采用系统脱敏疗法、暴露疗法、放松训练、社交技巧训练等方法。认知行为治疗通过改变儿童对学校的认知，达到矫正拒绝上学行为的目的。

（三）教育理念下的学校矫正

随着拒绝上学行为越来越普遍，疾病模式显然不能解释及应对学生拒绝上学问题。此时的理念开始突出教育问题，认为学生的负面行为是不良教育的结果，针对拒绝上学行为的矫正也就成为学校教育的核心主题。此时的矫正策略主要集中于学校教育，并表现在行为管理、人事安排、教学设计、多样化的活动安排等四个方面。在学校管理方面，建立了拒绝上学行为的报告制度，如英国规定学校必须间隔一定时间报告学生的旷课情况，有的地方甚至给学生安装电子芯片随时监控其行动动向。人事安排的调整，主要是提高教师素质，包括建立教师资格证制度，增加学校中的心理辅导老师和社工人员数量等。教学设计强调要更多考虑学生的兴趣、个人经验等，并通过课程调整增加课堂教学对于学生的吸引力。在活动安排上，学校组织多样化的活动，以满足不同学生的个性化需要。

（四）社会理念下的社区矫正

这一时期，西方经济普遍进入发达水平，拒绝上学行为的成因更加复杂和多元化。社会理念认为，拒绝上学行为的原因不是单一的，而是社会环境、文化、教育体制等众多因素综合作用的结果，因此，其解决方案也应该是综合的，单纯依靠心理或药物干预是不够的。由于拒绝上学现象更多地集中于城市，以及城市社会文化环境的复杂性，一些学者认为拒绝上学行为是城市复杂社会生态环境的产物。与此相对应，针对拒绝上学行为的矫正实践开始转向社区，主张通过社区服务把家庭和学校联系起来，组成以专业矫正人员为主，包括家庭成员、学校教师、心理辅导老师、社区社工在内的矫正团队，对学生的拒绝上学行为实施矫正。社区矫正的关键是为学生提供制度化和非制度化的服务，包括提高学生的问题解决能力和社会接纳能力，调整个人认知，参与团体活动，履行社区义务服务，父母陪伴与沟通，教师反馈指导和帮助父母，从而为学生提供一个完整的社会支持网络。

在社区理念的指导下，欧美国家对拒绝上学行为的干预呈现出系统化和多元化的趋势，形成了政府、学校、市场和民间组织四种干预体系。在政府提供的干预体系中，政府福利部门向拒绝上学儿童及其家庭提供福利帮助，并指定专业社工或者心理治疗人员进行辅导；学校的干预措施则是设计有针对性的课程或活动，另外由心理老师和社工为儿童提供个体辅导；市场的干预则通过专业的教育与心理辅导机构来进行；民间组织则设计一些短期或长期干预项目，并借助社工、教育心理学专业人员的帮助。

（五）讨论

国外针对拒绝上学行为的矫正实践，有诸多值得国内借鉴之处。具体表现在社会关注、学校制度与矫正体系三个方面。

在社会关注方面，发达国家高度关注并重视拒绝上学行为现象。英国教育部门每年发布很多与拒绝上学行为有关的报告；美国教育部把拒绝上学行为列为美国的十大教育问题之一；在日本文部科学省（相当于我国教育部）每年出版的青少年白皮书中，拒绝上学行为被视作最严重和最受关注的儿童行为问题之一。发达国家针对拒绝上学行为的新闻报道几乎每周都有，这也促使政府出台了很多与拒绝上学行为有关的教育法案。当前，国内缺少针对拒绝上学行为进行管理和干预的专门机构，社会关注不足，相关法律仅是义务教育法，暂时没有针对拒绝上学行为的法律。

在学校制度方面，国外针对拒绝上学行为建立了学校报告制度以及矫正措施。为了及时监控和掌握拒绝上学学生的人数、比例和状态等，建立了完善的报告制度，要求学校定期报告学生的拒绝上学行为状况，并进行跟踪。同时，对被诊断为拒绝上学的学生，一方面，学校对其采取一定措施进行矫正，如提供心理辅导、社工帮助、特殊课程与活动的安排等；另一方面，对于由政府福利机构或是社工项目组织提供的矫正措施，学校给予积极的配合和辅助。

在矫正体系的建设方面，国外针对拒绝上学行为的矫正有政府、学校、市场和民间矫正组织四种体系。在社区理念的指导下，发达国家对拒绝上学行为的干预呈现出系统化和多元化的趋势，这一做法值得模仿和借鉴。

针对拒绝上学行为现象，当前国内有较多综述性研究，个案研究少。有少量的探索性研究，基本上是延续国外理论对拒绝上学行为现象进行症状分析。对于国外拒绝上学行为理论的引入也不完整，相关的实证研究匮乏。同时，国内有关拒绝上学行为矫正的行动研究和评估性研究，还处于起步的阶段。相对于发达国家在这一领域的丰富积累，国内研究还需加强，在填补研究缺失的同时，进行各种解释性理论的实证研究。

三、治疗方法

拒绝上学行为常用的治疗方法，主要包括认知行为治疗、行为治疗、家庭治疗、精神分析治疗以及联合治疗。

（一）认知行为治疗

认知行为治疗是当前拒绝上学行为干预的主要方法。认知行为治疗最初形成于20世纪70年代，由美国精神病学家贝克提出，是当今国际上影响深远、应用广泛的心理治疗方法。认知行为疗法是一组通过改变思维或信念和行为的方法来改变不良认知，达到消除不良情绪和行为的短程心理治疗方法。认知行为疗法强调认知活动在心理或行为问题的发生和转归中所起的作用，并且在治疗过程中既采用各种认知矫正技术，又采用行为治疗技术，治疗具有积极、主动、指导性、整体性和时间短等特点，适用于各种心理障碍。该疗法操作简便，节约时间，见效快，可减少复发次数，降低复发率。其简便性取决于良好的可操作性和家庭作业式的治疗方式，即每次心理治疗后留下作业，鼓励患者用做作业的方式配合和深化治疗，从而强化治疗效果。采用引导式的教育方法，重点不在于纠正患者的不良行为本身，而在于纠正患者对自己、他人、周围环境及事物的不合理信念。

认知行为疗法在拒绝上学行为的干预上，包括多种指导策略与技术：认知重构、社交技能训练、暴露、自我控制等。认知重构，主要用来识别并重新调整儿童对社交情境负面的认知，最后帮助他们提出解决问题的策略。社交技能训练，主要针对因回避学校相关情境而拒绝上学的儿童，教给他们不同情境下的应对技能，该方法涉及示范、角色扮演、行为预演等。干预者把儿童置于不同的社交情境中，并示范在该情境下的适当反应。示范包括真人示范（观看另一个人在某一真实情境下的表现）、录像示范（观看录像中的人在某一情境下的表现）和参与式示范（让儿童在观看示范时模仿，例如，观看其他人上学，并跟着做）。自我控制方法包括自我指导、自我监督和自我奖励，该方法一般适合年龄稍长、有一定自我监控能力的儿童。

认知行为疗法把患者视为具有理性和能动性的个体，理想的治疗效果有赖于患者积极地参与、合作。治疗的过程是行为治疗家与患者针对问题进行平等的协商、讨论和研究的过程。与行为主义治疗不同，认知行为疗法把考察和治疗的重点放在人的内在的认知过程和认知结构上，并把它看作是制约、调整和改变人们行为的关键。这就等于将精神分析和行为治疗家们丢掉的、人之所以成为人的最根本的东西——理性又还之于人，这在心理治疗史上无疑是在人的看法上的重要变化。

认知行为疗法在着眼于探究、考察和调整人的内在认知过程的同时，也保留了行为疗法的合理技术，重视患者外在行为的矫正和训练，这种有机的融合给认知行为疗法注入了活力和效力。尽管认知制约行为，可通过认知的变化达到行为的变化是治疗家们认可的重要原则，但在实际的治疗过程中，无论是认知变化的过程还是认知变化的强度，要想确切地加以观察和测定都是有较大难度的。

认知行为治疗对于西方文化背景下、以外显行为为特征的拒绝上学行为能获得比较好的干预效果。国外有研究发现，认知行为疗法对治疗拒绝上学行为有效，采用返校率、焦虑或抑郁自评等多种评估方法证实治疗效果明显好于对照组。由于东西方文化差异，我国学生的拒绝上学行为无论是在产生原因还是在表现形式等方面都有其独特性，国外学生往往因校外吸引产生拒绝上学行为，其表现出更多的外显行为问题，如吸毒、加入帮派等。我国青少年拒绝上学的原因跟学业和人际关系有关，易产生情绪方面的问题，表现为内倾、孤独、情感封闭、情绪不稳、敏感多疑、焦虑、抑郁、对人有敌意等人格偏差，认知行为治疗在临床效果方面存在挑战。

（二）行为治疗

行为主义疗法的特点在于用经典条件反射以及操作条件反射的原理来处理各种问题行为。行为主义疗法就是将治疗的着眼点放在可观察到的外在行为或可具体描述的心理状态，充分运用从实验与研究所获得的有关学习的原则，按照具体的治疗步骤来改善非功能性或非适应性的心理与行为。行为主义疗法的基本假设是：①如同适应性行为一样，非适应性行为也是习得的，即个体是通过学习获得了非适应性行为。②个体可以通过学习消除那些习得的不良或不适应行为，也可通过学习获得所缺少的适应性行为。

治疗过程中，医生通过观察和患者陈述分析确定患者的不良行为，包括这种不良行为发生的场合、出现的次数，并针对不良行为确定治疗目标。治疗目标具体、详尽、有步骤，是与患者相互讨论后共同认可的。治疗目标的确定是行为主义疗法的关键，一旦确立了治疗目标，治疗者便针对患者的病情以及个人状况选择相应的治疗技术，朝着治疗目标一步步进行下去。

在对拒绝上学行为干预中，主要采用以下几种行为治疗方法。

1. 系统脱敏法

系统脱敏法指的是当儿童身体处于深度放松时，让其逐渐接近感到焦虑的事物，以逐渐降低儿童的敏感性，从而减轻对该事物的焦虑情绪。作为一项常用的行为矫正技术，系统脱敏法有三个阶段：放松训练（深度的肌肉放松），构建恐惧或焦虑等级，对抗性条件作用（以放松来对抗焦虑，让放松战胜焦虑，使得儿童将上学和焦虑情绪分离）。系统脱敏法的核心是让儿童在彻底的放松中，引发对学校的想象或接触学校的人或事物，使学校和放松的感觉共存，最终使学校和焦虑体验分离。系统脱敏法从最轻微的焦虑等级（比如，让儿童看学校照片或让教师家访）开始，待这一等级和放松体验完全共存后，进入下一个等级，直至儿童能够回归学校。

2. 暴露法

暴露法分为满灌法和逐级暴露法。满灌法是让儿童直接暴露于引发恐惧的真实情境中；逐级暴露法是将儿童暴露于逐渐升高的恐怖等级中，其基本过程与满灌法相似，不同的是焦虑场景是由轻到重逐级进行的，与系统脱敏不同的是它没有特别的放松训练，且干预往往是在实际生活环境中进行，而非想象训练。研究表明，将症状较轻的儿童逐步暴露于他们所恐惧的环境中，可以使儿童脱敏，消除他们对学校的恐惧心理，减轻儿童对某些事物及情景的恐惧感。教师和家长要鼓励儿童勇于面对他们所恐惧的事物和现象，指导他们调整心理状态。一般来说，儿童暴露的时间越长越好，但必须确保停止的时间是在儿童的焦虑减轻的时候。在治疗过程中，最好邀请儿童的父母参与进来，大家一起制订计划。计划内容包括：儿童需要面对的暴露任务、完成后的奖励、兑现奖励的时间等，由父母监督执行。在实际操作过程中，可以根据儿童的个性和心理状态选择合适的暴露情境，可以从一节课开始，直到整天在校；也可以从让孩子在图书馆做作业开始，直到能到教室上课。

3．正强化法

正强化法也称积极强化法，是指期待行为出现后，及时得到强化物。对于功能三和功能四，要在儿童有进步时给予奖励。例如，当儿童开始逐渐恢复上学时，父母和教师要给予更多关注和鼓励。父母可以适当增加儿童看电视、玩游戏的时间；教师在学校见到儿童时要给予更多的口头表扬等。还可以进一步区别强化，即对儿童上学相关的行为反应进行强化，对其他行为反应则不予强化。例如，对儿童上学相关的行为进行表扬鼓励，对哭闹行为不予关注；对上学时间待在家中的儿童，不给任何关注，当他有所进步（例如，坚持上学一天）时，则以看电视、玩游戏、与父母进行有趣的活动等加以奖励。

4．消退

消退指的是在某个情境或者刺激条件下，儿童产生了以前被强化的反应，但反应之后没有跟随通常的强化，那么在下一次遇到类似情境时，该行为发生的概率就会降低。消退是针对功能三和功能四的，例如，忽视儿童的哭闹行为，不予关注，并坚持送其上学。使用该方法时需注意，如果儿童反应异常强烈，例如尖叫或干呕，家长可以暂时允许其待在家中，但要坚持让他完成学校的作业。当儿童极度痛苦（身体诉求、发脾气）发生在学校时，教师亦不能不予理睬，应对儿童给予言语上的安慰（如：妈妈下午会来接你）和肢体上的安慰。

5．塑造与渐隐

塑造即通过强化奖励而塑造出某种期望出现的良好行为。塑造可依以下次序进行：对儿童实施在家教学、讨论有关学校的话题、教师或同学打电话、教师或同学来家探望、路过学校、在学校教室以外的地方学习（如图书馆、教师办公室等）、参加部分课程、参加全部课程。渐隐指的是逐渐变化导致某个行为反应的刺激，当这个刺激达到自然刺激水平时，个体也能够作出相同的反应。例如，可以先从照料者陪伴上课开始，继而上课时照料者在儿童能看到的地方等待、照料者部分时间在学校、允许儿童打电话给照料者、照料者在上学途中陪伴，直到儿童独立上学。

对拒绝上学儿童的干预目标是让其早日重返学校。具体来说，以回避焦虑为基础的拒绝上学行为的干预目标是增加出勤率、减少儿童对学校的恐惧。和负强化相关的干预方法主要有示范、暴露、系统脱敏等；和正强化相关的干预方法主要有正强化法、消退、父母培训等。

行为主义疗法可以改变人的行为，但忽视了人的个性情感因素。在行为主义治疗发展前期，一直以自然科学为榜样，在治疗技术的发展中大量地运用了自然科学的研究方法，如以动物研究的模式来研究人的行为，不可否认具有其客观性，但这种做法导致了众多的批评，尤其遭到人本主义心理学的猛烈攻击，他们指责行为主义治疗者过分强调问题解决以及对情境的应对。

虽然行为主义经过不断的修正，从最初完全排除认知、思维等心理过程，到之后对认知、思维等积极的心理过程予以重视，并且也将社会文化与情境因素对个体行为的影响囊括其中，但是其研究的核心依然是客观性行为，以行为的预测与控制为根本目标，而非中介变量和个体内在认知过程。

尽管行为主义治疗受到来自其他流派的抨击，但因其方便、易操作受到青睐，特别是在儿童行为矫正方面被广泛运用。在拒绝上学行为的矫正中，对年龄较小、单纯因情绪问题而拒绝上学的学生效果比较好。对于拒绝上学成因复杂的青少年学生，效果不佳。

（三）精神分析治疗

Johnson在20世纪40年代指出，学生的拒绝上学行为是由分离焦虑造成的。较早提出一系列焦虑观的心理学流派是精神分析流派。Freud认为，人类最初经历的焦虑来自婴儿出生时与母体的分离。婴儿由于突然离开母体，面临着许多来自外部世界的刺激，从而产生一种无力感。Freud称这种体验为出生创伤。创伤体验是焦虑的原型，分娩形成的焦虑是婴儿心理无助的产物。此后，只要儿童遇到无法应对的情形，都会触发焦虑。Freud认为，出生创伤是以后一切焦虑经验的基础，焦虑代表了早期创伤经验的重复。这种最初的焦虑随着儿童心理的发展，相继转换成了分离焦虑等不同的形式。母亲初次送孩子上幼儿园或学校时，往往在个人过度保护的潜意识作用下，表现出焦虑不安和不放心，这种情绪投射到儿童身上，演化为儿童自身的焦虑与恐惧，并最终固化下来。分离时，儿童对母亲的态度处于两难状态：既不想离开母亲，又怕不去学校而受到母亲的责备，长期的矛盾心态容易发展为焦虑与恐惧，最终表现出诸如植物神经功能紊乱类的躯体化症状。

有研究发现，父母教育方式、亲子依恋关系与儿童分离焦虑有密切关系。父母过度干预、过度控制的儿童，容易发生拒绝上学行为。父母的过度干预和控制会带给儿童分离焦虑，分离焦虑又会加剧儿童的依赖行为，导致拒绝上学行为。亲子依恋关系影响儿童的分离焦虑，研究表明，不安全型依恋与儿童分离焦虑密切相关，使儿童更容易出现分离焦虑症状和抑郁，从而导致拒绝上学行为。低年级儿童的拒绝上学行为多数跟分离焦虑有关。

国外研究者发现，精神分析的家庭疗法（如家长参与、主动支持、切实指导和环境干预），可广泛地使儿童机能性障碍减少，进而降低其分离焦虑水平。基于精神分析的家庭疗法，是通过培训教给家长一些教养策略，使父母更好地理解和处理儿童的分离焦虑。其重点在于通过建立良好的亲子关系，增强儿童的安全感以减少焦虑。在一项研究中，对10名4～8岁分离焦虑儿童的父母进行了培训，结果显示，父母在培训后面对分离情境时会体验到较少的担心、苦恼和焦虑，儿童也能逐步融入以往的焦虑情境，参与到日常生活中来。

（四）家庭治疗

家庭治疗需要家长的积极参与。在处理儿童的拒绝上学问题时，家长们需要改变对孩子的态度，降低对孩子的要求，杜绝训斥、打骂的教育方式，帮助孩子克服紧张情绪，当孩子有进步时，应及时给予表扬和奖励。家长应从小培养孩子的独立性、活动能力和社交能力，利用一切可能的机会让孩子独立活动，减少对孩子的保护，以免让孩子养成依赖、被动的性格，鼓励孩子多参加一些有益身心健康的社会活动。

家庭治疗中的一个重要部分是对父母的培训。Heyne等对比了儿童单独治疗、父母培训、两者结合等三种方案的治疗效果，结果表明，儿童单独治疗方案收效最差，两者结合的方案并无必要，而父母培训是有效而又经济的方案，由此可见父母培训的重要性。培训使家长意识到孩子行为背后的原因，帮助父母制订计划以减少对儿童拒绝上学行为的正强化（看电视、玩游戏等），减少压力源（在学业上给予帮助、向学校反映被欺负的问题等），还可以教给父母和儿童正确的分离方法（如避免长时间的情绪性分离）以及有效的教养方式（如明确的指令）。另外，对父母心理问题的治疗也是解决儿童问题的方法之一，儿童能够很敏感地察觉到父母处理压力和困难的方式，若父母不能很好地应对痛苦和焦虑，会对孩子产生潜移默化的负面影响。所以，如有必要，需对父母或主要照料人的焦虑、抑郁情绪进行治疗。

在这里提供一些实用的干预策略供家长们参考。基本策略包括：①不宜过分催促上学，或每天都问"今天上学去好吗"等，更不宜打骂、斥责、体罚和强硬将儿童送进学校。②详细了解儿童在校情况。③常与教师保持联系，告知儿童在家情况，并聆听教师的建议。④加强亲子沟通。⑤让孩子做一些力所能及的家务，每天按时起床、吃饭和入睡。⑥布置一些简单的家庭作业，即使孩子不做也不要过多责备。⑦上班的父母要常打电话回家问候，侧面了解儿童在家的情况，但不作过多干涉。⑧带领孩子逛街或在其同意下一起到学校附近观察，并听孩子讲述在学校的生活。当孩子提出可以回学校时，最初几次可以由家长陪同一起上学。

⑨父母避免在孩子面前对学校、教师和同学做负面的评价，并且要注意自己保持积极乐观的心理状态，因为家长的不良情绪易引起儿童的焦虑与不安。⑩尽可能减轻或消除家庭、学校环境中可能导致拒绝上学行为的因素，避免换校、换班级。⑪创造条件让儿童感受到成功的体验感和喜悦。经常约孩子的好朋友到家一起玩耍，给孩子讲述学校的事情。⑫特别注意以下情况，可能预示孩子的拒绝上学行为伴有心境障碍或抑郁，应予以积极的抗焦虑或抗抑郁治疗：孩子说"一觉睡下再不起来就好了""活着真没意思""想死""我死了会怎么样"等；情绪起伏特别剧烈、易怒，父母无法安抚；食欲和睡眠规律发生较大改变，消瘦，生长发育停滞；拒绝上学时间超过4个月，并且无精打采。

拒绝上学行为的治疗是个相对漫长的过程，父母或教师要有足够的耐心和思想准备。

（五）联合治疗

已有研究显示，心理治疗与抗抑郁药物联合治疗可以提高拒绝上学儿童的返校率，减少复发。2000年Bernstein报道，三环类抗抑郁药——丙咪嗪可提高认知行为疗法治疗拒绝上学行为的疗效。由此，Bernstein提出结合药物治疗可能提高认知行为疗法治疗拒绝上学行为的疗效，尤其对共病抑郁症及青春后期的拒绝上学儿童，其疗效可能与药物治疗拒绝上学儿童的共病有关。尽管他的研究表明丙咪嗪能提高认知行为疗法治疗拒绝上学行为的有效率，但由于三环类抗抑郁药有潜在的毒副作用，其临床应用受到了限制。

氟西汀为5-羟色胺再摄取受体抑制剂，是目前美国FDA正式通过的唯一可用于儿童青少年的抗焦虑抑郁药物，可以有效治疗焦虑症和抑郁症，以及共病障碍。研究表明氟西汀能有效治疗6～17岁儿童与拒绝上学行为有关的各种焦虑症。一个国际性的多中心研究——儿童青少年抑郁症治疗小组的研究表明，氟西汀与认知行为疗法治疗优于单独使用氟西汀或单独使用认知行为疗法治疗的疗效。该研究的对象为439名12～17岁门诊就诊的抑郁症儿童，随机分组对照研究：单独氟西汀10～40 mg/d治疗、氟西汀10～40 mg/d与认知行为疗法结合治疗、单独认知行为疗法治疗、安慰剂治疗。结果发现氟西汀与认知行为疗法结合治疗明显好于单独氟西汀和单独认知行为疗法治疗；单独氟西汀治疗好于单独认知行为疗法治疗；所有的治疗组疗效均好于安慰剂治疗组。以临床整体印象测量表评分的有效率为：氟西汀与认知行为疗法结合治疗组为71%、单独氟西汀组为61%、单独认知行为疗法治疗组为43%、安慰剂治疗组为35%。该研究表明氟西汀有可能增加认知行为疗法治疗拒绝上学行为有关的抑郁症的疗效。因此，从理论上认为联合氟西汀和认知行为疗法能有效治疗拒绝上学行为，但还需要在今后的大样本随机对照研究中进一步证实。

药物治疗通常是针对不上学的儿童的情绪问题，当情绪问题得到缓解或好转后，儿童可能会重返学校。通常临床上都将药物和认知行为治疗联合起来，这种方法的治疗效果最佳。我国学者吴歆等2006年的研究，也证明了认知行为治疗与药物结合的有效性。

（六）讨论

相对于单一原因拒绝上学的儿童，因多种原因拒绝上学的儿童需要更复杂的治疗策略。这些治疗策略可能是多种治疗方法的组合，持续的时间也会更长。长期拒绝上学的儿童对单一的治疗方法比较排斥，在治疗过程中需要将各种治疗方法组合起来。

有效治疗儿童时期拒绝上学行为可预防和控制严重精神和心理疾病的发生。当前国际上治疗拒绝上学行为的方法包括心理治疗、药物治疗以及心理治疗和药物治疗相结合方法，治疗的目标是让其可以尽早地回到学校，维持正常的学校生活。心理治疗不只针对儿童本人进行，有父母、教师的介入效果往往更好。通常包括教育支持疗法、行为疗法、认知行为疗法及家庭治疗等。

有研究表示传统的教育支持疗法对于儿童青少年拒绝上学问题是有效的。这种疗法结合了支持性的心理治疗和提供帮助信息，鼓励儿童说出他们的问题和想法，儿童可以得到一些能够帮助他们克服害怕上学的信息。儿童每天都描述他们的恐惧、想法、感受、心理应对的策略等。不同于认知疗法和行为疗法，儿童并没有收到克服拒绝上学问题的特殊的指示，也没接受对于上学的正性强化。教育支持疗法把放松训练、认知疗法、社会技能训练和系统脱敏结合起来。

行为疗法治疗儿童青少年拒绝上学主要以暴露疗法为主。研究发现，暴露在恐惧的环境中可以减少恐惧。行为疗法的重点在治疗在家庭和学校的环境中进行。行为疗法包括系统脱敏、放松训练、情绪发泄、偶然事件的处理以及社会技能训练等。

认知行为疗法是一个高度结构化的方法。在认知行为疗法中，鼓励儿童对抗他们的恐惧以及教会他们如何修正消极的想法。一些随机对照研究已经显示认知行为疗法能有效治疗儿童拒绝上学问题。

父母和教师的参与对解决儿童拒绝上学问题有积极作用。父母学习一些行为管理策略，如护送儿童去学校，对上学行为提供正性强化，减少在家里的正性强化等。父母也会从认知训练中学会如何减少自己的焦虑，理解他们在帮助儿童改变中的角色。教师在学生返回学校时应该做好充分的准备，利用正性强化，帮助儿童提高成绩、适应人际关系以及稳定情绪。

当发现孩子有拒绝上学的倾向时，家长和教师应该与他们谈心，尽可能了解与他们上学有关的所有情况，注意开导，消除各种紧张因素，不要采用简单的恐吓等办法迫使孩子去上学，应多加鼓励和支持，切忌各种强迫、惩罚性的言行，以免加重孩子的心理创伤。如孩子经常诉说头痛、腹痛，应予以检查，排除躯体疾病，消除顾虑，以利治疗。在治疗中，医务人员、父母和教师的充分合作是成功的关键。当排除疾病后，儿童仍出现无法上学的现象，家长要尽快和教师、学校的心理医生取得联系，多方面发现线索，了解儿童的紧张情绪的来源。对一些学习成绩较差的同学应适当降低对他们的要求，以缓解压力。对一些较为敏感的儿童，一定要取得他们的信任，并进行深入的沟通。由医生指导和协调，并开展个别和家庭心理治疗，必要时使用药物辅助治疗。

随着对拒绝上学行为研究的深入，治疗模式也不断改进和创新。Kearney和Silverman提倡一个功能模型，通过对拒绝上学行为原因的探讨，找到相应的应对策略。如果拒绝上学行为与学校的设置导致孩子害怕和担心有关，对孩子采用放松训练、逐级暴露或想象脱敏的办法；当孩子回避在学校的社交场合时，可以采用行为预演暴露和认知重组的办法，目标在于提高孩子社交技巧，减少社交焦虑，改变歪曲的认知；当拒绝上学行为是为了引起其他人如父母的关注和担心时，采用家庭式的治疗可以帮助孩子及父母建立治疗目标，通过父母管理孩子行为，鼓励孩子上学；对寻求校外正性刺激的孩子同样可以采用家庭式的认知行为治疗，通过家长指导限制孩子不当行为，同时进行自信训练，使孩子学会处理在校的冲突和压力。

拒绝上学行为的心理治疗的方法有很多。精神动力学治疗可以改善母子的分离焦虑，但是年龄仅限于5~6岁刚上学的儿童。行为矫正治疗适用于学校恐怖或拒绝上学早期患者，治疗包括系统脱敏疗法、暴露疗法、放松训练、情感想象、突发事件处理和社交技巧训练。行为矫正集中于儿童的行为表现而不是内心冲突，注重以家庭和学校为背景的治疗，是很有结构的系统方法，尤其是逐级增加暴露于敏感情境。治疗中孩子被鼓励面对他们的恐惧，并逐渐改善他们的消极思想。目前，认知行为治疗仍是治疗拒绝上学行为的主要方法。家庭治疗主要通过家庭成员内部间的互动来解决拒绝上学行为，已被很多专业治疗师接纳。但是，家庭治疗也有局限性，焦虑很严重的孩子需要配合药物治疗。

第二章
问题提出及研究概述

本章将在前人研究的基础上，指出以往研究的不足，阐述本研究拟讨论的问题、研究思路以及研究意义。

当前，学生拒绝上学已成为一个世界性的难题。在美国，拒绝上学行为影响5%～28%的中小学生；在日本，拒绝上学行为被认为是"每个学生都有可能出现的问题"；我国拒绝上学学生的数量近年来有增加的趋势。据报道，目前我国儿童心理咨询门诊就诊的首位问题就是不上学，且人数逐年增加。陈玉霞于2016年采用自编问卷对广州市中小学生拒绝上学行为的流行情况进行调研，检出率为22.5%。

如果不对拒绝上学行为进行及时干预，它将给儿童带来严重的短期或长期不良后果。短期后果包括儿童压力显著增大、学业成绩下降、社会疏离、犯罪危险增加、家庭冲突增多、家庭日常功能的破坏、潜在的儿童虐待、管教的缺失以及经济支出的增加；长期后果包括就业困难、经济困扰、婚姻问题、药物滥用、犯罪问题、社会心理功能减低、焦虑、抑郁等。鉴于拒绝上学行为的广泛流行及其危害，发达国家对其高度重视。英国教育部门每年发布与拒绝上学行为有关的报告；美国教育部把拒绝上学行为列为美国的十大教育问题之一；在日本文部科学省（相当于我国教育部）每年出版的青少年白皮书中，拒绝上学行为被视作最严重和最受关注的儿童行为问题之一。世界各国对其开展了长期研究，在拒绝上学行为的预防和干预方面取得了一定的成效。而在我国，拒绝上学行为尚未受到足够的关注和重视。

当前，我国社会的快速发展带来激烈的升学和就业压力，加上教育体制的弊端，青少年大部分时间和精力都用在学习上，他们经历的挫折少，抗压能力不足。再加上父母对孩子的学业过度关注，忽视他们在学习过程中所承受的种种困难和心理困扰，导致孩子长期处于情绪紧张状态，一旦受挫，容易诱发拒绝上学行为。

第一节 问题提出

本小节将在前期理论研究的基础上，指出当前我国青少年拒绝上学行为研究存在的问题，包括评估工具缺乏、流行情况数据缺失、拒绝上学青少年心理健康研究不足、干预研究少。

鉴于拒绝上学行为给个体、家庭和社会带来的严重危害，拒绝上学行为问题理应受到社会各界的高度重视，但由于各种原因，我国青少年拒绝上学行为问题的研究尚处于起步阶段。当前，我国学者对拒绝上学行为的研究主要集中在对国外拒绝上学的概念、治疗进展等理论性综述方面，拒绝上学行为的评估及干预研究稀少。由于缺乏对拒绝上学行为进行评估的信效度高的工具，无法对青少年拒绝上学行为进行较大规模的筛查；也影响了对拒绝上学学生心理健康状况的全面了解，不利于后续针对性的预防和干预措施的制定。当前，我国对拒绝上学行为进行干预的实证性研究少，仅有少量的探索性研究主要借鉴国外的治疗经验，采用行为治疗、认知行为治疗、药物治疗相结合，鲜见本土化的治疗方式的探讨。我们需要在借鉴国外经验的基础上，探索适合中国拒绝上学青少年的评估及干预体系。

一、评估工具缺乏

研究显示，学生拒绝上学的时间越长，重返学校就越困难，越早干预效果越好，因此早期识别尤为重要。由于拒绝上学行为有较强的隐蔽性，往往发展到较为严重时才会引起重视，但此时已经错过了早期干预时机。编制有针对性的评估工具，对拒绝上学行为进行筛查，并对筛查出的学生做全面评估，可以为早发现早干预提供科学依据。由于各种原因，各国临床医生和研究者主要参考相关量表的测量结果对拒绝上学行为进行评估，对拒绝上学行为进行针对性评估的工具非常稀少，由于世界各国在拒绝上学行为的概念及界定等方面存在一定差异，这些工具并未能得到大规模的推广和使用。

陈玉霞（2015）从学生的日常行为表现编制了儿童拒绝上学行为问卷（CSRBS）作为拒绝上学行为的筛查工具。该问卷有以下特点。首先，儿童拒绝上学行为问卷（CSRBS）把拒绝上学行为放在儿童整个身心系统的视野中来考察，充分考虑到拒绝上学行为涉及的认知过程、情绪体验、生理唤醒以及行为，多方位评估拒绝上学行为的表现，能更大程度地筛查出有拒绝上学行为的学生。其次，儿童拒绝上学行为问卷（CSRBS）仅让儿童评估自己有无拒绝上学的各种表现，而无需考虑和选择拒绝上学的原因，比较符合儿童的心理发展水平和自我觉察水平。最后，儿童拒绝上学行为问卷（CSRBS）难度低。该问卷考虑了儿童的阅读水平，条目简短，文字浅显易懂，即使小学阶段的儿童也能理解条目意思，有利于提高回答的准确率。

儿童拒绝上学行为问卷（CSRBS）存在一定的局限。首先，问卷结构欠清晰。其次，条目数量较少，涉及的拒绝上学行为有限。最后，儿童拒绝上学行为问卷（CSRBS）施测对象为中小学生，并未进行年龄段的区分。不同年龄段学生拒绝上学行为的原因和表现有较大的差异。小学生拒绝上学行为的主要原因为分离焦虑、学校适应，以身体不适体现；青少年拒绝上学行为往往与学习压力、人际关系有关，更容易表现出情绪方面的问题。鉴于儿童拒绝上学行为问卷（CSRBS）的上述局限，该问卷没有得到较大规模的推广和使用。

当前，由于缺乏对拒绝上学行为进行评估的信效度高的工具，无法实现对青少年拒绝上学行为的早发现早干预，同时也影响了拒绝上学行为研究的科学性。

二、流行情况数据缺失

当前世界各国高度重视学生拒绝上学行为问题。为了及时监控和掌握拒绝上学学生的人数、比例、状态等，发达国家建立了完善的报告制度，要求学校定期报告学生的拒绝上学状况。

由于缺乏信效度良好的评估工具，我国对拒绝上学行为流行情况的报道稀少。虽然近年有逐渐增加的个案研究报告，但由于缺少有说服力的科学数据，导致社会关注度不够，相关法律仅是义务教育法，还未制订拒绝上学行为针对性的法律。

当前我国学生不上学行为的关注重点仍然在辍学上，辍学的特点是与经济因素相关。如果学生不上学是经济因素导致，那么不上学就不是一个教育问题而是一个经济问题，也会随着经济的发展而逐渐降低乃至消失。拒绝上学行为是非经济因素原因导致，无法因经济发展而改善，以致西方经济发达国家也无法实现义务教育的全面普及。非经济因素所造成的拒绝上学行为原因往往极为复杂，且具有严重的负面影响，这是当前西方学术界的研究重心。国内已有学者开始发现部分农村经济发达区域和城市依然有不少学生不上学的现象，心理门诊因拒绝上学前来求助的案例也逐渐增加。随着我国经济的发展，拒绝上学将取代辍学成为我国今后义务教育普及中的一个重要问题与难题。

陈玉霞（2016）采用自编的儿童拒绝上学行为问卷（CSRBS）对广州市中小学生拒绝上学行为进行了调研，检出率为22.5%，与国外类似的研究相比较，广州市学生拒绝上学检出率处于较高的水平。由于各种原因，该研究结果并未受到广泛关注。

拒绝上学行为给个人、家庭和社会带来的极大危害，需要引起社会各界的重视并形成合力，共同应对学生拒绝上学问题。当前，我们急需编制信效度高的评估工具，对拒绝上学行为进行筛查，掌握其确切数据，并成立由班级、学校至各级教育行政主管部门的报告制度，以便公众及各级领导部门及时了解并重视青少年拒绝上学行为。

三、拒绝上学青少年心理健康状况研究不足

拒绝上学行为会给青少年身心带来极大的负面影响。常见的躯体化症状包括胃痛、腹痛、失眠、头痛、头昏、恶心、呕吐、疲乏无力、腹泻、呼吸急促等。拒绝上学青少年普遍存在焦虑、抑郁、强迫、恐惧等心理问题。国外研究显示，拒绝上学青少年最常见的诊断包括分离焦虑障碍（22.4%）、广泛性焦虑障碍（10.5%）、对立违抗障碍（8.4%）、抑郁障碍（4.9%）、特定恐惧（4.2%）、社交焦虑障碍（3.5%）和品行障碍（2.8%）。

当前，我国对拒绝上学行为的研究还处于疾病模式阶段，主要由临床心理医生进行疾病的诊断及病因的探讨。王晨阳等对拒绝上学住院儿童的临床分析发现，有超过半数的患者最终被诊断为重性精神病。另一项研究中，76.8%就诊的拒绝上学儿童被明确诊断有精神或心理疾病。王冠军等人采用明尼苏达多项人格测验（MMPI）对拒绝上学学生进行评估，发现与普通学生相比，拒绝上学学生在疑病（Hs）、抑郁（D）、癔症（Hy）、精神衰弱（Pt）、精神分裂（Sc）等5个临床量表上有显著差异。王晨阳等人对44名因拒绝上学而入院的儿童采用艾森克人格问卷（EPQ）进行临床分析，发现拒绝上学儿童在神经质（N）、精神质（P）、外倾性（E）、掩饰性（L）上与对照组均有显著差异。汪玲华等人同样采用艾森克人格问卷（EPQ）对符合拒绝上学行为诊断的患儿进行评定，研究组与对照组在精神质（P）、神经质（N）上的差异有统计学意义。高柏慧等人采用儿童青少年气质性格量表

（JTCI-S）对106名拒绝上学青少年进行测试。结果显示，拒绝上学青少年气质性格与对照组存在差异。上述研究结果均表明，与普通青少年相比，拒绝上学青少年存在严重的精神问题，人格方面也存在较大的偏差。

除上述研究外，我国研究者对拒绝上学青少年心理健康的其他重要方面，如自尊、心理弹性、应对方式等，尚未涉及。对拒绝上学青少年的心理健康状况进行全面评估，可以为拒绝上学行为的预防和干预提供相应的理论支持和指导。

四、干预研究少

鉴于拒绝上学行为给个人、家庭、社会带来巨大的负面影响，需对其进行及时干预。国外对于拒绝上学行为有较长期的矫正实践，经历了司法、医院、学校和社区等不同矫正机构的实施，发达国家对拒绝上学行为的干预呈现出系统化和多元化的趋势，这一做法值得模仿和借鉴。

当前我国学者对拒绝上学行为的研究主要集中在对国外拒绝上学的概念、治疗进展等的理论性综述方面，干预方面的实证研究稀少。整体而言，我国目前对拒绝上学行为的研究尚处于医学模式阶段，拒绝上学行为被视为儿童个体的精神或心理的问题。仅有少量的探索性研究主要借鉴国外的治疗经验，采用行为治疗、认知行为治疗、药物治疗相结合，鲜见本土化的治疗方式的探讨。

由于我国教育体制的原因，学生学习压力大，他们的大部分精力都用在学习文化知识及应对升学考试上，对课外知识的了解及个人爱好兴趣的培养等方面非常欠缺。当青少年面对挫折和压力的时候，他们会表现出退缩、回避，而不是主动解决问题，克服困难。同时，社会的快速发展、家庭结构的变化、激烈的升学和就业压力，导致父母对孩子的未来过分焦虑担忧，对其学业倾注了大量精力和财力，却很少试着去理解儿童在学习过程中所承受的种种困难和心理困扰，导致其内心压力不能及时得到缓解，长期处于情绪紧张状态，一旦受挫，容易诱发拒绝上学行为。

由于东西方文化差异，我国青少年拒绝上学行为无论是在产生原因还是在表现形式等都具有其独特性。研究人员需要从我国特有的社会环境、文化、教育体制等方面着手，对拒绝上学行为进行研究，并在干预方式上进行新的探索，改变目前干预实证研究少、手段单一的局面，为拒绝上学行为提供综合的、多元的解决方案。

综上，当前我国由于缺乏信效度良好的拒绝上学行为评估工具，无法对青少年拒绝上学行为进行较大规模的筛查，不能及时发现和干预青少年的拒绝上学行为。同时，也影响了对拒绝上学学生心理健康状况的全面了解，不利于后续针对性的预防和干预措施的制定。我们需要在对拒绝上学行为进行筛查的基础上，采用教育学、心理学、社会学等多学科理论对拒绝上学行为进行系统研究，从而逐步建立起适合我国青少年的拒绝上学行为的预防和干预体系。

第二节　研究概述

本小节将对整个研究进行介绍，内容包括拒绝上学行为评估问卷（SRBES）的编制、拒绝上学行为的筛查、拒绝上学青少年心理健康研究、拒绝上学行为的干预研究等四部分。

青少年时期指的是12岁到18岁这个阶段，对应的是中学阶段。青少年理应富有理想、朝气蓬勃，在学校学习，增长知识。然而，有部分青少年无法维持正常的上学功能，给自身、家庭及社会带来极大困扰。研究显示，中学阶段为拒绝上学行为的高发时期。本研究将以中学阶段的青少年学生作为研究对象，探讨青少年拒绝上学行为的评估及干预等方面的问题。

本研究将拒绝上学行为界定为：青少年自动地不去学校或难以整天坚持在课堂学习的表现。拒绝上学行为按由轻到重的程度可分为以下表现：①威胁或哀求父母不上学，②要求父母陪同上学，③反复出现回避上学的行为，④偶尔不上学或缺课，⑤反复交替出现不上学或缺课，⑥某段时间不上学，⑦长期休学在家。

一、拒绝上学行为评估问卷（SRBES）的编制

本研究将以 Kearney 提出的拒绝上学行为的模型理论为指导，在对陈玉霞（2015）的儿童拒绝上学行为问卷（CSRBS）修订的基础上，形成青少年拒绝上学行为评估问卷（SRBES）。

根据 Kearney 的模型理论，拒绝上学行为是为了逃避学校相关情境（事物）或受到校外吸引，学校相关情境（事物）带给学生负面感受，而校外吸引带来更好的体验。因此，学生是否拒绝上学会体现在面临相关情景时的表现中。本研究以学校相关的情境（事物）或校外吸引作为编制问卷的一个维度；同时，借鉴儿童

拒绝上学行为问卷（CSRBS）中关于学生的表现，将其作为另一个维度。考察学生在面临学校相关情境时的反应，从而评估学生是否拒绝上学。根据这个思路，确定编制问卷的框架，按照框架编写条目。通过师生访谈和预测试，对条目进行增删和修订，使编制出的问卷在内容上具有了较强的针对性。经过试测，挑选条目及因子，并进行信效度检验，最终形成拒绝上学行为评估问卷（SRBES）的正式版。该问卷可用于青少年拒绝上学行为的筛查，既可团体施测也可个体施测。拒绝上学行为评估问卷（SRBES）使得该行为的评定有据可依，对拒绝上学行为研究的规范化和科学化具有重要意义。

二、拒绝上学行为筛查

澳大利亚的调查发现7%～20%的儿童有不上学问题；在美国有5%～28%的儿童存在不上学的问题；日本2002年度调查拒绝上学行为，小学生发生率为0.36%，中学生为2.70%。中国面临着与发达国家同样的问题，据国内一些大中城市的报道，前来儿童心理咨询门诊就诊的首位问题是不上学，且人数逐年增加。陈玉霞（2016）年采用自编问卷对中小学拒绝上学行为现况进行调研，发现广州市中小学生拒绝上学行为的检出率为22.5%，由于各种原因，研究结果并未受到广泛关注。我国尚无其他类似的研究报告。

当前世界各国高度重视学生拒绝上学行为问题。为了及时掌握拒绝上学学生的人数、比例和状态等，发达国家建立了完善的报告制度，要求学校定期报告学生的拒绝上学状况。当前，我国由于缺乏有说服力的统计数据，无法引起社会各界足够重视。我们急需对拒绝上学行为进行筛查，并建立由班级、学校至各级教育行政主管部门参与的报告制度，以便各级领导部门及时了解拒绝上学行为青少年的数量，关注并重视青少年拒绝上学行为，制定相应的措施，应对青少年拒绝上学问题。

本研究拟采用拒绝上学行为评估问卷（SRBES）对广州市青少年拒绝上学行为的现况进行调研，并对不同人口学特征、学习情况、家庭情况的青少年拒绝上学行为检出率进行分析。调研结果可供家长及教育者了解青少年拒绝上学流行情况，关注青少年拒绝上学行为；相关数据可供教育等领导部门参考，作为制定拒绝上学行为预防和干预措施的依据。

三、拒绝上学青少年心理健康状况研究

拒绝上学青少年普遍存在焦虑、抑郁、强迫症、恐惧等心理问题，如不及时干预，还会增加青少年罹患精神疾病的危险性。

了解拒绝上学青少年心理健康状况是对其进行干预的前提。但由于我国目前对拒绝上学行为的研究尚处于医学模式阶段，相关人员主要进行拒绝上学行为的精神疾病的分类诊断及人格特质方面的研究。从心理健康的角度对拒绝上学行为进行的研究非常稀少。本研究拟对拒绝上学青少年的人格、自尊、心理弹性、领悟社会支持、应对方式等进行调研，比较全面地了解拒绝上学青少年心理健康状况，为学校健康教育及青少年拒绝上学行为的预防和干预提供科学依据和理论指导。

四、拒绝上学行为干预研究

人格心理学家强调人格对个体社会行为的作用，甚至认为，个体社会行为就是由人格决定的，是人格的外在表现。对于心理疾病而言，大多数研究者认为，与精神应激事件相比，患者人格特征或个体易感素质对于心理疾病的病因学意义可能更为重要，即使一些生物学病因如遗传学的研究，也认为亲代的遗传影响主要表现为易感个性。陈玉霞（2017）通过对11例咨询个案的回顾性研究发现，拒绝上学青少年具有胆小敏感、固执任性、追求完美等特点。汪玲华、王冠军、王晨阳等人对拒绝上学青少年的人格进行研究发现，拒绝上学青少年与对照组有显著差异。上述研究数据与临床观察均证实，与普通青少年相比，拒绝上学青少年在人格上有较大偏差。本研究认为，人格在拒绝上学行为中起着决定性作用。拒绝上学行为是青少年在人格偏差的基础上，遭遇学业、人际关系等方面的问题所引发。虽然上述临床观察及研究均表明，人格在拒绝上学行为中起着决定性作用，但对于人格如何影响拒绝上学行为目前暂时没有研究涉及。本研究拟选取领悟社会支持、自尊、心理弹性、应对方式等作为中介变量，探讨不同人格类型对拒绝上学行为的影响机制。通过对拒绝上学行为影响机制的研究，对不同人格类型提出相应的干预模式，并针对自尊、心理弹性、应对方式等影响因素提出相应的干预措施。

最后，本研究将提供一例神经质青少年拒绝上学个案的咨询过程，并对其进行分析和讨论。案例中，心理老师根据神经质人格的拒绝上学行为干预模式，通过提升个案的自尊水平及培养其积极的应对方式，达到改变个案拒绝上学行为的

目的。本案例将示范基于人格类型的干预模式在心理咨询过程中的实际操作，可供相关人员对青少年拒绝上学行为进行干预时做参考。

综上，本研究将围绕以下几个方面进行。首先，在对拒绝上学行为进行理论探讨的基础上，编制拒绝上学行为评估问卷（SRBES）并检验其信效度。其次，采用该问卷对青少年拒绝上学行为进行调研，了解其流行现状以及拒绝上学青少年的心理健康状况。第三，探讨人格对拒绝上学行为的影响机制，为拒绝上学行为的干预提供理论依据。第四，根据上述影响机制，提出基于不同人格类型的干预模式，并对不同的影响因素提出相应的干预措施。最后，本研究将提供一例神经质青少年拒绝上学案例的咨询过程。案例将示范基于人格类型的拒绝上学行为的干预模式在咨询过程中是如何操作的，期望能对相关人员进行青少年拒绝上学行为干预有启发。

第三节　研究思路

本研究共分为三个部分。第一部分，拒绝上学评估问卷（SRBES）的编制。第二部分拒绝上学评估问卷（SRBES）的应用。第三部分，拒绝上学行为的干预研究。

一、拒绝上学行为评估问卷（SRBES）的编制

在前期理论研究的基础上，确立拒绝上学行为评估问卷（SRBES）的编制框架，根据框架编写条目，形成条目池。经过条目初步筛选、师生访谈、试测，形成初始问卷。经过试测及修订，形成正式问卷。

二、拒绝上学行为评估问卷（SRBES）的应用

首先，青少年拒绝上学行为筛查。采用拒绝上学行为评估问卷（SRBES）对广州市青少年进行拒绝上学行为筛查，了解拒绝上学行为的流行情况。其次，拒绝上学青少年心理健康研究。对拒绝上学青少年的人格、自尊、心理弹性、领悟社会支持等进行调研，全面了解拒绝上学青少年的心理健康状况，为学校心理健

康教育及拒绝上学行为的预防和干预提供理论指导。最后，人格对拒绝上学行为影响机制研究。探讨不同人格类型对青少年拒绝上学行为的作用机制，为针对性的预防和干预提供科学依据。

三、拒绝上学行为的干预研究

本部分将在人格对拒绝上学行为影响机制研究的基础上，提出以人格类型为基础的拒绝上学行为干预模式。其次，针对不同的心理影响因素提供相应的干预措施。最后，将提供一例神经质青少年拒绝上学案例的心理咨询过程，示范基于人格类型的干预模式在心理咨询过程中的实际操作，供相关人员对青少年进行拒绝上学行为干预时做参考。

第四节　研究意义

本小节将对整个研究的理论及实践意义进行阐述。

一、理论意义

（一）促进拒绝上学行为研究的科学化

首先，本研究编制的拒绝上学行为评估问卷（SRBES）使得拒绝上学行为的评估有据可依，可促进拒绝上学行为评估的科学化。当前，由于缺乏信效度良好的评估工具，临床医生及研究人员只能参考相关量表的测量结果对拒绝上学行为进行评估，由于标准不统一，影响了评估的准确性；也不能进行大规模的筛查，不能掌握拒绝上学青少年的确切数据；同时，也导致地区之间无法进行对比性研究，不能了解拒绝上学行为的地区差异。本研究编制的拒绝上学行为评估问卷（SRBES）可用于临床评估，评估结果可作为拒绝上学行为诊断的依据；也可用于对青少年拒绝上学行为进行大规模的筛查，了解拒绝上学行为的流行现况；还可以用于进行不同地区拒绝上学行为流行情况的比较研究，了解拒绝上学行为的地区差异。拒绝上学行为评估问卷（SRBES）使得该行为的评定有据可依，对于拒绝上学行为研究的规范化和科学化具有重要的理论意义。

其次，本研究通过人格对拒绝上学行为影响机制的探讨，建立基于人格类型的干预模式，促进拒绝上学行为干预的科学化。本研究认为，人格对拒绝上学行为产生起着决定性作用，通过选取领悟社会支持、自尊、心理弹性、应对方式等作为中介变量，探讨不同人格类型对拒绝上学行为的影响机制。在对拒绝上学行为影响机制的研究基础上，对不同人格类型提出相应的干预模式，并针对自尊、心理弹性、应对方式等影响因素提出相应的干预措施，研究结果对于拒绝上学行为的预防和干预具有重要的指导价值。

（二）促进拒绝上学行为研究的系统化

本研究通过拒绝上学行为评估问卷（SRBES）的编制到干预模式的提出，建立从评估到干预的一个完善的系统，从而促进了拒绝上学行为研究的系统化。首先，在对拒绝上学行为进行理论探讨的基础上，编制拒绝上学行为评估问卷（SRBES）并检验其信效度。其次，采用该问卷对青少年拒绝上学行为进行调研，了解其流行现状以及拒绝上学青少年的心理健康状况。第三，探讨人格对拒绝上学行为的影响机制，为拒绝上学行为的干预提供理论依据。第四，根据上述影响机制，提出基于不同人格类型的干预模式，并对不同的影响因素提出相应的干预措施。最后，本研究将提供一例神经质青少年拒绝上学案例的咨询过程。案例将示范基于人格类型的拒绝上学行为的干预模式在咨询过程中是如何操作的，供相关人员进行青少年拒绝上学行为干预时做参考。本研究通过上述一系列的研究，建立了从评估到干预的一个完善的系统，促进了拒绝上学行为研究的系统化。

（三）促进拒绝上学行为研究的本土化

当前，我国学者对拒绝上学行为的研究主要集中在对国外拒绝上学行为概念、治疗进展等的理论性综述方面，本土化的评估及干预研究稀少。由于东西方文化差异，我国青少年拒绝上学行为无论是在产生原因还是在表现形式等方面都有其独特性。国外青少年往往因校外吸引而拒绝上学，表现出更多的外显行为问题，如吸毒、加入犯罪团伙等，对于这类拒绝上学行为，行为治疗和认知行为治疗能取得比较好的干预效果。我国青少年的拒绝上学的主要原因是学业和人际关系，以情绪方面的问题为主，表现出内倾、孤独、情感封闭、情绪不稳、敏感多疑、焦虑、抑郁、对人有敌意等人格偏差。本研究认为，人格在拒绝上学行为中起着决定性作用，拒绝上学问题是儿童在人格偏差的基础上，遇到的学业及人际关系等方面的困难所引发。为了对青少年拒绝上学行为进行有效干预，需要考虑青少年的人格特质并采取相应的干预模式。本研究通过对不同人格类型对拒绝上学行为的影响机制探讨，提出基于人格类型的干预模式，对拒绝上学行为的本土化干预进行了有价值的探索。

二、实践意义

本研究对拒绝上学行为的评估及干预有重要的实践意义，具体体现在以下几个方面。

（一）评估拒绝上学行为

当前，由于缺乏信效度良好的评估工具，临床医生及研究人员只能参考相关量表的测量结果对拒绝上学行为进行评估，由于标准不统一，影响了评估的准确性。本研究编制的拒绝上学行为评估问卷（SRBES）可用于临床评估，作为拒绝上学行为的诊断依据，实现对拒绝上学行为的早发现早干预，避免拒绝上学行为给学生、家庭和社会带来的危害；同时也可以用于大规模的筛查，了解拒绝上学行为的流行情况。

（二）掌握拒绝上学行为现状

本研究对广州市青少年拒绝上学行为的现况进行调研，对不同人口学特征、学习情况、家庭情况的青少年拒绝上学行为检出率进行比较。调研结果可供家长及教育者了解广州市青少年拒绝上学的情况，关注青少年拒绝上学行为；相关数据也可供教育等领导部门参考，作为制定拒绝上学行为预防和干预措施的依据。

（三）了解拒绝上学青少年心理状态

本研究通过对拒绝上学青少年人格、自尊、心理弹性、领悟社会支持等的调研，比较全面地了解拒绝上学青少年的心理健康状况，调研结果可用于指导学校开展心理健康教育及拒绝上学青少年的心理辅导工作，对学生心理健康教育及心理辅导工作具有重要的现实指导意义。

（四）建立干预模型

本研究通过探讨人格对拒绝上学行为的影响机制，建立基于人格类型的干预模式，并对不同的影响因素提出相应的干预措施；通过提供一例神经质青少年拒绝上学案例的心理咨询过程，示范基于人格类型的拒绝上学行为的干预模式在心理咨询过程中是如何操作的，可供心理工作者对青少年拒绝上学行为进行干预时作参考。

拒绝上学行为评估问卷（SRBES）的编制

本章将进行拒绝上学行为评估问卷（SRBES）的编制及信效度检验。

研究显示，青少年拒绝上学的时间越长，重返学校就越困难，越早干预效果越好，因此早期识别尤为重要。由于拒绝上学行为有较强的隐蔽性，往往发展到较为严重时才会引起重视，但此时已经错过了早期干预时机。采用信效度高的问卷对拒绝上学行为进行筛查，可以实现对其的早发现。由于各种原因，对拒绝上学行为进行针对性评估的工具非常稀少，临床医生和研究者主要参考相关量表的测量结果，对拒绝上学行为进行评估。陈玉霞（2015）从拒绝上学学生的日常行为表现编制了儿童拒绝上学行为问卷（CSRBS），问卷信效度达到心理测量学要求，可用于拒绝上学行为筛查。该研究是对拒绝上学行为进行科学评估的一次有意义的尝试。但由于儿童拒绝上学行为问卷（CSRBS）存在一些局限，如问卷结构欠清晰、涉及的拒绝上学行为有限、未进行年龄段的区分等，限制了对其的推广和使用。本研究将在前期理论研究的基础上，对儿童拒绝上学行为问卷（CSRBS）进行修订，形成青少年拒绝上学行为评估问卷（SRBES）。

研究显示，中学阶段为拒绝上学行为的高发时期。本研究将编制适合于中学阶段的青少年拒绝上学行为的筛查工具。

本研究将拒绝上学行为界定为：青少年自动地不去学校或难以整天坚持在课堂学习的表现。拒绝上学行为按由轻到重的程度可分为以下表现：①威胁或哀求父母不上学，②要求父母陪同上学，③反复出现回避上学的行为，④偶尔不上学或缺课，⑤反复交替出现不上学或缺课，⑥某段时间不上学，⑦长期休学在家。

第一节　问卷的形成

本小节在理论研究的基础上，确定问卷的编制框架，编写条目，形成条目池。

经过条目初步筛选、访谈师生及试测，形成初始问卷。采用初始问卷进行试测分析，初步探讨问卷的结构，形成拒绝上学行为评估问卷第一稿（SRBES-1）。

一、引言

青少年拒绝上学已经成为世界各国关注的心理卫生问题。在美国，拒绝上学行为影响5%～28%的中小学生；在日本，拒绝上学行为被认为是"每个学生都有可能出现的问题"；我国22.5%的中小学生有不同程度的拒绝上学行为。拒绝上学行为的危害包括辍学、社会隔离、亲子矛盾以及成年后的职业、婚姻、精神问题。鉴于拒绝上学行为的广泛流行及其危害，世界各国对其开展了长期研究，在拒绝上学行为的预防和干预方面取得了一定的成效。遗憾的是，对拒绝上学行为评估方面的研究相当稀少，仅有的开创性研究来自Kearney及其编制的儿童拒绝上学行为评估量表（School Refusal Assessment Scale，SRAS），该量表目前已经被多个国家引用，我国暂无该量表的修订版。

儿童拒绝上学行为评估量表（SRAS）不是筛查问卷，仅适用于经过临床医生诊断为拒绝上学行为的学生，查找出拒绝上学行为的具体原因以指导后续的治疗工作。该量表以"负强化"和"正强化"两个因素为基本架构编制而成。Kearney认为，有四个原因导致拒绝上学行为的持续。①为了逃避引发负面情绪（恐惧、焦虑、抑郁）的学校相关事物和情境（刺激）。②为了逃避学校令人苦恼的社交或评价情境。③为了获得校外其他重要之人的关注。④为了获得或追求校外实质利益，寻求学校以外更有吸引力的事物。前两种类型的拒绝上学行为是因为负强化或逃离学校的不愉快事物；后两种类型的拒绝上学行为是因为正强化或追求学校以外的某种利益。儿童拒绝上学行为评估量表（SRAS）将上述4个原因作为因子编制条目，各因子的条目得分分别相加，分数最高的因子即为拒绝上学行为的主要原因。该量表结果可用于临床医生指导拒绝上学行为的干预。拒绝上学行为评估量表（SRAS）存在以下局限。首先，负面刺激和社交情境多数以一种非具体的、概括的方式在条目中呈现，仅部分条目中列举出了具体情景。其次，该量表试图将因果关系在一个条目中表达出来，被试在回答时，要求对因果关系进行判定，这对年龄较小的儿童而言会比较难，可能会影响回答的稳定性。最后，该量表涉及的拒绝上学行为范围有限。

陈玉霞（2015）从日常行为表现的角度编制了儿童拒绝上学行为问卷（CSRBS）作为拒绝上学行为的筛查工具。该问卷有5个因子（违抗行为、学校疏离、负性情绪、学习能力和躯体感受），19个条目，1～5五级评分。儿童拒绝上学行为问卷（CSRBS）有较好的信效度，能达到对拒绝上学行为进行初步筛查的目的。首先，儿童拒绝上学行为问卷（CSRBS）充分考虑到拒绝上学行为涉及的认知过程、情绪体验、生理唤醒以及行为表现，将该行为放到儿童的整个身心系统的视野中来考察，从多方位对其进行评估，能在较大程度上筛查出有拒绝上学行为的儿童。其次，儿童拒绝上学行为问卷（CSRBS）只要求儿童回答有无拒绝上学的各种表现，而不必考虑和选择拒绝上学的原因，比较符合儿童的心理发展水平和自我觉察水平。最后，儿童拒绝上学行为问卷（CSRBS）句子简短，文字浅显易懂，难度低，有利于提高回答的准确率。该问卷存在以下局限。一、问卷结构欠清晰；二、条目涉及的拒绝上学行为有限；三、条目分布不均衡，部分因子的条目数偏少；四、施测对象为中小学生，并未进行年龄段的区分。不同年龄段学生拒绝上学行为的原因和表现有较大的差异。小学生拒绝上学行为的主要原因为分离焦虑、学校适应，以身体不适体现；青少年拒绝上学往往与学习压力、人际关系有关，更容易表现在情绪或行为方面。上述局限影响了儿童拒绝上学行为问卷（CSRBS）的推广和使用。本研究将对儿童拒绝上学行为问卷（CSRBS）进行修订，形成适合我国青少年的拒绝上学行为筛查的工具。

二、研究过程

（一）编制框架

本研究将以在Kearney的模型理论为指导，对陈玉霞编制的儿童拒绝上学行为问卷（CSRBS）进行修订。

根据Kearney的模型理论，拒绝上学行为是为了逃避学校相关情境（事物）或受到校外吸引，学校相关情境（事物）带给学生负面感受，而校外吸引带来更好的体验。学生是否拒绝上学会体现在学生面临相关情景（事物）时的表现中。本研究借鉴拒绝上学行为评估量表（SRAS）中学校相关的情境（事物）或校外吸引，以及儿童拒绝上学行为问卷（CSRBS）中拒绝上学学生的表现，考察学生在面临学校相关情境时的反应，从而评估学生是否拒绝上学。根据上述分析，课题组确定了编制问卷的两个维度：一个为学校相关情境（事物）、校外吸引，另一个为表现。学校相关情境（事物）可分为三个方面：场所（教室、宿舍、操场、食堂、图书室、家）、人物（同学、教师、朋友、父母）、活动（上课、集体活动、考试、提问、做作业）。其中，"家"为校外吸引，拒绝上学青少年往往会更加依恋家，不愿意离开。在表现维度上，对陈玉霞编制的儿童拒绝上学行为评估问卷（CSRBS）中的违抗行为、负性情绪、躯体感受等3个因子进行完善，形成了意愿、情绪、躯体反应、行为等4个方面，根据二维七面的架构编写条目，做到全面、不遗漏。

表1-1　条目编制二维表

因子			表现			
			意愿	情绪	躯体反应	行为
情境	场所	学校				
		教室				
		操场				
		图书馆				
		食堂				
		宿舍				
		家				
	校内活动	上课				
		提问				
		做作业				
		考试				
		集体活动				
	人物	教师				
		父母				
		同学				
		朋友				

（二）条目的编写

条目主语为"我"，条目内容为情境和与此情境相关联的表现，如："我讨厌同学""我不参加考试"，不涉及拒绝上学行为和表现之间的因果判断。在条目的表达上尽量做到语句简单明了，通俗易懂；条目表达均用陈述句；表达方式符合我国文化背景和国情。课题组在查阅相关文献及访谈拒绝上学青少年的基础上，编写条目300余个，建立了拒绝上学行为评估问卷（SRBES）条目库。

（三）条目的初步筛选

课题组4名专家从测量目标、语义表达、语句通顺等方面对条目逐一审查。删除题意模糊、语句繁复、语义相似的条目。

（四）访谈师生

访谈员由经过课题组专门培训的两名研究人员担任，了解本研究目的，掌握访谈技巧，熟悉拒绝上学行为相关理论。访谈地点为学校心理咨询室，环境安静，温馨舒适，确保受访者能比较自由地表达自己的想法。

1. 访谈对象

教师6名。包括班主任、骨干教师、心理教师，他们在工作中接触过拒绝上学青少年，对拒绝上学青少年的心理和行为有一定的了解。

拒绝上学青少年30名。参考已有研究，符合以下1~2项者入组：①一段时间完全不去上学；②上学，但在1天中会离开学校或缺席某些课程；③上学，但早晨伴有激烈的不当行为，如发脾气、拒绝离开家；④在学校表现出不寻常的痛苦而向父母或他人请求不上学；⑤经常迟到。排除标准：①生理或躯体疾病无法上学；②家庭或社会等无法抗拒的因素而无法上学，如贫困、自然灾害等；③精神发育迟滞和言语沟通困难者。符合其中任何一项将被排除。

2. 访谈程序

首先，访谈员自我介绍，说明本次访谈的目的及程序，争取被访师生的配合；其次，让被访师生阅读条目，征询他们对条目的意见，并进行记录。首先进行教师访谈，所有教师访谈结束后，对教师反馈信息进行整理，对条目进行修订，然后再进行拒绝上学青少年访谈。

3. 访谈内容

教师访谈的重点为条目内容是否涵盖了拒绝上学行为的所有方面，同时对条目的合理性进行评价。访谈提纲：①条目容易读懂吗？②2级和5级计分方式，哪个更好？③条目内容是否能包括了拒绝上学行为的各方面？④是否有需要增加的内容？教师访谈收集意见如下：①建议采用5级计分。②提供住校的学校比较少，多数学生走读；部分学校无食堂和图书室。建议删除宿舍、食堂、图书室。③拒绝上学行为与网络游戏密切相关，建议增加相关的条目。通过本次访谈对条目做如下调整：①场所中的宿舍、操场、食堂、图书室等与拒绝上学行为关系甚微，相关条目予以删除。②人物中的同学和朋友条目内容雷同，鉴于青少年的人际关系以同学为主，所以删除朋友的条目，仅保留同学相关条目。③活动方面，上课的条目基本可以包含提问，所以删除提问相关条目。④增加网络游戏条目。调整后的情境维度所含因子明细如下：场所（学校、教室、家）、人物（同学、教师、父母）、活动（上课、考试、作业、集体活动、游戏）。

拒绝上学青少年访谈的重点为条目的合理性、是否理解条目内容以及是否容易回答。访谈提纲：①条目容易读懂吗？②如果采用5级计分，容易回答吗？③是否有需要增加的内容？根据学生反馈，条目5级计分容易回答。在条目内容上做了以下修改：①删除了部分不适合的条目，如"同学打我""同学骂我""我讨好同学"等。②增加了部分网络游戏的条目。③在文字表达上做了进一步修改，使其更规范一致。"参加集体活动对我来说是件痛苦的事情"改为"我参加集体活动时感到痛苦"。

在教师和拒绝上学青少年访谈的基础上，经课题小组进一步分析讨论，初步筛选出130个条目。

（五）试测

选取拒绝上学行为青少年15人，进行一对一施测，记录被试在测试过程中的反应，测试之后再进行访谈。访谈提纲：①条目能够读懂吗？表达合适吗？如果不合适，你觉得用什么词更好？②条目与选项搭配起来容易回答吗？存在什么问题让你觉得不好回答？③某一条目学生自身的作答是"从不"，但提到其他同学存在这样的情况，可以进一步询问原因。④在某一条目上如果青少年做出少数选择的，要深入询问。

根据试测和访谈结果，课题组再次对条目进行分析，修改难理解、语义模糊、容易产生歧义的条目，删除普遍性不强的条目，最终形成130个条目的初始问卷。问卷既可进行个别施测，也可以用于团体测查。采用从1（从不）～5（总是）5级计分，分数越高表明拒绝上学行为程度越严重。

指导语：本问卷用来了解你对学习、学校、同学和父母的态度、情绪反应和行为等。请你仔细阅读每个题目，根据你的实际情况，从多个选项中选一个：从不、偶尔、有时、经常和总是。本问卷需要你填上性别、年龄和年级，不需要填写姓名、班级或学校，只标注你是哪个年级，比如初一或初二。

例子：我做作业时觉得困。①从不 ②偶尔 ③有时 ④经常 ⑤总是

三、对象与方法

（一）对象

方便选取三所中学，发放问卷834份，收回754份，有效回收率90.41%。男生383人，女生371人；初中生390人，高中生364人；平均年龄（14.97±1.57）岁。

表1-2　人口学特征表

人口学变量		人数	百分比
性别	男	383	50.80
	女	371	49.20
学段	初中	390	51.72
	高中	364	48.28

（二）工具

拒绝上学行为评估问卷（SRBES）初始版

（三）方法

本研究得到单位伦理委员会批准。由经过课题组统一培训的调查员施测，地点为本班教室，以班级为单位集中线下进行。学生知情同意并匿名填写问卷，问卷当场发放和收回。课题组对回收问卷进行审核，剔除缺漏项>15%的问卷及18<年龄<12岁的学生。

（四）统计分析

采用EpiData3.1建立数据库，平行双录入。采用SPSS23.0进行条目分析、探索性因子分析。检验水准$\alpha=0.05$。

四、结果

（一）条目分析

采用临界比值法和相关分析法进行条目分析，所有条目均符合要求，未删除。

题总相关。计算每个条目得分与问卷总分的相关，相关系数越高，表示该条目在测量某一行为特质上与其他条目之间具有一致性，越有利于因子分析。在相关系数矩阵中如果所有条目的大部分相关系数均小于0.3，即各条目之间大多为弱相关，那么原则上这些条目不适合进行因子分析。

临界比值（Critical ratio，CR）。临界比值是条目分析中用来检验问卷的条目是否能够鉴别不同被试的反应程度的指标。如果CR值达到显著水平（$P<0.05$），表示该条目能够鉴别不同被试的反应程度。具体方法是将总分按从高到低的顺序排列，得分前27%者为高分组，得分后27%者为低分组，进行高低二组被试在每个条目上得分平均数的差异显著性检验。经检验后差异不显著的条目说明质量较差，应予以删除。

（二）探索性因子分析

探索性因子分析的目的是寻找问卷条目的公共因子，找出变量的内在结构。首先进行KMO取样适当性检验（Kaiser-Meyer-Olkin Measure of Sampling）和Bartlett球形检验（Bartlett's Test of Sphericity），以确定样本是否适合作因子分析。KMO的取值范围在0～1之间，越接近1，表明变量间的相关性越强，越适合作因子分析。结果显示，KMO值为0.964，Barttlett球形检验值为57838.339（$P<0.001$），适合进行因子分析。

采用主成分分析法（Principal Components Analysis）抽取因子，以特征值大于1为抽取因子的标准，因子旋转采用最大方差正交旋转法（Varimax）。抽取特征根大于1的因子23个，累计方差解释率66.76%。

表1-3 方差解释表

成分	初始特征值			提取载荷平方和			旋转载荷平方和		
	总计	方差百分比	累积 %	总计	方差百分比	累积 %	总计	方差百分比	累积 %
1	41.842	32.186	32.186	41.842	32.186	32.186	13.131	10.101	10.101
2	5.328	4.099	36.285	5.328	4.099	36.285	9.270	7.131	17.232
3	3.911	3.009	39.293	3.911	3.009	39.293	7.186	5.527	22.759
4	3.655	2.812	42.105	3.655	2.812	42.105	6.139	4.722	27.481
5	3.073	2.364	44.469	3.073	2.364	44.469	5.490	4.223	31.704
6	2.944	2.265	46.734	2.944	2.265	46.734	4.350	3.346	35.050
7	2.488	1.914	48.648	2.488	1.914	48.648	3.751	2.885	37.935
8	2.251	1.731	50.379	2.251	1.731	50.379	3.656	2.813	40.748
9	2.174	1.672	52.052	2.174	1.672	52.052	3.429	2.637	43.385
10	2.051	1.577	53.629	2.051	1.577	53.629	3.152	2.425	45.810
11	1.836	1.412	55.041	1.836	1.412	55.041	3.091	2.378	48.188
12	1.698	1.306	56.347	1.698	1.306	56.347	2.955	2.273	50.461
13	1.607	1.236	57.584	1.607	1.236	57.584	2.645	2.035	52.496
14	1.432	1.101	58.685	1.432	1.101	58.685	2.498	1.921	54.417
15	1.385	1.065	59.750	1.385	1.065	59.750	2.273	1.748	56.165

续表

成分	初始特征值			提取载荷平方和			旋转载荷平方和		
	总计	方差百分比	累积 %	总计	方差百分比	累积 %	总计	方差百分比	累积 %
16	1.361	1.047	60.798	1.361	1.047	60.798	2.261	1.739	57.905
17	1.231	.947	61.745	1.231	.947	61.745	2.029	1.561	59.466
18	1.183	.910	62.654	1.183	.910	62.654	1.992	1.532	60.998
19	1.142	.878	63.533	1.142	.878	63.533	1.772	1.363	62.361
20	1.112	.855	64.388	1.112	.855	64.388	1.767	1.359	63.720
21	1.049	.807	65.196	1.049	.807	65.196	1.434	1.103	64.823
22	1.032	.794	65.990	1.032	.794	65.990	1.352	1.040	65.863
23	1.008	.775	66.765	1.008	.775	66.765	1.172	.902	66.765

条目删除原则：①因子载荷（Factor Loading）小于0.40；②因子中的条目数少于3个；③存在交叉载荷，也就是一个条目在多个因子上均有较高载荷；④归于某个因子的条目不易解释。

通过反复分析、删除，得到9个因子，60个条目，累计方差解释率61.158%。

表1-4　方差解释表

成分	初始特征值			提取载荷平方和			旋转载荷平方和		
	总计	方差百分比	累积 %	总计	方差百分比	累积 %	总计	方差百分比	累积 %
1	20.166	33.610	33.610	20.166	33.610	33.610	7.598	12.664	12.664
2	3.349	5.581	39.191	3.349	5.581	39.191	4.950	8.250	20.914
3	2.619	4.365	43.556	2.619	4.365	43.556	4.924	8.207	29.121
4	2.188	3.646	47.203	2.188	3.646	47.203	3.988	6.646	35.767
5	1.911	3.185	50.388	1.911	3.185	50.388	3.478	5.796	41.563
6	1.771	2.951	53.339	1.771	2.951	53.339	3.353	5.589	47.152
7	1.686	2.809	56.149	1.686	2.809	56.149	3.039	5.066	52.218
8	1.597	2.661	58.810	1.597	2.661	58.810	2.716	4.526	56.744
9	1.409	2.348	61.158	1.409	2.348	61.158	2.648	4.414	61.158

综合考虑各因子内条目的内容，对因子命名。第一因子，主要涉及对课堂听讲和完成作业的厌倦、抵触，命名为课业拒绝；第二因子，主要涉及对教师的恐惧和回避，命名教师回避；第三因子主要涉及在学校时感到的痛苦，命名为校内痛苦；第四因子主要涉及对集体活动的反感和排斥，命名为集体活动排斥；第五因子主要涉及对同学的不满，命名为同学疏离；第六因子主要涉及与父母的对立，命名为父母对抗；第七因子主要涉及对考试的讨厌，命名为考试厌恶；第八因子主要涉及不愿或恐惧离开家，命名为离家恐惧；第九因子主要涉及网络游戏，命名为游戏沉迷。

表1-5 旋转后成分矩阵表

因子一		因子二		因子三		因子四		因子五	
条目	载荷	条目	载荷	条目	载荷	条目	载荷	条目	载荷
126	.771	96	.734	50	.712	86	.740	4	.699
119	.744	129	.726	69	.707	12	.733	11	.637
84	.697	79	.725	53	.675	38	.693	13	.609
89	.694	120	.704	81	.647	98	.681	23	.591
123	.692	87	.627	39	.625	15	.642	35	.575
101	.658	40	.580	51	.620	74	.520	28	.552
61	.647	22	.558	42	.609			54	.513
72	.624	108	.554	111	.605				
100	.610								
88	.606								
113	.603								
127	.592								
46	.544								

因子六		因子七		因子八		因子九		
条目	载荷	条目	载荷	条目	载荷	条目	载荷	
43	.799	33	.775	65	.687	26	.780	
124	.767	16	.766	34	.638	56	.776	
30	.753	94	.673	68	.612	41	.730	
47	.651	62	.671	122	.534	6	.581	
18	.557			59	.518			

表1-6　因子及条目表

因子名	序号	条目名称
课业拒绝	1	做作业时我注意力不集中。
	2	我上课时做其他事情。
	3	我上课时注意力不集中。
	4	我应付作业。
	5	我在上课时发呆。
	6	我在上课时想睡觉。
	7	我做作业时拖拖拉拉。
	8	我做不完作业。
	9	我抄别人的作业。
	10	我觉得上课无聊。
	11	我对上课提不起兴趣。
	12	我在教室胡思乱想。
	13	我听不进老师讲课。
教师回避	1	我见到某些老师时会害怕。
	2	我见到某些老师时会心慌。
	3	我不敢看某些老师。
	4	我见到某些老师时会不自在。
	5	我见到某些老师时会紧张。
	6	我躲着某些老师。
	7	我见到某些老师时会尴尬。
	8	我不喜欢见到某些老师。
校内痛苦	1	我在学校会感到身体不舒服。
	2	我在学校感到不舒服。
	3	我在教室感到呼吸不畅。
	4	我在学校感到难受。
	5	我在学校会头痛头晕。
	6	我在学校感到紧张。
	7	我在教室感到紧张。
	8	我在教室感到难受。

续表

因子名	序号	条目名称
集体活动排斥	1	我不想参加集体活动。
	2	我讨厌参加集体活动。
	3	我不参加集体活动。
	4	我觉得集体活动无聊。
	5	我参加集体活动时感到痛苦。
	6	我参加集体活动时会身体不舒服。
同学疏离	1	我躲着某些同学。
	2	我与朋友有隔阂。
	3	我对某些同学感到生气。
	4	我害怕某些同学。
	5	我跟某些同学在一起时会不舒服。
	6	某些同学欺负我。
	7	同学不理我。
父母对抗	1	我不想跟父和/或母说话。
	2	我跟父和/或母在一起会感到不舒服。
	3	我不愿意跟父和/或母在一起。
	4	我与父和/或母有冲突。
	5	我在家将自己隔绝起来。
考试厌恶	1	我讨厌考试。
	2	考试让我觉得很痛苦。
	3	我不想参加考试。
	4	我害怕考试。
离家恐惧	1	我只有在家时才会觉得安心。
	2	我害怕离开家。
	3	我害怕离开父和/或母。
	4	我想一个人躲在家里。
	5	我只想待在家里。
游戏沉迷	1	我打游戏不知疲倦。
	2	我打游戏时很兴奋。
	3	我打游戏没有节制。
	4	我宁可打游戏，也不愿意上学。

五、讨论

本研究以Kearney拒绝上学行为的模型理论为指导，对陈玉霞编制的儿童拒绝上学行为问卷（CSRBS）进行修订。通过考察学生在面临学校相关情境时的表现，从而评估学生是否有拒绝上学行为。通过理论分析及访谈，课题组确定了编制问卷的二维七面的架构，按架构编写条目，条目主语为"我"，条目内容为情境和与此情境相关联的表现，共编写条目300余个，建立了拒绝上学行为评估问卷（SRBES）条目库。经过条目初步筛选、师生访谈、试测，形成130个条目的初始问卷。采用临界比值法和相关分析法进行条目分析，所有条目均符合要求，未删除条目。探索性因子分析得到9因子结构，60个条目，与构想基本一致。

（一）编制框架

1. 情景维度。本研究中学校相关情境（事物）、校外吸引作为问卷编制的一个维度。拒绝上学行为评估问卷（SRBES）条目内容为与学校具体情境有关的负面经验和回避行为，条目涵盖拒绝上学行为负强化的内容。此外，本问卷也涉及正强化的内容，获取父母注意（分离焦虑）和校外强化物（网络游戏），并且更为具体，而不是概括化描述。为尽可能全面筛查出有拒绝上学行为的青少年，本研究将情境进一步细分为三个方面：场所（学校、教室、宿舍、操场、食堂、图书室、家）、人物（同学、教师、朋友、父母）、活动（上课、集体活动、考试、提问、做作业）。

2. 表现维度。对儿童拒绝上学行为问卷（CSRBS）的违抗行为、负性情绪、躯体感受等3个因子进行修订和完善，形成了意愿、情绪、躯体反应、行为等4个因子，组成问卷编制框架中的表现维度。

（二）条目分析

采用临界比值法和相关分析法进行条目分析，所有条目均符合要求，未删除。

（三）因子分析

探索性因子分析得到9因子结构，60个条目，与构想基本一致。因子1的条目最多，内容与儿童拒绝上学行为问卷（CSRBS）类似，包括不愿听课、不认真上课及不按时完成作业。对这个因子的命名参照儿童拒绝上学行为问卷（CSRBS）的违抗行为，命名为"课业拒绝"，它指明了抗拒的对象，比违抗行为更具体。因子2主要涉及对教师的恐惧和回避，命名为"教师回避"。因子3涉及对学校的负面反应，包括情绪性的和身体的。这个因子涵盖了儿童拒绝上学行为问卷（CSRBS）因子2和因子3的内容，命名为"学校痛苦"，反映的是与学校相关的不良的情绪感受。因子4"集体活动排斥"，表达的是对集体活动的反感和排斥。因子5同学疏离，反映的是对同学的不满。因子6"父母对抗"，主要涉及与父母对立的内容。因子7"考试厌恶"，涉及讨厌考试的内容。因子8"离家恐惧"，不愿或恐惧离开家。因子9"游戏沉迷"，反映对网络游戏的痴迷。因子2、4、5、6、8、9共6个因子是儿童拒绝上学行为问卷（CSRBS）没有的，为拒绝上学行为评估问卷（SRBES）新增。

本问卷编制过程中最具有挑战性的是寻找拒绝上学行为的表现。课题组在二维七面的框架基础上，针对每个情景维度的认知信念、态度情绪和行为反应编写条目。通过师生访谈和预测试，对条目进行增删和修订，使编制出的问卷在内容上具有了较强的针对性。

综上，与儿童拒绝上学行为问卷（CSRBS）相比，拒绝上学行为评估问卷第一稿（SRBES-1）的因子涉及的拒绝上学行为的情境更全面，条目内容更加具体。

第二节　第一稿测试结果及分析

本小节对拒绝上学行为评估问卷第一稿（SRBES-1）进行测试分析，进一步探讨问卷的结构，形成拒绝上学行为评估问卷第二稿（SRBES-2）。

一、对象与方法

（一）对象

采用多阶段分层整群抽取法，在广州市抽取18所中学78班，发放问卷3740份。剔除不合格问卷，有效问卷3364份，有效率为89.95%；年龄范围11～18岁，平均年龄（14.39±2.04）岁；男生1705人，女生1659人；初中生2140人，高中生1224人。按照编号的奇偶数将样本分为两组，奇数组作探索性因子分析；偶数组作验证性因子分析及信度分析，方便选取其中3个班共130人检验问卷的重测信度，其中男生67人，女生63人。方便选取160人，采用自编问卷收集其语数英期末考试成绩以及班主任对学生学业、学习专注和人际关系的评价。

表2-1　人口学特征表

人口学变量		人数	百分比
性别	男	1705	50.68
	女	1659	49.32
学段	初中	2140	63.61
	高中	1224	36.39

（二）工具

1. 拒绝上学行为评估问卷第一稿（SRBES-1）。

2. 自编学生学业、纪律和人际关系评价问卷，共9个条目。班主任对学生从学习成绩、学习专注和人际关系等三个方面进行评价，分为5个等级评分：很不好、不好、一般、好、很好。

3. 语数英成绩表。

（三）方法

本研究得到单位伦理委员会批准。由经过课题组统一培训的调查员施测，地点为本班教室，以班级为单位集中线下进行。学生知情同意并匿名填写问卷，问卷当场发放和回收。课题组对回收问卷进行审核，剔除缺漏项>15%的问卷及18<年龄<12岁的学生。

（四）统计分析

采用EpiData3.1建立数据库，平行双录入。采用Spss28.0和Mplus8.3软件进行统计分析。信度检验采用内部一致性信度和重测信度。前者考察条目之间的一致性，后者考察问卷跨时间的稳定性。效度分为效标效度和结构效度。选择学习成绩和教师对学生的整体评价作为效标，考察被试拒绝上学行为评估问卷（SRBES）的分数与学习成绩和教师评价的相关性。结构效度采用探索性因子分析和验证性因子分析方法进行。将样本按照编号的奇偶数分为两部分，奇数组做探索性因子分析，偶数组做验证性因子分析。

二、结果

（一）条目分析

采用临界比值法和相关分析法进行条目分析，所有条目均符合要求，未删除。

题总相关。计算每个条目得分与问卷总分的相关系数，相关系数越高，表示该条目在测量某一行为特质上与其他条目之间具有一致性，越有利于因子分析。在相关系数矩阵中如果所有条目的大部分相关系数均小于0.3，即各条目之间大多为弱相关，那么原则上这些条目不适合进行因子分析。

临界比值。临界比值是条目分析中用来检验问卷的条目是否能够鉴别不同被试的反应程度的指标。如果 CR 值达到显著水平（$P<0.05$），表示该条目能够鉴别不同被试的反应程度。具体方法是将总分按从高到低的顺序排列，得分前 27%者为高分组，得分后 27%者为低分组，进行高低二组被试在每个条目上得分平均数的差异显著性检验。经检验后差异不显著的条目说明质量较差，应予以删除。

（二）探索性因子分析

按照样本编号的奇偶数将样本分为两组，奇数组做探索性因子分析，偶数组做验证性因子分析。

1. 第一次探索性因子分析

首先进行KMO取样适当性检验（Kaiser-Meyer-Olkin Measure of Sampling）和Bartlett球形检验（Bartlett's Test of Sphericity），以确定样本是否适合作因子分析。结果显示，KMO值为0.972，Barttlett球形检验值为58646.012（$P<0.001$），适合进行因子分析。

采用主成分分析法（Principal Components Analysis）抽取因子，以特征值大于1为抽取因子的标准，抽取特征根大于1的因子9个，累计方差解释率64.837%。

表2-2 方差解释表

成分	初始特征值			提取载荷平方和			旋转载荷平方和		
	总计	方差百分比	累积 %	总计	方差百分比	累积 %	总计	方差百分比	累积 %
1	23.121	38.535	38.535	23.121	38.535	38.535	8.126	13.543	13.543
2	3.401	5.668	44.204	3.401	5.668	44.204	5.525	9.209	22.752
3	2.289	3.815	48.019	2.289	3.815	48.019	5.456	9.093	31.845
4	2.075	3.459	51.478	2.075	3.459	51.478	4.647	7.744	39.589
5	1.935	3.225	54.702	1.935	3.225	54.702	3.470	5.783	45.373
6	1.738	2.897	57.599	1.738	2.897	57.599	3.275	5.458	50.831
7	1.614	2.690	60.289	1.614	2.690	60.289	3.047	5.079	55.909
8	1.457	2.428	62.717	1.457	2.428	62.717	2.766	4.610	60.519
9	1.272	2.120	64.837	1.272	2.120	64.837	2.591	4.318	64.837

条目删除原则：①因子载荷小于0.4；②因子中的条目数少于3个；③存在交叉载荷；④归于某个因子的条目不易解释。

表2-3　旋转后成分矩阵表

因子一		因子二		因子三		因子四		因子五	
条目	载荷	条目	载荷	条目	载荷	条目	载荷	条目	载荷
58	.732	25	.762	46	.815	4	.778	1	.668
40	.729	27	.715	42	.751	41	.737	5	.621
56	.725	35	.707	38	.738	6	.704	12	.606
44	.713	51	.678	60	.717	47	.677	10	.604
43	.668	18	.656	54	.678	17	.677	3	.587
49	.668	39	.655	19	.628	37	.509	16	.572
48	.659	26	.634	9	.601	55	.421	28	.478
53	.638	21	.518	50	.493	8	.389		
36	.612								
52	.607								
59	.571								
23	.564								
31	.551								
因子六		因子七		因子八		因子九			
条目	载荷	条目	载荷	条目	载荷	条目	载荷		
22	.805	14	.762	11	.809	34	.730		
13	.802	7	.736	20	.778	15	.715		
57	.728	32	.712	29	.749	33	.700		
24	.693	45	.683	2	.512	30	.465		

条目37（我参加集体活动时会身体不舒服）在两个因子上负荷，且都大于0.4，将此条目删除。条目8（我在家将自己隔绝起来）和55（我想一个人躲在家里）均负荷在第四因子（集体活动）。在问卷预试版的因子结构中，条目8负荷在第六因子，条目55负荷在第八因子，这两个条目不稳定，且条目8在因子四的负荷小于0.4，因此删除条目8和55。条目45在两个因子上负荷均在0.4之上，应该删除掉，但考虑到删掉此条目，涉及考试的条目便只有3个，条目太少，因此将此条目保留。删除条目8、37和55后再进行因子分析。

2．第二次探索性因子分析

首先进行KMO取样适当性检验（Kaiser-Mcyer-Olkin Measure of Sampling）和Bartlett球形检验（Bartlett's Test of Sphericity），以确定样本是否适合作因子分析。结果显示，KMO值为0.971，Barttlett球形检验值为55545.901（$P<0.001$），适合进行因子分析。

采用主成分分析法（Principal Components Analysis）抽取因子，以特征值大于1为抽取因子的标准，因子旋转采用最大方差正交旋转法（Varimax）。抽取特征根大于1的因子9个，累计方差解释率65.603%。

表2-4　方差解释表

成分	初始特征值			提取载荷平方和			旋转载荷平方和		
	总计	方差百分比	累积 %	总计	方差百分比	累积 %	总计	方差百分比	累积 %
1	21.929	38.472	38.472	21.929	38.472	38.472	8.022	14.074	14.074
2	3.321	5.826	44.299	3.321	5.826	44.299	5.440	9.544	23.618
3	2.224	3.902	48.201	2.224	3.902	48.201	5.271	9.248	32.866
4	2.004	3.516	51.718	2.004	3.516	51.718	3.891	6.826	39.691
5	1.925	3.377	55.094	1.925	3.377	55.094	3.475	6.096	45.788
6	1.725	3.026	58.120	1.725	3.026	58.120	3.067	5.381	51.169
7	1.617	2.836	60.956	1.617	2.836	60.956	3.055	5.360	56.528
8	1.409	2.472	63.428	1.409	2.472	63.428	2.783	4.883	61.412
9	1.240	2.176	65.603	1.240	2.176	65.603	2.389	4.192	65.603

表2-5　旋转后成分矩阵表

因子一		因子二		因子三		因子四		因子五	
条目	载荷	条目	载荷	条目	载荷	条目	载荷	条目	载荷
58	.734	46	.817	25	.762	4	.781	15	.679
40	.731	42	.752	27	.721	41	.735	10	.616
56	.726	38	.742	35	.707	6	.700	5	.615
44	.715	60	.719	51	.683	47	.680	12	.611
49	.669	54	.682	39	.656	17	.680	3	.583

续表

因子一		因子二		因子三		因子四		因子五	
条目	载荷	条目	载荷	条目	载荷	条目	载荷	条目	载荷
43	.668	19	.632	18	.655			16	.576
48	.661	9	.605	26	.642			28	.482
53	.637	50	.493	21	.527				
36	.612								
52	.606								
59	.575								
23	.566								
31	.550								

因子六		因子七		因子八		因子九	
条目	载荷	条目	载荷	条目	载荷	条目	载荷
22	.807	.348	.764	11	.810	34	.752
13	.803	.331	.739	20	.779	15	.730
57	.734	.314	.712	29	.749	33	.691
24	.699	.430	.686	2	.516	30	.425

第一因子课业拒绝；第二因子教师恐惧回避；第三因子校内痛苦；第四因子集体活动排斥；第五因子同学疏离；第六因子父母对抗；第七因子考试厌恶；第八因子游戏沉迷；第九因子离家恐惧。与初始版的因子结构相同。

（三）信度分析

信度主要评价量表的稳定性和一致性。本研究通过内部一致性信度和重测信度考查量表信度。

1. 内部一致性信度

本研究采用Cronbach's α系数检验问卷的内部一致性。研究者认为，系数Cronbach's α大于0.9，表示问卷的内部一致性很高；Cronbach's α系数在 0.8～0.9 之间，表示问卷的内部一致性较好；Cronbach's α系数在 0.7～0.8 之间，表示问卷的内部一致性一般；Cronbach's α系数在0.7以下，表示问卷的内部一致性较差，问卷不便作为研究工具。结果显示，问卷的Cronbach's α系数为0.969，各因子在为0.774～0.934之间。

表2-6　问卷的Cronbach's α系数

	因子1	因子2	因子3	因子4	因子5	因子6	因子7	因子8	因子9	总分
Cronbach's α系数	.934	.913	.911	.889	.838	.885	.913	.830	.774	.969

2. 重测信度

方便选取其中3个班共130人检验问卷的重测信度，其中男生67人，女生63人。间隔一周进行复测。问卷总分相关系数为0.82，各因子的相关系数在0.46～0.80之间。

表2-7　问卷的重测相关

	因子1	因子2	因子3	因子4	因子5	因子6	因子7	因子8	因子9	总分
相关系数	.763**	.805**	.791**	.708**	.690**	.675**	.795**	.745**	.464**	.824**

**$P < 0.01$

（四）效度分析

1. 结构效度

在偶数组样本中，对包含57个条目的问卷进行验证性因子分析，结果显示拟合指标χ^2=7394.074，df=1559，RMSEA=0.049，CFI=0.900，TLI=0.894，SRMR=0.046。模型的拟合系数基本达到标准，9因子模型可以接受。

2. 效标效度

由于因拒绝上学行为长期请假或休学在家的青少年样本收集不足，本研究以学生语数英三科期末总成绩及教师对学生的评价作为效标。

（1）问卷总分与学习成绩的相关

160名学生的语数英期末总成绩与拒绝上学行为评估问卷（SRBES）总分负相关（$P<0.01$）。

（2）问卷总分与班主任评价总分的相关

拒绝上学行为问卷（SRBES）总分与班主任评价总分为负相关（$P<0.01$），与因子1、因子4、因子6和因子8负相关（$P<0.05$或<0.01）。

班主任对学业的评价与因子8负相关（$P<0.01$），班主任对学习兴趣和专注的评价与问卷总分、因子1、因子4、因子5、因子6和因子8负相关（$P<0.05$或<0.01），班主任对纪律评价与问卷总分、因子1、因子4、因子5、因子6和因子8负相关（$P<0.05$或<0.01），班主任对人际评价与因子8负相关（$P<0.01$）。

表2-8　拒绝上学行为评估问卷与学习成绩、班主任评价相关分析表

	因子1	因子2	因子3	因子4	因子5	因子6	因子7	因子8	因子9	总分
语数英总分	−355**	−.098	−.092	−.137	−.137	−.194*	−.014	−.048	−.140	−256**
评价总分	−271**	−.011	.005	−207**	−.135	−.160*	−.090	−248**	−.047	−223**
学业评价	−.128	.074	.085	−.143	.030	−.062	.004	−243**	−.006	−.067
兴趣专注评价	−323**	−.057	−.082	−.191*	−195**	−.180*	−.129	−.149*	−.111	−282**
纪律评价	−198**	−.058	.014	−192**	−.150*	−.150*	−.066	−250**	.006	−.192*
人际评价	−.128	.074	.085	−.143	.030	−.062	.004	−243**	−.006	−.067

注：*$P<0.05$，**$P<0.01$，***$P<0.001$

（3）问卷高低分组间教师评价总分和学习成绩的差异

以拒绝上学行为评估问卷第一稿（SRBES-1）总分的前后27%为界划分低分组和高分组，比较两组样本的语数英总分的差异。问卷高低分组间语数英总分差异显著（$P<0.01$）。

以拒绝上学行为评估问卷第一稿（SRBES-1）总分的前后27%为界划分低分组和高分组，比较两组样本的班主任评估分数差异。问卷低分组的班主任评估总分均显著高于高分组（$P<0.05$）。其中，班主任对学生学习兴趣和专注的评价上，低分组的评价显著高于高分组（$P<0.01$）；对学习成绩、在校纪律和人际关系的评价，高低分组间无显著差异。

表2-9　高低分组在教师评价和学习成绩上的差异比较

	低分组	高分组	t值	P值
语数英总分	308.20 ± 18.02	278.12 ± 46.04	3.495	.001
班主任评价总分	34.95 ± 5.78	32.02 ± 5.617	2.354	.021
班主任对学习成绩评价	12.12 ± 2.19	11.56 ± 1.92	1.256	.213
班主任对学习兴趣、专注评价	7.71 ± 1.72	6.47 ± 1.79	3.239	.002
班主任对纪律评价	11.49 ± 2.58	10.83 ± 2.53	1.166	.247
班主任对人际评价	12.12 ± 2.19	11.56 ± 1.92	1.256	.213

三、讨论

本研究采用拒绝上学行为评估问卷第一稿（SRBES-1）进行测试，进一步探讨问卷的结构。采用临界比值法和相关分析法进行条目分析，所有条目均符合要求，未删除条目。探索性因子分析得到9因子结构，57个条目。验证性因子分析显示，χ^2=7394.074，df=1559，RMSEA=0.049，CFI=0.900，TLI=0.894，SRMR=0.046。模型的拟合指数基本达到标准，9因子模型可以接受。采用语数英三科期末总成绩及教师对学生的评价作为效标，结果显示相关显著。问卷的内部一致性信度和复测信度符合测量学要求，Cronbach's α系数为0.97，间隔一周的重测信度为0.824。

（一）问卷结构

探索性因子分析表明，9个因子解释65.603%的变异。因子分析结果显示，条目是以问卷框架的情境因子聚集，而不是以表现因子聚集，即按照二维架构中情境维度归类，而不是按照表现进行归类，与构想一致。不同的情境具有独立性，而不同的表现则不具有独立性。因子1和因子7涉及了学校的主要活动，包括课堂学习、作业和考试；因子3反映与学校相联系的痛苦经验；因子2、因子5和因子6涉及人际关系负面的经验；因子4是对学校集体活动的负面经验；因子8是与父母的分离焦虑；因子9是沉迷于游戏活动。各因子聚集情况如下：场所（因子3教室、因子8家）、活动（因子1上课和作业、因子7考试、因子4集体活动、因子9游戏）、人物（因子2教师、因子6父母、因子5同学），条目涵盖的拒绝上学行为更加全面和具体。

本问卷存在以下问题。因子数量较多；条目分布不均衡，因子1条目偏多，因子6～9条目偏少；以表现因子进行条目归类分析发现，意愿和躯体反应条目偏少（分别为8和12）。需要对条目进行进一步调整，使其在表现因子的四个面上的分布更加均衡。

（二）测量学指标

量表的信度主要评价量表的稳定性和一致性。一般认为，量表的信度系数在0.7以上，则信度较好；量表的信度系数在0.8以上，则量表的信度比较理想。拒绝上学行为评估问卷第一稿（SRBES-1）内部一致性信度和重测信度符合测量学要求，Cronbach's α系数为0.97，间隔一周的重测信度为0.824。

本问卷是在广泛查阅国内外文献和专家访谈基础上，结合广州市青少年拒绝上学行为现状，通过访谈师生，形成条目库；并按照量表的编制程序，经测试分析修订而成，保障了问卷的内容效度。

对57个条目的问卷进行验证性因子分析，结果显示χ^2=7394.074，df=1559，RMSEA=0.049，CFI=0.900，TLI=0.894，SRMR=0.046。模型的拟合指数基本达到标准，9因子模型可以接受。

由于因拒绝上学行为长期请假或休学在家的青少年样本收集不足，本研究以语数英三科期末总成绩及教师对学生的评价作为效标。计算问卷总分与学习成绩的相关系数，结果显示相关显著，且为负相关，学习成绩越差，问卷总分越高。计算问卷总分与班主任评价的相关系数，同样为显著负相关，教师评价越不好，问卷总分越高。以问卷总分的前后27%为界划分低分组和高分组，比较问卷高低分组间教师评价和期末成绩的差异，结果显示差异显著。问卷低分组的被试，教师评价的分数显著高于问卷高分组，即问卷低分组得到的教师评价分数较高，问卷高分组被试得到的教师评价分数较低。问卷低分组的语数英总成绩，高于问卷高分组，即问卷低分组的被试，语数英总成绩更好。总之，无论是问卷总分与教师评价和学习成绩的相关，还是问卷高低分组在教师评价和学习成绩上的差异，都支持问卷的实证效度。不过，未来需要选择更为有效的效标做实证效度研究，比如学生请假和休学的情况。

综上，本研究采用拒绝上学行为评估问卷第一稿（SRBES-1）进行测试，经过探索性因子分析及验证性因子分析，形成了拒绝上学行为评估问卷第二稿（SRBES-2），57个条目，9个因子。第二稿的因子数量较多、条目分布不均衡，需要进行进一步的修订。

第三节　第二稿测试结果及分析

本小节在拒绝上学评估问卷第二稿（SRBES-2）的基础上，采用德尔菲法挑选条目，经过测试及分析，对条目进行修订，形成拒绝上学行为评估问卷第三稿（SRBES-3）。

一、专家函询

（一）引言

本部分研究主要采用德尔菲法（Delphi Technique）进行。德尔菲法是一个可控制的集体思想交流的过程，主要采用背对背的通讯方式征询专家小组成员的预测意见，经过几轮征询，使专家小组意见趋于集中，最后做出符合未来需求的预测结论。德尔菲法强调由许多不同的专家作为一个整体来解答某个复杂问题，因此，特别适用于对目前尚无统一标准，需要多学科或领域专家通力合作的复杂问题的研究。

德尔菲法强调通过匿名方式进行咨询，征求专家的意见，然后将专家意见进行综合、整理和归纳后，再反馈给专家，供其再次分析和判断，提出新的论证。如此反复多次，最后汇总专家基本一致的看法，作为预测结果。在预测过程中，专家彼此之间不得互相讨论、不发生横向联系，只能与调查人员发生联系，从而克服了在专家会议法中经常发生的专家们不能充分表达意见、权威人物左右其他人意见的弊病，使所有专家能真正充分地发表自己的预测意见，从而可以集思广益，确保研究结果的准确性。此外，专家之间意见的分歧点也能够被充分地表达出来，可以帮助研究者取各家之所长。由此可见，德尔菲法的典型特征在于：①吸收专家共同参与研究，充分利用专家的经验与学识。②采取匿名或背靠背的方式，能使每一位专家独立自主地做出自己的判断。③预测过程经几轮反馈，专家的意见会逐渐趋同。德尔菲法的这些特点使它成为一种有效的判断和预测方法。德尔菲法的缺点则在于研究过程比较复杂，研究所花费的时间较长。

经典的德尔菲法通常是在第一轮专家咨询时提供一系列开放式问题，请专家自由回答或提供信息，其优点是可以收集到丰富的信息，但会给研究者及专家带来较大的工作量，研究周期也较长，专家往往难以坚持，影响回复率。目前多数研究均采用改良德尔菲法，一般在第一轮专家咨询时直接提供结构化问卷供专家判断评分，同时鼓励专家尽可能多地提供建议和补充观点，其优点在于为所有的专家提供了一个框架，从而增加了研究结果的准确性，缩短了研究时间。但为了避免研究者的主观偏倚，在形成第一轮问卷时常综合采用多种方法收集资料，如文献查阅法、访谈法、问卷调查法、工作日记法等。本研究经过初测及第一稿测试，初步探讨了问卷的结构，需要专家对因子及条目进行评定，因此适合采用改良的德尔菲法。

德尔菲法研究需要注意如下事项：①专家的代表性和权威性。应根据研究内容和需要，选择学术造诣深、知识面宽、对研究问题较为熟悉的专家，同时，要考虑专家所从事工作或研究的领域，广泛听取和借鉴相关领域专家的意见与建议，有助于减少评价的主观性、片面性，从而能够更加全面、客观、科学、高效地达到研究目的。②专家人数适中。研究中如果选择专家的人数较少，则研究结果的可信度及权威性较低，但如果选择专家的人数过多，也会造成不必要的人力、物力的浪费。一般研究中，选取4～16名专家即可得到比较满意的结果。如果研究的问题较为重要，涉及的知识面较为宽广，则选取15～30名专家即可，一方面能够保证咨询结果具有较高的可信度和权威性，又能减少统计工作量。③由于专家组成员之间存在身份和地位上的差别，有些专家可能不愿意批评或否定其他人的观点，有时甚至会因此而放弃自己的合理主张，要防止此类问题的发生，必须避免专家们面对面的集体讨论，由专家单独提出建议，但要注意为专家提供充分的背景信息，使其有足够的根据做出判断。④关于专家咨询的轮次。并非所有问题均需经过四轮或更多轮方能达成一致，可能有的问题在第二轮就达到统一，不必进行第三轮咨询，而有的问题即使经过四轮咨询，专家的意见也未必都达到统一。事实上，总会有许多事物的预测结果都是不统一的，此时可以用中位数和四分位数来做结论，从而结束咨询。

本研究拟采用德尔菲法对拒绝上学行为评估问卷第二稿（SRBES-2）的条目进行验证。在青少年拒绝上学行为的评估上，需要相关领域的专家表达各自的专业观点，最终将专家意见集中起来作为拒绝上学行为的评估标准。德尔菲法在解决目前尚无统一标准，必须依靠集体判断做出决策的问题时，其优势尤为突出，本研究适宜采用德尔菲法。此外，为保证研究结果的准确性和可靠性，本研究在专家的选择、函询问卷的设计与发放、结果的处理等各个环节严格遵守德尔菲法的应用原则。

（二）步骤与方法

1. 成立研究小组

研究小组由5名工作人员组成，其中教授1名、副研究员2名、助理研究员2名。小组成员均从事青少年心理行为问题的研究或临床工作，在拒绝上学行为的研究方面有较丰富的经验。研究小组主要负责筛选条目，设计及修改专家函询问卷，联络专家，整理专家意见，分析数据。

2. 设计专家函询问卷

专家函询问卷是收集信息及与专家沟通交流的主要途径，其设计的好坏将直接影响到研究结果。本研究根据研究目的，遵循德尔菲法的应用原则，设计的专家函询问卷的内容如下。

（1）致专家信及填表说明。阐明研究背景、研究目的、研究意义、研究方法、专家在本研究中的作用等，说明本次函询的主要目的、内容，以及填表注意事项，并说明研究中遵循的伦理原则，确保收集的专家意见的准确性。

（2）函询内容。设计函询内容时，为确保专家能集中精力思考问题并做出判断，函询问题要集中，数量要适当，且用词要准确、简明扼要。问卷格式应简化，并注意为专家提出建议和补充提供适当的空间。拒绝上学行为评估问卷第二稿（SRBES-2）涉及场所（教室、家）、活动（课业、考试、集体活动、游戏）、人物（教师、父母、同学）等3个维度9个因子。研究小组在文献研究及对拒绝上学青少年访谈的基础上，经过讨论，将拒绝上学的学校相关情境（事物）重新划分，分为学业和人际关系两个部分。对原有的9个因子进行了分析和调整基础，将学业分为考试、作业、上课等3个因子，人际关系分为集体活动、同学、老师、父母等4个因子，删除原有的场所因子（教室、家庭）及游戏因子。同时对问卷条目进行增删，形成有97个条目的条目池，主要的变化是每个因子增加了部分认知方面的条目，如：分数就是一切、同学不喜欢我、老师冷落我、父母对我要求多。邀请专家对每一个因子和条目的重要性程度进行判断。条目的重要性程度分为很重要（5）、比较重要（4）、重要（3）、不太重要（2）、不重要（1）。同时每一个因子和条目均附有修改意见栏，专家可提出修改或增减的意见和理由。

表3-1 条目池的因子和对应的条目数

维度	因子	条目数
学业	考试	14
	作业	13
	上课	16
人际	集体活动	10
	同学	15
	教师	15
	父母	14
合计		97

（3）专家基本情况及专家权威程度。专家的基本情况以及自评权威程度情况，可以为研究结果的分析及处理提供依据和参考。专家基本情况主要包括年龄、工龄、学历、职称等。专家权威程度由专家对咨询问题的熟悉程度和判断依据两个因素决定，是二者的算术平均值。其中，判断依据包含四个因素，即实践经验、理论分析、对国内外同行的了解及直观感觉。将各因素对专家判断的影响程度分为大、中、小三个层次，分别赋予不同的值。熟悉程度分为很熟悉（1.0）、比较熟悉（0.8）、熟悉（0.6）、不太熟悉（0.4）、不熟悉（0.2）。

研究小组经过多次讨论和修订，最终形成了第一轮专家函询问卷。

3．确定函询专家

专家的选择主要参照以下条件：①专家的知识结构。本研究涉及教育、心理、精神等领域，应尽可能选择各领域学识渊博、具有代表性的权威专家。②专家的工作背景。选取在青少年拒绝上学行为问题上有经验的中小学教师、高校或研究机构教授、临床心理医生、专业心理咨询师。③专家的年龄结构。除德高望重、经验丰富的教授之外，思维活跃、接受新事物快的年轻骨干也应占有一定的比例。基于上述考虑，遵循知情同意原则，最终有目的地选取专家20名，涉及高校、中小学、医院、研究机构等16个机构。

4．专家函询问卷的发放与回收

本研究以电子邮件的形式共发放3轮专家函询问卷。每次函询，建议专家尽量于4周内返回，问卷发出2周后进行电话或邮件沟通，了解专家应答情况，提高应答率。

条目纳入标准：①采取条目重要性得分均值≥3.5且变异系数≤0.25作为条目纳入标准。②在专家函询表中邀请专家对条目提出增删或修改建议。研究小组在综合考虑量化标准和专家意见基础上，对条目做出增加、删除或修改的决定。

第一轮专家函询问卷回收后，整理和分析研究结果，根据上述条目纳入标准进行修订。邀请回复第一轮函询问卷的专家继续参与第二轮专家函询。根据德尔菲法应用原则，第二轮函询问卷需要提供第一轮函询的相关结果信息，以便专家做进一步判断，但为了避免全部反馈研究结果对专家判断可能造成的诱导，本研究只对结果进行了部分反馈，请专家再次判断各因子及条目的重要程度。按照此方法，进行第三轮专家函询。

5．结果处理与统计学分析方法

问卷回收后，经检验合格，采用EpiData3.1建立数据库，平行双录入。采用SPSS23.0软件进行统计分析。专家积极程度采用问卷的有效回收率计算；专家的权威程度根据熟悉程度和判断依据的影响程度计算；专家意见的集中程度采用各条目重要性评分均值来反映；专家意见的协调程度采用肯德尔协调系数和变异系数来评价。

（1）专家基本情况的描述性分析。对专家的年龄、工龄、学历、职称等基本情况进行描述。

（2）专家函询的可靠性分析。专家函询的可靠性直接影响研究结果的科学性和准确性，可靠性程度一般由专家的积极性系数、专家的权威程度、专家意见的集中程度与协调程度来衡量。

专家的积极性系数（Caj）。专家的积极性系数是指专家对研究的关心与合作程度，是进行专家函询的关键。如果专家对咨询的内容积极性不高或不合作，咨询就失去了意义。专家的积极性系数通常以问卷回收率来表示。回收率越高，表明专家的积极性越高，对该研究项目的关心程度越高。其计算方法为参与预测的专家占全部专家数之比。即：Caj=Mj/M*100%。式中：Caj为积极性系数；Mj为参与咨询的专家数；M为全部专家数。此外，问卷的返还时间；提出建议的专家所占比率也可以辅助说明专家的积极程度，计算方法与上式类似。

专家的权威程度（Ca）。任何一个专家不可能对预测中的每一个问题都是权威的，而权威与否对咨询结果的可靠性具有相当大的影响，因此，在对研究结果进行处理时，必须考虑专家对某一问题的权威程度。专家的权威程度以专家的自我评价为主，一般由两个因素决定，一是专家对咨询内容做出判断的依据，另一个是专家对问题的熟悉程度。专家的权威程度为判断系数与熟悉程度系数和的算术平均值，即：Ca=（Ci + Cs）/2。式中Ca为专家的权威程度，Ci为专家对内容判断的依据，Cs为专家对内容的熟悉程度。Ca值越大，则专家意见越有价值，结果越可靠。

表3-2　专家熟悉程度的赋值标准

很熟悉	比较熟悉	熟悉	不太熟悉	不熟悉
1	0.8	0.6	0.4	0.2

表3-3　专家判断依据的赋值标准

判断依据	影响程度		
	大	中	小
直觉判断	0.1	0.07	0.05
工作经验	0.5	0.4	0.3
理论分析	0.3	0.2	0.1
参考国内外资料	0.1	0.08	0.05
合计	1	0.75	0.5

专家意见的集中程度。专家意见的集中程度通常用百分比、满分率、均数与中位数等统计指标反映。本研究参照国内外相关领域类似研究，采用条目重要性评分的均数来表示专家意见的集中程度，均数越大，说明专家意见越集中，该条目的重要程度越大。

专家意见的协调程度。专家意见的协调程度是一项十分重要的指标，通过计算可以判断专家对条目评价是否存在较大的分歧，主要通过变异系数（CV）和协调系数（W）两项指标来反映。变异系数反映专家组对各条目权重赋值的波动程度，值越小，说明专家预测或评估意见协调性越好，一般变异系数要求在0.3以下。②专家意见协调系数及显著性检验。变异系数只能说明全部专家对于某个条目的协调程度，如要了解全部专家对所有条目的协调程度，则用W表示协调系数。W数值在0～1之间，W越大，意味着专家意见协调程度越高。反之，则意味着专家意见协调程度较低，对条目重要程度的判断存在较大分歧。

（三）结果

本研究经三轮专家函询后，统计学分析表明专家意见基本达成一致，趋势稳定，因此结束专家函询，研究结果如下。

1. **专家基本情况**

本研究选取专家20名，第一次函询剔除2名没有回复的专家。第二次函询，18名专家参加。第三次函询，17名专家参加。对专家的性别、年龄、工龄、学历、职称等基本情况进行描述。

表3-4　函询专家一般情况构成表

变量	分组	人数（n=18）	构成比（%）
性别	男	9	50.00
	女	9	50.00
年龄（岁）	30～39	4	22.22
	40～49	7	38.89
	>50	7	38.89
工龄（年）	<10	3	17.65
	10～19	2	11.76
	>20	13	76.47
学历	本科	4	23.53
	硕士	11	64.71
	博士	3	17.65
职称	正高	6	35.29
	副高	5	29.41
	其他	7	41.18

在性别分布上，男女各占50%。在年龄分布上，30～39岁4人，占22.22%；40～49岁7人，占38.89%；50岁以上7人，占38.89%。在工作年限的分布上，低于10年的有3人，占16.67%；10～19年的有2人，占11.11%；大于20年的有13人，占72.22%。在学历分布上，本科4人，占22.22%；硕士11人，占61.11%；博士3人，占16.67%。在职称分布上，正高6人，占33.33%；副高5人，占27.78%；其他7人，占38.89%。在德尔菲法研究中，专家的经验比较重要。参与本研究的专家中，40岁以上及工作年限超过20年的专家占绝大多数。

2. 专家函询的可靠性

（1）专家的积极程度。本研究中，专家积极程度以问卷的返还时间、问卷回收率和专家提出建议的比率来反映。

表3-5 专家函询问卷的回收情况

轮次	发放数	问卷回收情况		提出建议情况	
		有效回收数	有效率（%）	专家数	百分比
第一轮	20	18	90.00	13	72.22
第二轮	18	17	94.44	7	41.18
第三轮	17	17	100	2	11.76

第一轮专家函询发放问卷20份，有效回收18份，有效回收率为90.00%，提出建议的专家13人（72.22%）。第二轮专家函询，发放问卷18份，有效回收17份，有效回收率为94.44%，提出建议的专家7人（41.18%）。第三轮专家函询发放问卷17份，有效回收17份，有效回收率为100%，提出建议的专家2人（11.76%）

本研究建议函询专家最好于4周之内返还问卷，所有专家均在规定时间内返还问卷，说明专家们对此次函询比较重视，合作程度较高。

（2）专家的权威程度。根据专家自评结果，通过专家对各部分函询内容的熟悉程度（Cs）及判断依据（Ci）计算其权威程度（Ca）。专家对函询内容的熟悉程度（Cs）自评结果、专家判断依据（Ci）的自我评价结果如下表所示。

表3-6 专家权威系数统计表

专家编号	熟悉程度（Cs）	判断依据（Ca）	权威系数（Cr）
1	0.80	0.82	0.81
2	1.00	0.85	0.93

续表

专家编号	熟悉程度（Cs）	判断依据（Ca）	权威系数（Cr）
3	0.80	1.00	0.90
4	1.00	0.70	0.85
5	0.80	0.83	0.82
6	0.80	0.95	0.88
7	0.60	0.75	0.68
8	1.00	0.85	0.93
9	1.00	0.85	0.93
10	1.00	0.85	0.93
11	1.00	0.83	0.92
12	0.80	0.83	0.82
13	0.80	0.72	0.76
14	1.00	0.72	0.86
15	1.00	0.92	0.96
16	0.80	0.83	0.82
17	1.00	0.83	0.92
18	0.80	0.72	0.76
均值	0.89	0.83	0.86

有研究表明，专家权威系数 $Cr \geq 0.7$ 即认为函询结果可靠，且 Cr 越大，权威程度越高。本研究中，除一个专家权威系数为 0.68 以外，其余专家的权威系数均大于 0.7，总的权威系数为 0.86，说明专家对函询内容的熟悉程度的自我评价较高，对研究内容较为精通，这为本研究的顺利开展奠定了良好的基础，也确保了研究结果的可信度。

（3）专家意见的集中程度。专家意见的集中程度由各条目重要性评分的均值来反映。均数越大，说明专家意见越集中，该条目的重要程度越大。

①第一轮专家函询结果。第一轮专家函询各条目重要性评分均 >3.5 分。

表3-7　第一轮专家函询结果

表1　问卷因子函询表（学业分量表）					
因子		条目	平均值	标准差	变异系数
1. 考试			4.86	0.36	0.07
2. 作业			4.14	0.77	0.19
3. 上课			4.57	0.65	0.14
表2　问卷条目函询表（学业分量表）					
1. 考试	认知信念	①我必须成绩好	4.15	0.80	0.19
		②我觉得成绩不好是羞耻的	4.38	0.65	0.15
		③我总是考不好	4.69	0.48	0.10
		④考试不能促进学习	3.62	1.12	0.31
		⑤分数就是一切	3.85	0.99	0.26
	态度情绪	①我害怕考试	4.69	0.48	0.10
		②我觉得考试很痛苦	4.46	0.78	0.17
		③我考试时很紧张	4.31	0.63	0.15
		④我讨厌考试	4.15	0.90	0.22
	行为反应	①我考试时会头脑空白	4.38	0.65	0.15
		②我考试时会身体不舒服	4.54	0.66	0.15
		③我考试时会肚子痛	4.38	0.77	0.18
		④我考试时会头晕	4.31	0.75	0.17
		⑤我应付考试	3.85	0.90	0.23
2. 作业	认知信念	①我完不成作业	4.31	0.95	0.22
		②我觉得写作业浪费时间	4.00	0.91	0.23
		③我写作业就是应付	3.62	0.87	0.24
	态度情绪	①我讨厌做作业	4.08	0.86	0.21
		②我不想写作业	4.00	1.08	0.27
		③我做作业感到很烦躁	4.00	0.91	0.23
		④我觉得写作业是件痛苦的事情	4.38	0.87	0.20
	行为反应	①我无法专注做作业	4.46	0.66	0.15
		②我做作业时会头晕	4.15	0.55	0.13
		③我做作业时觉得很困	4.08	0.64	0.16
		④我做作业需要监督	3.92	0.86	0.22
		⑤我抄别人的作业	3.62	0.77	0.21
		⑥我故意忘记做作业	3.92	1.04	0.26

续表

3. 上课	认知信念	①我觉得上课讲的东西没有用	4.38	0.87	0.20
		②我觉得课堂规矩太多了	4.00	0.91	0.23
	态度情绪	①我觉得上课无聊	4.08	0.86	0.21
		②我上课时觉得很压抑	4.62	0.51	0.11
		③我讨厌上某些课	4.15	0.90	0.22
		④我对上课提不起兴趣	4.54	0.66	0.15
		⑤我害怕上某些课	4.38	0.87	0.20
		⑥我上课想睡觉	4.15	0.69	0.17
	行为反应	①我上课时注意力不集中	4.77	0.60	0.13
		②我上课时觉得很疲惫	4.54	0.52	0.11
		③我上课时胡思乱想	4.69	0.48	0.10
		④我上课不听讲	4.25	0.62	0.15
		⑤我听不进老师讲课	4.77	0.44	0.09
		⑥我上课睡觉	4.54	0.52	0.11
		⑦我上课时会觉得头晕或胸闷	4.46	0.78	0.17
		⑧我上课时觉得浑身不自在	4.31	0.63	0.15

表3　问卷因子函询表（人际关系分量表）

1. 集体活动			4.21	0.80	0.19
2. 同学			4.86	0.36	0.07
3. 老师			4.79	0.43	0.09
4. 父母			4.64	0.74	0.16

表4　问卷条目函询表（人际关系分量表）

1. 集体活动	认知信念	①集体活动让人尴尬	3.69	1.03	0.28
		②集体活动没意义	4.00	1.00	0.25
		③集体活动是多余的	3.69	1.03	0.28
		④我融入不了集体活动	4.38	0.96	0.22
	态度情绪	①我讨厌参加集体活动	4.15	0.90	0.22
		②我在集体活动时感到孤单	4.54	0.66	0.15
		③我害怕参加集体活动	4.46	0.78	0.17
		④我不屑于参加集体活动	3.62	1.04	0.29
	行为反应	①我在集体活动时会难受	3.92	0.86	0.22
		②我在集体活动时无法放松	4.08	0.76	0.19

		①同学不喜欢我	4.54	0.66	0.15
		②同学不愿意跟我交往	4.69	0.48	0.10
	认知信念	③同学孤立我	4.85	0.38	0.08
		④同学在背后议论我	4.62	0.65	0.14
		⑤同学针对我	4.77	0.44	0.09
2. 同学		①我对某些同学生气	4.23	0.60	0.14
		②我害怕某些同学	4.46	0.52	0.12
	态度情绪	③我嫉妒某些同学	4.08	0.76	0.19
		④我不愿意和同学待在一起	4.38	0.87	0.20
		⑤我讨厌某些同学	3.92	0.76	0.19
		①我跟同学在一起时会尴尬	4.00	0.71	0.18
		②我不跟某些同学交往	3.62	1.04	0.29
	行为反应	③我在意同学的评价	4.46	0.52	0.12
		④我躲着某些同学	4.08	0.86	0.21
		⑤我跟同学有冲突	4.62	0.51	0.11
		①老师不喜欢我	4.92	0.28	0.06
		②老师太严厉	4.23	0.83	0.20
	认知信念	③老师冷落我	4.62	0.65	0.14
		④老师偏心	4.69	0.48	0.10
		⑤老师不真诚	4.23	0.73	0.17
		⑥老师能力差	3.77	0.60	0.16
3. 老师		①我害怕某些老师	4.38	0.65	0.15
	态度情绪	②我对某些老师厌烦	4.08	0.76	0.19
		③我对某些老师愤怒	4.38	0.77	0.18
		④我不想见到某些老师	4.23	0.73	0.17
		①我见到某些老师会心慌	4.23	0.60	0.14
		②我见到某些老师会尴尬	4.00	0.71	0.18
	行为反应	③我不敢看某些老师	4.00	0.71	0.18
		④我背地里说老师坏话	3.23	0.83	0.26
		⑤我躲着某些老师	4.15	0.38	0.09

续表

4. 父母	认知信念	①父母对我期望太高	4.62	0.65	0.14
		②父母拿我跟别人比较	4.62	0.65	0.14
		③父母干涉我的生活和学习	4.69	0.63	0.13
		④父母对我要求很多	4.77	0.44	0.09
		⑤父母忽视我	4.46	0.78	0.17
		⑥父母只关心我的学习	4.62	0.65	0.14
		⑦父母拿我出气	4.23	0.73	0.17
	态度情绪	①我对父母愤怒	4.31	0.63	0.15
		②我不愿意跟父母在一起	3.92	0.86	0.22
		③我不想跟父母交流	4.08	0.76	0.19
		④我担心达不到父母的期望	4.15	1.14	0.28
		⑤我害怕父母	4.00	0.91	0.23
	行为反应	①我见到父母就烦躁	4.00	0.82	0.20
		②我与父母有冲突	4.31	0.63	0.15

研究小组在第一轮专家函询结果分析的基础上，经过讨论，对因子及条目做如下增删及调整。

学业分量表。有专家认为对成绩的评价看法很重要，提出增加成绩因子，鉴于对成绩的评价及态度已经体现在考试因子中，故未予以采纳。考试因子，删除"考试不能促进学习"，增加"我考试前很焦虑"，因为焦虑往往是针对将要发生的事情。"我觉得成绩不好是羞耻的"由认知信念因子调整到态度情绪因子。删除"我应付考试"。"应付"一词表述不清晰，会让被试感到困惑。"我考试时会身体不舒服"改为"我考试时会不舒服"。作业因子，"我觉得写作业浪费时间"改为"我觉得写作业就是浪费时间"；删除"我故意忘记做作业"。上课因子，增加"上课讲的东西我没法听懂"。

人际分量表。删除人际分量表中的集体活动因子。集体活动与同学、老师、父母的分类标准不一致，且青少年参与集体活动的情况在同学因子里可以体现。老师因子，删除"老师能力差""我背地里说老师坏话"，增加"老师不信任我"。"我对某些老师厌烦"改为"我讨厌某些老师"。父母因子，增加"我与父母有冲突"。

②第二轮专家函询结果。第二轮专家函询各条目重要性评分均>3.5分。

表3-8 第二轮专家函询结果

表1 问卷因子函询表（学业分量表）				
因子	条目	平均值	标准差	变异系数
1. 考试		4.64	0.63	0.14
2. 作业		4.14	0.86	0.21
3. 上课		4.43	0.85	0.19

表2 问卷条目函询表（学业分量表）				
1. 考试	认知信念	①我觉得我必须成绩好	4.21	0.80	0.19
		②我觉得我总是考不好	4.50	0.76	0.17
		③我觉得分数就是一切	4.08	0.95	0.23
		④我觉得成绩不好是羞耻的	4.50	0.65	0.14
	态度情绪	①我害怕考试	4.64	0.50	0.11
		②考试让我觉得痛苦	4.57	0.65	0.14
		③我讨厌考试	4.29	0.83	0.19
		④我考试前很焦虑	4.46	0.66	0.15
		⑤我考试时很紧张	4.29	0.99	0.23
	行为反应	①我考试时会头脑空白	4.50	0.65	0.14
		②我考试时会肚子痛	4.36	0.63	0.15
		③我考试时会头晕	4.21	0.89	0.21
		④我在考试时会不舒服	4.14	0.86	0.21
2. 作业	认知信念	①我完不成作业	4.57	0.65	0.14
		②我觉得写作业就是浪费时间	4.14	0.86	0.21
	态度情绪	①我讨厌做作业	4.43	0.76	0.17
		②我写作业就是应付	3.93	0.73	0.19
		③我做作业时感到烦躁	4.21	0.70	0.17
		④我觉得写作业很痛苦	4.21	0.97	0.23
		⑤我不想写作业	4.14	0.86	0.21
	行为反应	①我无法专注做作业	4.71	0.47	0.10
		②我做作业时会头晕	4.07	1.00	0.24
		③我做作业时觉得很困	4.00	1.04	0.26
		④我做作业需要监督	4.07	0.83	0.20
		⑤我抄别人的作业	4.00	0.88	0.22

续表

3. 上课	认知信念	①我觉得上课讲的东西没有用	3.93	1.14	0.29
		②我觉得课堂规矩太多了	4.07	0.92	0.23
		③上课讲的东西我听不懂	4.57	0.65	0.14
	态度情绪	①我上课时觉得很压抑	3.71	0.83	0.22
		②我觉得上课无聊	4.14	0.86	0.21
		③我讨厌上某些课	4.07	0.83	0.20
		④我对上课提不起兴趣	4.57	0.65	0.14
		⑤我害怕上某些课	4.29	0.73	0.17
		⑥我上课时想睡觉	4.00	0.82	0.20
	行为反应	①我上课时注意力不集中	4.64	0.50	0.11
		②我上课时觉得很疲惫	4.29	0.61	0.14
		③我上课时胡思乱想	4.57	0.51	0.11
		④我上课时不听讲	4.43	0.65	0.15
		⑤我听不进老师讲课	4.71	0.47	0.10
		⑥我上课睡觉	4.50	0.65	0.14
		⑦我上课时会觉得头晕或胸闷	4.21	0.80	0.19
		⑧我上课时觉得浑身不自在	4.29	0.73	0.17

表3 问卷因子函询表（人际关系分量表）

1. 同学			4.64	0.50	0.11
2. 老师			4.57	0.65	0.14
3. 父母			4.57	0.76	0.17

表4 问卷条目函询表（人际关系分量表）

1. 同学	认知信念	①我觉得同学不喜欢我	4.57	0.51	0.11
		②我觉得同学不愿意跟我交往	4.71	0.47	0.10
		③我觉得同学孤立我	4.71	0.47	0.10
		④我觉得同学在背后议论我	4.57	0.51	0.11
		⑤我觉得同学针对我	4.64	0.50	0.11
	态度情绪	①我对某些同学生气	4.21	0.80	0.19
		②我害怕某些同学	4.57	0.65	0.14
		③我嫉妒某些同学	3.93	1.00	0.25
		④我不愿意和同学待在一起	4.57	0.76	0.17
		⑤我讨厌某些同学	4.07	0.92	0.23

续表

1. 同学	行为反应	①我跟同学在一起时会尴尬	4.36	0.74	0.17
		②我不跟某些同学交往	4.21	0.80	0.19
		③我在意同学的评价	4.29	0.83	0.19
		④我躲着某些同学	4.29	0.61	0.14
		⑤我跟同学有冲突	4.36	0.74	0.17
2. 老师	认知信念	①我觉得老师不喜欢我	4.64	0.50	0.11
		②我觉得老师太严厉	4.07	0.62	0.15
		③我觉得老师不信任我	4.43	0.94	0.21
		④我觉得老师冷落我	4.57	0.65	0.14
	态度情绪	①我觉得老师偏心	4.21	0.89	0.21
		②我觉得老师不真诚	4.14	1.03	0.25
		③我害怕某些老师	4.36	0.74	0.17
		④我讨厌某些老师	4.29	0.73	0.17
		⑤我对某些老师愤怒	4.29	0.73	0.17
		⑥我不想见到某些老师	4.21	0.43	0.10
		⑦我见到某些老师会觉得尴尬	4.00	0.88	0.22
		⑧我见到某些老师会心慌	4.07	0.62	0.15
	行为反应	①我不敢看某些老师	4.36	0.50	0.11
		②我躲着某些老师	4.36	0.63	0.15
3. 父母	认知信念	①父母对我期望高	4.50	0.85	0.19
		②父母拿我跟别人比较	4.43	0.65	0.15
		③父母干涉我的学习和生活	4.64	0.50	0.11
		④父母对我要求多	4.64	0.63	0.14
		⑤父母忽视我	4.50	0.94	0.21
	态度情绪	①父母只关注我的学习	4.36	0.63	0.15
		②父母拿我出气	4.57	0.65	0.14
		③我对父母愤怒	4.43	0.65	0.15
		④我不愿意跟父母在一起	4.29	0.73	0.17
		⑤我担心达不到父母的期望	4.23	0.83	0.20
		⑥我害怕父母	4.21	0.89	0.21
		⑦我见到父母就烦躁	4.29	0.83	0.19
	行为反应	①我与父母有冲突	4.36	0.74	0.17
		②我不跟父母交流	4.64	0.84	0.18

采纳专家意见，去掉部分条目中的"很"。"老师很严厉"改为"老师对我严厉"。"父母忽视我"改为"父母不理会我的感受"。

有专家提出，部分青少年是留守儿童，建议将"父母"改为"主要养育者"，没有被采纳。同学关系因子中，有专家建议加入校园霸陵、网络攻击等内容，没有被采纳。

③第三轮专家函询结果

第三轮专家函询各条目重要性评分均>3.5分。

表3-9　第三轮专家函询结果

表1　问卷因子函询表（学业分量表）				
因子	条目	平均值	标准差	变异系数
1. 考试		4.71	0.61	0.13
2. 作业		4.07	0.73	0.18
3. 上课		4.36	0.74	0.17
表2　问卷条目函询表（学业分量表）				
	认知信念	①我必须成绩好	4.36	0.63	0.15
		②我觉得我总是考不好	4.29	0.91	0.21
		③我觉得分数就是一切	4.07	1.00	0.24
		④我觉得成绩不好是羞耻的	4.43	0.76	0.17
1. 考试	态度情绪	①我害怕考试	4.64	0.63	0.14
		②考试让我觉得痛苦	4.43	0.76	0.17
		③我讨厌考试	4.43	0.76	0.17
		④我考试前很焦虑	4.50	0.65	0.14
		⑤我考试时很紧张	4.29	0.91	0.21
	行为反应	①我考试时会头脑空白	4.43	0.65	0.15
		②我考试时会肚子痛	4.14	0.86	0.21
		③我考试时会头晕	4.07	0.83	0.20
		④我在考试时会不舒服	4.07	0.83	0.20
2. 作业	认知信念	①我完不成作业	4.50	0.76	0.17
		②我觉得写作业就是浪费时间	4.21	0.97	0.23
	态度情绪	①我讨厌做作业	4.43	0.94	0.21
		②我写作业就是应付	4.14	0.66	0.16

续表

		③我做作业时感到烦躁	4.29	0.61	0.14
		④我觉得写作业很痛苦	4.43	0.76	0.17
		⑤我不想写作业	4.36	0.63	0.15
2. 作业	行为反应	①我无法专注做作业	4.71	0.47	0.10
		②我做作业时会头晕	4.14	0.86	0.21
		③我做作业时觉得困	4.07	0.73	0.18
		④我做作业需要监督	4.14	0.95	0.23
		⑤我抄别人的作业	3.93	0.83	0.21
3. 上课	认知信念	①我觉得上课讲的东西没有用	4.14	1.10	0.27
		②我觉得课堂规矩太多了	4.07	0.92	0.23
		③上课讲的东西我听不懂	4.36	0.74	0.17
	态度情绪	①我上课时觉得很压抑	4.36	0.74	0.17
		②我觉得上课无聊	4.36	0.74	0.17
		③我讨厌上某些课	4.43	0.51	0.12
		④我对上课提不起兴趣	4.57	0.51	0.11
		⑤我害怕上某些课	4.36	0.74	0.17
		⑥我上课时想睡觉	4.36	0.74	0.17
	行为反应	①我上课时注意力不集中	4.86	0.36	0.07
		②我上课时觉得很疲惫	4.29	0.61	0.14
		③我上课时胡思乱想	4.64	0.50	0.11
		④我上课时不听讲	4.43	0.65	0.15
		⑤我听不进老师讲课	4.71	0.47	0.10
		⑥我上课睡觉	4.64	0.50	0.11
		⑦我上课时会觉得头晕或胸闷	4.36	0.74	0.17
		⑧我上课时觉得浑身不自在	4.14	0.77	0.19

表3　问卷因子函询表（人际关系分量表）

1. 同学			4.79	0.43	0.09
2. 老师			4.79	0.43	0.09
3. 父母			4.57	0.76	0.17

续表

表4 问卷条目函询表（人际关系分量表）					
2. 同学	认知信念	①我觉得同学不喜欢我	4.86	0.36	0.07
		②我觉得同学不愿意跟我交往	4.79	0.43	0.09
		③我觉得同学孤立我	4.79	0.43	0.09
		④我觉得同学在背后议论我	4.64	0.50	0.11
		⑤我觉得同学针对我	4.71	0.47	0.10
	态度情绪	①我对某些同学生气	4.50	0.52	0.12
		②我害怕某些同学	4.71	0.47	0.10
		③我嫉妒某些同学	4.07	0.83	0.20
		④我不愿意和同学待在一起	4.64	0.50	0.11
		⑤我讨厌某些同学	4.43	0.65	0.15
	行为反应	①我跟同学在一起时会尴尬	4.21	0.80	0.19
		②我不跟同学交往	4.50	0.65	0.14
		③我在意同学的评价	4.57	0.51	0.11
		④我躲着某些同学	4.43	0.65	0.15
		⑤我跟同学有冲突	4.64	0.50	0.11
3. 老师	认知信念	①我觉得老师不喜欢我	4.71	0.47	0.10
		②我觉得老师对我严厉	4.43	0.51	0.12
		③我觉得老师不信任我	4.57	0.65	0.14
		④我觉得老师冷落我	4.64	0.50	0.11
		⑤我觉得老师偏心	4.43	0.76	0.17
		⑥我觉得老师不真诚	4.43	0.65	0.15
	态度情绪	①我害怕某些老师	4.50	0.65	0.14
		②我讨厌某些老师	4.50	0.52	0.12
		③我对某些老师愤怒	4.43	0.65	0.15
		④我不想见到某些老师	4.50	0.52	0.12
	行为反应	①我见到某些老师会觉得尴尬	4.14	0.66	0.16
		②我见到某些老师会心慌	4.21	0.70	0.17
		③我不敢看某些老师	4.29	0.61	0.14
		④我躲着某些老师	4.43	0.65	0.15

续表

4. 父母	认知信念	①父母对我期望高	4.43	0.76	0.17
		②父母拿我跟别人比较	4.64	0.50	0.11
		③父母干涉我的学习和生活	4.64	0.63	0.14
		④父母对我要求多	4.86	0.36	0.07
		⑤父母不理会我的感受	4.71	0.47	0.10
		⑥父母只关注我的学习	4.57	0.65	0.14
		⑦父母拿我出气	4.57	0.76	0.17
	态度情绪	①我对父母愤怒	4.71	0.47	0.10
		②我不愿意跟父母在一起	4.57	0.65	0.14
		③我担心达不到父母的期望	4.36	0.74	0.17
		④我害怕父母	4.36	0.84	0.19
		⑤我见到父母就烦躁	4.36	0.74	0.17
	行为反应	①我与父母有冲突	4.79	0.58	0.12
		②我不跟父母交流	4.64	0.63	0.14

第三轮专家函询，专家意见趋于一致，保留了6个因子85个条目。

（4）专家意见的协调程度。专家意见的协调程度由变异系数和肯德尔协调系数来评价。经过三轮函询，除条目"我觉得上课讲的东西没有用"外，变异系数均<0.25。3轮函询肯德尔协调系数分别为0.331、0.361、0.324，经x^2检验差异有统计学意义（均$P<0.01$）。

（四）讨论

本研究在拒绝上学行为评估问卷第二稿（SRBES-2）的基础上，将学业和人际关系作为修订问卷的两个维度，对条目进行增删，形成有97个条目的条目池。采用德尔菲法筛选条目，选取来自心理、教育等多个相关领域的专家20名，他们在青少年拒绝上学行为的研究或临床干预上有较丰富的经验。经过三次函询，专家意见趋于一致，最终保留了6个因子，85个条目。

拒绝上学行为评估问卷第二稿（SRBES-2）涉及场所（教室、家）、活动（上课和作业、考试、集体活动、游戏）、人物（教师、父母、同学）等3个维度9个因子。研究小组通过文献研究及对拒绝上学青少年访谈，经过讨论决定将拒绝上学的学校相关情境（事物）划分为学业和人际关系两个维度。在对原有的9个因子进行分析和调整基础上，将学业分为考试、作业、上课等3个因子，人际关系分为集体活动、同学、老师、父母等4个因子，保留了7个因子。删除原有的场所（教室、家庭）及游戏因子。同时对拒绝上学行为评估问卷第二稿（SRBES-2）的条目进行增删，形成有97个条目的条目池。

第一轮专家函询。有专家认为对成绩的评价看法很重要，提出增加成绩的因子，鉴于对成绩的评价及态度已经体现在考试因子中，故未予以采纳。删除人际分量表中的集体活动因子。因为集体活动与同学、老师、父母的分类标准不一致，且青少年参与集体活动的情况在同学因子里可以体现。第二轮专家函询。有专家提出部分青少年是留守儿童，建议将"父母"改为"主要养育者"，没有采纳。有专家建议同学关系中加入校园霸陵、网络攻击的内容，没有采纳。另外，对条目的表达做了少量的修订。第三轮专家函询，没有对条目做修订。经过三轮专家函询，专家意见趋于一致，形成6个因子85个条目的问卷。

在德尔菲法中，专家遴选非常关键。本研究中的专家来自心理学、教育学等多个相关领域，在拒绝上学行为的研究及干预上有较丰富的经验。专家在性别、年龄、学历、职称分布上较合理，其中40岁以上有高级职称的专家占多数。三轮专家函询的有效回收率分别为90.00%、94.44%、100%。第一轮提出建议的专家13人（72.22%），第二轮提出建议的专家7人（41.18%），第三轮提出建议的专家2人（11.76%），说明专家关心本次研究，有较高的参与热情。本研究中专家权威系数为0.86，权威系数≥0.7为可接受，说明参与本次函询的专家具有较高的权威性。所有因子和条目的重要性程度均符合预先设定的筛选标准，说明专家意见较为集中，条目重要性程度高。除条目"我觉得上课讲的东西没有用"外，各条目变异系数均<0.25，说明专家意见的协调程度高。三轮函询的肯德尔协调系数分别为0.331、0.361、0.324（均$P<0.01$），表明专家意见逐渐一致。

本研究经过3次专家函询，最终形成了6个因子85个条目的问卷。该问卷包括学业和人际关系两个因子，其中学业分为考试、作业、上课等3个因子，人际关系分为同学、老师、父母等3个因子。接下来将对问卷进行测试，进一步探讨其结构。

二、对象与方法

（一）对象

方便选取2所中学，发放问卷700份，有效回收611份，有效回收率87.29%。其中，初中318人，高中293人；男生286人，女生325人。

表3-10　人口学特征表

人口学变量		人数	百分比
性别	男	286	46.81
	女	325	53.19
学段	初中	318	52.05
	高中	293	47.95

（二）工具

经过专家函询修改后的拒绝上学行为评估问卷（SRBES），6个因子85个条目。

（三）方法

本研究得到单位伦理委员会批准。由经过课题组统一培训的调查员施测，地点为本班教室，以班级为单位集中线下进行。学生知情同意并匿名填写问卷，问卷当场发放和收回。课题组对回收问卷进行审核，剔除缺漏项>15%的问卷及18<年龄<12岁的学生。

（四）统计分析

采用EpiData3.1建立数据库，平行双录入。采用SPSS23.0进行条目分析、探索性因子分析，检验水准α=0.05。

三、结果

（一）条目分析

采用临界比值法和相关分析法进行条目分析，删除条目1，其余84个条目均符合要求。

题总相关。计算每个条目得分与问卷总分的相关系数，相关系数越高，表示该条目在测量某一行为特质上与其他条目之间具有一致性，越有利于因子分析。在相关系数矩阵中如果所有条目的大部分相关系数均小于0.3，即各条目之间大多为弱相关，那么原则上这些条目不适合进行因子分析。

临界比值。临界比值是条目分析中用来检验问卷的条目是否能够鉴别不同被试的反应程度的指标。如果CR值达到显著水平（$P<0.05$），表示该条目能够鉴别不同被试的反应程度。具体方法是将总分按从高到低的顺序排列，得分前27%者为高分组，得分后27%者为低分组，进行高低两组被试在每个条目得分

平均数上的差异显著性检验。经检验后差异不显著的条目说明质量较差，应予以删除。

（二）探索性因子分析

1. 第一次探索性因子分析

对条目分析后剩余的84个条目进行探索性因子分析。首先根据KMO和Bartlett球形检验判断数据是否适宜进行因子分析。KMO检验变量间的偏相关是否较小，Bartlett球形检验判断相关阵是否是单位阵。KMO统计量越接近1，变量间的偏相关性越强，因子分析的效果越好。实际分析中，0.7以上时，因子分析效果比较好；而在0.5以下时，不适合应用因子分析法。在本检验中，KMO统计值为0.961，Bartlett球形检验值为34860.897，显著性检验$P<0.001$，适合因子分析。

采用主成分分析法（Principal Components Analysis）抽取因子，以特征值大于1为抽取因子的标准，抽取特征根>1的因子14个，累计方差解释率为65.135%。因子旋转采用最大方差正交旋转法（Varimax）。

第一次探索性因子分析结果：①条目5、7、39、49、53在各因子中的载荷量均不足0.40，共5条；②条目4、12、18、28、47、50、56、83在两个因子的载荷量均高于0.40，属于交叉载荷，共8条；③条目67在三个因子中载荷量都处于0.30～0.40之间。删去以上14条，剩余70条。对70个条目进行第二次探索性因子分析。

2. 第二次探索性因子分析

首先，进行KMO和Bartlett球形检验，判断数据是否适宜进行因子分析。在本检验中，KMO统计值为0.959，Bartlett球形检验值为28050.128，显著性检验$P<0.001$，适合进行因子分析。

采用主成分分析法（Principal Components Analysis）抽取因子，以特征值大于1为抽取因子的标准，抽取特征根>1的因子13个，累计方差解释率为66.362%。因子旋转采用最大方差正交旋转法（Varimax）。第二次探索性因子分析结果：①条目22、30、34、36、45、61在两个因子的载荷量均高于0.40，属于交叉载荷，共6条；②条目54在两个因子中载荷量都不足0.40。删去以上7条，剩余63条。对63个条目进行第三次探索性因子分析。

3. 第三次探索性因子分析

首先，进行KMO和Bartlett球形检验，判断数据是否适宜进行因子分析。在本检验中，KMO统计值为0.957，Bartlett球形检验值为24433.146，显著性检验 *P*<0.001，适合进行因子分析。

采用主成分分析法（Principal Components Analysis）抽取因子，以特征值大于 1为抽取因子的标准，抽取特征根>1的因子10个，累计方差解释率为62.906%。 因子旋转采用最大方差正交旋转法（Varimax）。第三次探索性因子分析结果：条目 26、27、52、70在两个因子的载荷量均高于0.40，属于交叉载荷，共4条；删去 以上4条，剩余59条。对59个条目进行第四次探索性因子分析。

4. 第四次探索性因子分析

首先，进行KMO和Bartlett球形检验，判断数据是否适宜进行因子分析。在 本检验中，KMO统计值为0.956，Bartlett球形检验值为22611.642，显著性检验 *P*<0.001，适合进行因子分析。

采用主成分分析法（Principal Components Analysis）抽取因子，以特征值大于 1为抽取因子的标准，因子旋转采用最大方差正交旋转法（Varimax）。抽取特征根 大于1的因子10个，解释方差解释率63.874%。同时作碎石检验，综合其结果确定 共同因子数量。

表3-11 方差解释表

成份	初始特征值			提取载荷平方和			旋转载荷平方和		
	合计	方差百分比	累积 %	合计	方差百分比	累积 %	合计	方差百分比	累积 %
1	20.356	34.502	34.502	20.356	34.502	34.502	7.362	12.479	12.479
2	3.421	5.798	40.301	3.421	5.798	40.301	5.805	9.838	22.317
3	3.055	5.178	45.479	3.055	5.178	45.479	5.416	9.180	31.497
4	2.277	3.859	49.338	2.277	3.859	49.338	4.332	7.343	38.839
5	2.048	3.471	52.810	2.048	3.471	52.810	3.557	6.029	44.868
6	1.541	2.612	55.422	1.541	2.612	55.422	2.763	4.684	49.552
7	1.386	2.349	57.771	1.386	2.349	57.771	2.463	4.175	53.727
8	1.260	2.136	59.908	1.260	2.136	59.908	2.369	4.015	57.742
9	1.198	2.030	61.938	1.198	2.030	61.938	2.271	3.849	61.591
10	1.143	1.936	63.874	1.143	1.936	63.874	1.347	2.283	63.874

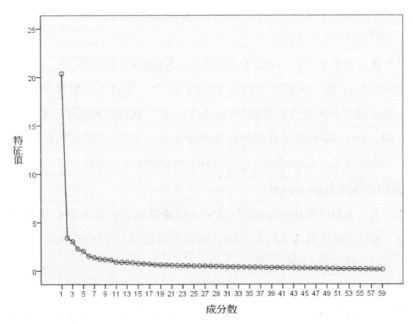

碎石图

碎石图显示各因子的重要程度，前面陡峭对应较大的特征根，作用明显；后面平坦对应较小的特征根，其影响不明显。

表3-12　旋转后成分矩阵表

	成分									
	1	**2**	**3**	**4**	**5**	**6**	**7**	**8**	**9**	**10**
75. 我觉得上课无聊	.753									
80. 我上课时觉得很疲惫	.740									
71. 我对上课提不起兴趣	.716									
77. 我做作业时觉得困	.690									
84. 我上课时觉得很压抑	.689									
68. 我做作业时感到烦躁	.687									
57. 我上课时想睡觉	.662								.322	
32. 我上课时觉得浑身不自在	.615									
59. 我写作业就是应付	.559								.310	
78. 我觉得课堂规矩太多了	.548									.325
64. 我上课睡觉	.484								.301	

续表

	成分									
	1	2	3	4	5	6	7	8	9	10
24. 我上课时会觉得头晕或胸闷	.478		.369							
44. 父母对我要求多		.730								
11. 父母不理会我的感受		.712								
69. 我与父母有冲突		.701								
16. 父母只关注我的学习		.666								
23. 父母拿我跟别人比较		.664			.302					
65. 父母拿我出气		.662								
37. 父母干涉我的学习和生活		.658								
79. 我对父母愤怒	.385	.613								
40. 我不愿意跟父母在一起	.341	.594								
74. 我见到父母就烦躁	.378	.568								
51. 我害怕父母		.444								
33. 我觉得同学孤立我			.801							
55. 我觉得同学不喜欢我			.765							
6. 我觉得同学不愿意跟我交往			.745							
46. 我觉得同学针对我			.707						.314	
35. 我跟同学在一起时会尴尬			.608							
76. 我不跟同学交往			.594							
29. 我觉得同学在背后议论我			.584			.313				
62. 我不愿意和同学待在一起	.336		.569							.320
85. 我见到某些老师会心慌				.710						
82. 我不敢看某些老师				.709						
10. 我害怕某些老师				.668						
48. 我躲着某些老师				.663	.327					
14. 我见到某些老师会觉得尴尬				.599						
42. 我害怕上某些课	.342			.539						
25. 我不想见到某些老师				.538					.310	.355

99

第五次探索性因子分析结果：①59个条目，均在某个因子中的载荷量超过0.40；②没有一个条目在两个因子的载荷量高于0.40，即不存在交叉载荷。

前4个因子主要内容分别为课业、父母、同学、老师。有关考试的条目分散在第六、第七因子中，并未汇聚成一个独立的因子，考虑到考试与课业、老师因子关系密切，青少年对考试的态度可以通过课业和老师因子体现出来，从精简因子数量的目的出发，结合碎石图拟选取前4个因子。

四、讨论

本研究对条目及因子做了比较大的调整。根据探索性因子分析结果，删除了考试因子，并对条目进行了重新的修订。

（一）条目分析
采用临界比值法和相关分析法进行条目分析，剔除了条目1，其余84个条目均符合要求。

（二）因子分析
经过重新访谈拒绝上学青少年，经过小组讨论，拟增加部分条目。

因子一课业，12个条目，其中9个关于上课的，3个关于作业的。拟增加作业相关的条目。参考之前函询的结果，将其中的一些相关条目增加进去。拟增加"我觉得写作业很痛苦"。拒绝上学青少年有焦虑倾向，拟增加"我做作业时注意力不集中""我做作业时会头晕"。同时，将"我上课时会觉得头晕或胸闷"修改为"我上课时会觉得胸闷"。经过修改，因子一共有15个条目，6个作业的条目，9个上课的条目。

因子二父母，11个条目。主要内容为：父母对孩子要求多、不理解孩子，亲子之间的冲突，以及由此而带来的孩子对父母的负面情绪及感受。增加"我不想跟父母说话""我跟父母在一起会感到不舒服""我跟父母在一起会感到难受"。共14个条目。

因子三同学，8个条目。有5个条目为我对同学看法；2个条目"我不跟同学交往""我不愿意和同学待在一起"为我的行为和意愿；1个条目"我跟同学在一起时会尴尬"为我对同学的负面感受。条目数量偏少，拟增加"同学欺负我""我与同学有隔阂""我跟同学在一起时会不舒服"。共11个条目。

因子四老师，有7个条目（其中"我害怕上某些课"原为课业的条目）。条目主要表达的是对老师的惧怕情绪，以及由此带来的身体及行为的反应。增加对老师的情绪及反应的条目："我见到某些老师时会紧张""我见到某些老师会不舒服"。增加对老师的看法的条目："老师不喜欢我""老师看不起我""老师偏心"。"我害怕上某些课"原为因子一的条目，现修改为"我害怕上某些老师的课"，加入到因子4。共12个条目。

本研究对条目及因子做了比较大的调整。考试的条目分散在第六、第七因子中，并未汇聚成一个独立的因子，考虑到考试与课业、老师因子关系密切，青少年对考试的态度可以通过课业和老师因子体现出来，从精简因子数量的目的出发，删除了考试因子。问卷经过第二次试测及修订形成第三稿，4个因子，52个条目。

第四节　第三稿测试结果及分析

本小节对问卷第三稿进行测试及分析，进一步考察因子结构，形成拒绝上学行为评估问卷第四稿（SRBES-4）。

一、对象与方法

（一）对象

方便选取2所中学，发放问卷951份，有效回收855份，有效回收率89.91%。其中，初中423人，高中432人；男生444人，女生411人。

表4-1

人口学变量		人数	百分比
性别	男	444	51.93
	女	411	48.07
学段	初中	423	49.47
	高中	432	50.53

（二）工具

拒绝上学行为评估问卷第三稿（SRBES-3）

（三）统计分析

采用EpiData3.1建立数据库，平行双录入。采用SPSS23.0进行条目分析、探索性因子分析。检验水准α=0.05。

（三）方法

本研究得到单位伦理委员会批准。由经过课题组统一培训的调查员施测，地点为本班教室，以班级为单位集中线下进行。学生知情同意并匿名填写问卷，问卷当场发放和收回。课题组对回收问卷进行审核，剔除缺漏项>15%的问卷及18<年龄<12岁的学生。

二、结果

（一）条目分析

采用临界比值法和相关系数法进行条目分析，所有条目均符合要求，未删除条目。

临界比值法。临界比值法（Critical ratio，CR）主要考察条目的敏感性，是以问卷总分高低的27%为界限值，将得分划分为高分组和低分组，再以独立样本t检验比较两组差异有无统计学意义。保留条目一般要求t统计量（即决断值）大于3，且两组得分差异有统计学意义。本研究对各个条目均进行了高低分组，结果表明各条目差异检验的t值均大于3，都在0.01的水平上差异显著，说明条目具有鉴别度。

相关系数法。相关系数法主要考察条目的代表性和独立性。一般认为，条目与测验总分的相关系数≥0.2尚可接受，≥0.3较好。本研究针对每个条目分别检验题总相关，结果表明各条目与总分之间相关性均高于0.4，说明条目具有同质性。

（二）探索性因子分析

条目分析未删除条目，所有条目纳入探索性因子分析。本研究首先对4个因子分别进行探索性因子分析，然后将4个因子剩余的条目合并后再进行探索性因子分析。

首先进行KMO和Bartlett球形检验，判断数据是否适宜进行因子分析。KMO检验变量间的偏相关是否较小，Bartlett球形检验判断相关阵是否为单位阵。KMO统计量越接近1，变量间的偏相关性越强，因子分析的效果越好。实际分析中，KMO值在0.7以上时，因子分析效果比较好；而KMO值在0.5以下时，不适合应用因子分析法。采用主成分分析法（Principal Components Analysis）抽取因子，以特征值大于1为抽取因子的标准，因子旋转采用最大方差正交旋转法（Varimax）。

1．课业因子

首先进行KMO和Bartlett球形检验，判断数据是否适宜进行因子分析。在本检验中，KMO值为0.954，显著性检验P<0.001，适合进行因子分析。15个条目共提取出1个主要成分，累计方差解释率为52.99%。

表4-2　课业因子总方差解释表

成分	初始特征值			提取载荷平方和		
	总计	方差百分比	累积 %	总计	方差百分比	累积 %
1	7.948	52.988	52.988	7.948	52.988	52.988

表4-3　课业因子旋转后成分矩阵表

条目	成分1
我觉得上课无聊	0.812
我上课时觉得很疲惫	0.786
我对上课提不起兴趣	0.734
我做作业时觉得困	0.717
我上课时觉得很压抑	0.761
我做作业时感到烦躁	0.827
我上课时想睡觉	0.760
我上课时觉得浑身不自在	0.774
我写作业就是应付	0.731
我觉得课堂规矩太多了	0.660
我上课睡觉	0.553
我上课时觉得胸闷	0.590
我觉得写作业很痛苦	0.808
我做作业时会头晕	0.642
我做作业时注意力不集中	0.701

2．父母因子

首先进行KMO和Bartlett球形检验，判断数据是否适宜进行因子分析。在本检验中，KMO值为0.953，显著性检验P<0.001，适合因子分析。14个条目共提取出2个主要成分，累计方差解释率为64.05%。

分析发现，部分条目有明显的表述效应，"父母"开头的条目归为一个因子，"我"开头的条目归为一个因子。以"父母"开头的条目，表达的主要是学生对父母的主观认知。"我"开头的条目则是表达对父母的感受、体会。鉴于认知可以体现在情绪、体验和行为上，为了达到精简条目的目的，将"父母"开头的条目删除后进行第二次探索性因子分析。

第二次探索性因子分析结果表明，KMO值为0.936，显著性检验$P<0.001$，适合进行因子分析。8个条目共提取出一个因子，累计方差解释率为66.75%。

表4-4　父母因子总方差解释表

成分	初始特征值			提取载荷平方和		
	总计	方差百分比	累积%	总计	方差百分比	累积%
1	5.340	66.754	66.754	5.340	66.754	66.754

表4-5　父母因子第二次旋转后成分矩阵表

条目	成分1
我与父母有冲突	0.782
我对父母愤怒	0.780
我不愿意跟父母在一起	0.851
我见到父母就烦躁	0.864
我害怕父母	0.616
我不想跟父母说话	0.879
我跟父母在一起会感到不舒服	0.863
我跟父母在一起会感到难受	0.869

3. 同学因子

首先进行KMO和Bartlett球形检验，判断数据是否适宜进行因子分析。结果表明，KMO值为0.918，显著性检验$P<0.001$，适合进行因子分析。共提取出两个主要成分，累计方差解释率为64.41%。

跟父母因子类似，"同学"开头的条目归为一个因子，"我"开头的条目归为一个因子，表现出明显的表述效应。以"同学"开头的条目，其主要表达的是对同学的主观认知。"我"开头的条目则是表达对同学的感受、体会。鉴于认知可以体现在情绪、体验和行为上，为了达到精简条目的目的，将"同学"开头的条目删除后进行第二次探索性因子分析。

第二次探索性因子分析结果表明，KMO值为0.846，显著性检验$P<0.001$，适合进行因子分析。5个条目共提取出1个主要成分，累计方差解释率为59.77%。

表4-6 同学因子总方差解释表

成分	初始特征值			提取载荷平方和		
	总计	方差百分比	累积 %	总计	方差百分比	累积 %
1	2.988	59.766	59.766	2.988	59.766	59.766

表4-7 同学因子第二次旋转后成分矩阵表

条目	成分1
我跟同学在一起时会尴尬	0.759
我不跟同学交往	0.758
我不愿意和同学待在一起	0.825
我跟同学在一起时会不舒服	0.782
我跟同学有隔阂	0.738

4．老师因子

首先进行KMO和Bartlett球形检验，判断数据是否适宜进行因子分析。分析结果表明，KMO值为0.927，显著性检验$P<0.001$，适合进行因子分析。12个条目提取出两个主要成分，累计解释率为65.13%。

探索性因子分析发现，"我"开头的条目归为一个因子，"老师"开头的条目归为一个因子，存在一定的条目表述效应。以"老师"开头的条目，其主要表达的是学生对老师的主观认知。"我"开头的条目则是表达对老师的感受、体会。鉴于认知可以体现在情绪、体验和行为上，为了达到精简条目的目的，将"老师"开头的条目删除后进行第二次探索性因子分析。

首先进行KMO和Bartlett球形检验，判断数据是否适宜进行因子分析。结果表明，KMO值为0.928，显著性检验$P<0.001$，适合进行因子分析。9个条目共提取出1个主要成分，累计方差解释率为58.92%。

表4-8 老师因子总方差解释表

成分	初始特征值			提取载荷平方和		
	总计	方差百分比	累积 %	总计	方差百分比	累积 %
1	5.303	58.922	58.922	5.303	58.922	58.922

表4-9 老师因子第二次旋转后成分矩阵表

条目	成分1
我见到某些老师会心慌	0.782
我不敢看某些老师	0.793
我害怕某些老师	0.798
我躲着某些老师	0.807
我见到某些老师会觉得尴尬	0.768
我害怕上某些老师的课	0.775
我不想见到某些老师	0.774
我见到某些老师时会紧张	0.696
我见到某些老师时会不舒服	0.709

5. 条目合并后探索性因子分析

将课业、老师、同学、父母4个因子经过探索性因子分析后剩余的条目合并，进行探索性因子分析。

首先进行KMO和Bartlett球形检验，判断数据是否适宜进行因子分析。KMO值为0.957，显著性检验$P<0.001$，适合进行因子分析，36个条目共提取出5个主要成分，累计方差解释率为62.18%。

表4-10 总方差解释表

成分	初始特征值			提取载荷平方和			旋转载荷平方和		
	总计	方差百分比	累积%	总计	方差百分比	累积%	总计	方差百分比	累积%
1	14.175	38.312	38.312	14.175	38.312	38.312	7.595	20.528	20.528
2	3.358	9.076	47.388	3.358	9.076	47.388	5.497	14.856	35.384
3	2.544	6.874	54.262	2.544	6.874	54.262	5.137	13.883	49.267
4	1.816	4.908	59.171	1.816	4.908	59.171	3.220	8.703	57.970
5	1.114	3.010	62.181	1.114	3.010	62.181	1.558	4.211	62.181

第五个因子仅有1个条目，将其删除后进行第二次探索性因子分析。KMO和Bartlett球形检验结果显示，KMO值为0.957，显著性检验P<0.001，适合进行因子分析。36个条目共提取出5个主要因子，累计方差解释率为62.38%。

表4-11　总方差解释表

成分	初始特征值			提取载荷平方和			旋转载荷平方和		
	总计	方差百分比	累积 %	总计	方差百分比	累积 %	总计	方差百分比	累积 %
1	13.824	38.399	38.399	13.824	38.399	38.399	7.160	19.889	19.889
2	3.299	9.165	47.563	3.299	9.165	47.563	5.481	15.226	35.116
3	2.510	6.972	54.535	2.510	6.972	54.535	5.098	14.162	49.278
4	1.810	5.028	59.563	1.810	5.028	59.563	3.221	8.948	58.225
5	1.016	2.821	62.384	1.016	2.821	62.384	1.497	4.159	62.384

"我上课时觉得很压抑"存在双重载荷问题，拟删除。删除后的第五因子条目仅剩两个，因此将这3个因子删除后进行第三次探索性因子分析。

KMO和Bartlett球形检验结果显示，KMO值为0.955，显著性检验P<0.001，适合进行因子分析。33个条目共提取出4个因子，累计方差解释率为61.18%。因子一为课业，因子二为父母，因子三为老师，因子四为同学。

表4-12　总方差解释表

成分	初始特征值			提取载荷平方和			旋转载荷平方和		
	总计	方差百分比	累积 %	总计	方差百分比	累积 %	总计	方差百分比	累积 %
1	12.687	38.445	38.445	12.687	38.445	38.445	6.670	20.211	20.211
2	3.239	9.815	48.260	3.239	9.815	48.260	5.412	16.399	36.611
3	2.463	7.465	55.725	2.463	7.465	55.725	4.979	15.087	51.698
4	1.800	5.454	61.179	1.800	5.454	61.179	3.129	9.481	61.179

表4-13　旋转后成分矩阵表

条目	成分1	成分2	成分3	成分4
我觉得上课无聊	0.760			
我上课时觉得很疲惫	0.754			
我对上课提不起兴趣	0.668			
我做作业时觉得困	0.687			
我做作业时感到烦躁	0.739			
我上课时想睡觉	0.768			
我上课时觉得浑身不自在	0.669			
我写作业就是应付	0.663			
我觉得课堂规矩太多了	0.569			
我上课睡觉	0.593			
我觉得写作业很痛苦	0.750			
我做作业时注意力不集中	0.612			
我与父母有冲突		0.709		
我对父母愤怒		0.713		
我不愿意跟父母在一起		0.815		
我见到父母就烦躁		0.788		
我害怕父母		0.568		
我不想跟父母说话		0.825		
我跟父母在一起会感到不舒服		0.832		
我跟父母在一起会感到难受		0.830		
我跟同学在一起时会尴尬				0.706
我不跟同学交往				0.739
我不愿意和同学待在一起				0.791

续表

条目	成分1	成分2	成分3	成分4
我跟同学在一起时会不舒服				0.710
我跟同学有隔阂				0.613
我见到某些老师会心慌			0.788	
我不敢看某些老师			0.769	
我害怕某些老师			0.769	
我躲着某些老师			0.737	
我见到某些老师会觉得尴尬			0.683	
我害怕上某些老师的课			0.680	
我不想见到某些老师			0.625	
我见到某些老师时会紧张			0.671	

三、讨论

本研究采用拒绝上学行为评估问卷第三稿（SRBES-3）进行测试，进一步探讨问卷的结构。采用临界比值法和相关分析法进行条目分析，所有条目均符合要求，未删除条目。首先对4个因子分别进行探索性因子分析，然后将4个因子剩余的条目合并再进行探索性因子分析。33个条目共提取出4个因子，累计方差解释率为61.18%。

（一）条目分析

条目的区分度显示条目与问卷的总分是否有内在一致性。本研究从相关系数法、临界比值法考察条目的区分度。条目与测验总分相关较高，则该条目的鉴别力就大。相关系数法显示，各条目与总分之间相关性均高于0.4，说明条目具有同质性。临界比值法结果显示，条目差异检验的t值均大于3，都在0.01的水平上差异显著，说明条目具有区分度。

（二）因子分析

在探索性因子分析中发现，以"父母、老师、同学"开头的条目有表述效应。

在编制专家函询问卷时，每个因子增加了认知方面的条目。这些条目以"父母、老师、同学"开头，其表达的主要是学生对对方的主观认知。"我"开头的条目则是表达对其的感受、体会。鉴于认知可以体现在情绪、体验和行为上，为了精简条目，将"父母、老师、同学"开头的条目删除。

经过多次探索性因子分析，最终保留4个因子，33个条目，累计方差解释率为61.18%。因子一"课业"，12个条目，主要为对上课和作业的情绪体验，包括上课写作业时的无聊、疲惫和烦躁等内容。因子二"父母"，8个条目，主要对父母的情绪感受，包括对父母的愤怒、抗拒等内容。因子三"同学"，5个条目，主要为对同学的情绪感受，包括不喜欢跟同学交往、跟同学关系疏离等内容。因子四"老师"，8个条目，主要为对老师的情绪感受和行为，包括对老师的恐惧和躲避等内容。

课题组对条目进行了讨论分析，重新进行了修订和调整。课业因子，删除了4个意义重复的条目；同学因子增加了3个条目，老师和父母因子保持不变。经过调整，4个因子每个有8个条目，各因子条目更均衡。

经过对问卷第三稿的测试分析，进一步确定了问卷的结构，并对条目进行了少量的调整，形成了问卷第四稿，4个因子，32个条目。接下来将对第四稿进行的测试及分析，形成正式问卷。

第五节 第四稿测试结果及分析

本小节对问卷第四稿进行测试分析，形成拒绝上学行为评估问卷正式版（SRBES）。

一、对象与方法

（一）对象

方便选取广州市8所中学，发放问卷3403份，剔除不合格问卷，有效回收2824份，有效率为83%。按照编号的奇偶数将样本分为两组，奇数组作探索性因子分析，偶数组作验证性因子分析及信度分析。方便抽取其中1个班级共38人检验问卷的重测信度。

表5-1 人口学特征表

人口学变量		人数	百分比
性别	男	1259	45.0
	女	1538	55.0
年级	初一	718	25.6
	初二	588	20.9
	初三	174	6.2
	高一	1107	39.4
	高二	220	7.8
年龄	≤13	766	27.5
	14	523	18.8
	15	436	15.7
	16	825	29.7
	≥17	232	8.3

（二）工具

1. 拒绝上学行为问卷第四稿（SRBES-4）

采用陈玉霞编制的拒绝上学行为问卷（SRBES）第四稿，共32个条目，分为4个因子：父母、同学、上课、老师。采用0（从不）～4（总是）计分。

2. 生活满意度问卷

"中国儿童青少年心理发育特征调查"大型项目编制的生活满意度问卷，包括家庭满意度、学校满意度、自我满意度、朋友关系满意度、居住环境满意度5个维度。本研究选用其中的学校满意度维度，5个条目，问卷采用4点记分，得分越高，学校满意度水平越高。该维度Cronbach's α系数为0.84。

3. 网络成瘾量表（IAT）

Young编制的网络成瘾测验（Internet Addiction Test），共8个条目，采用5点计分，分数越高说明网络成瘾越严重。该量表中文版已广泛应用于青少年群体的研究中，在本研究中的Cronbach's α系数为0.86。

（三）方法

本研究得到单位伦理委员会批准。由经过课题组统一培训的调查员施测，地点为本班教室，以班级为单位集中线下进行。学生知情同意并匿名填写问卷，问卷当场发放和收回。课题组对回收问卷进行审核，剔除缺漏项>15%的问卷及18<年龄<12岁的学生。

（四）统计分析

采用EpiData3.1建立数据库，平行双录入。使用Spss28.0和Mplus8.3软件进行统计分析。对人口统计学变量进行了频数统计。本研究中开发的拒绝上学行为评估问卷第四稿（SRBES-4）进行探索性因子分析（EFA）。修正后的拒绝上学行为评估问卷正式版（SRBES）进行信度和效度检验。

二、结果

（一）条目分析

采用临界比值法和相关分析法进行条目分析，所有条目均符合要求，未剔除。

相关系数法。以条目分数与测验总分之间的相关系数来估计条目的区分度。相关系数越大，则区分度越高。反之亦然。本研究中将条目得分视为连续变量，计算条目得分与总分的积差相关系数。用相关系数来表示区分度，其取值范围介于$-1 \sim 1$之间，相关系数越大，区分度越高。但区分度为负值时，意味着被试实际能力越高，该条目得分反而越低，条目应该淘汰。Streiner与Norman认为修正后的条目与总分的相关系数应介于$0.2 \sim 0.8$之间，Spector认为应高于0.4，Hair、Black等建议高于0.5。

在本研究中，四个因子所有条目与总分相关系数均高于0.4，相关系数介于$0.495 \sim 0.855$之间，所有条目的相关系数均符合要求。

表5-2　相关系数

	父母	同学	课业	老师	总分
我对父母愤怒	.702**				.562**
我不愿意跟父母在一起	.829**				.604**
我见到父母就烦躁	.834**				.624**
我不跟父母说话	.776**				.594**
我对不起父母	.585**				.569**
我对父母态度冷淡	.838**				.660**
我跟父母在一起会感到不舒服	.855**				.615**
我害怕父母	.732**				.562**
我跟同学在一起时会尴尬		.646**			.495**

续表

	父母	同学	课业	老师	总分
我不跟同学交往		.703**			.538**
我不愿意和同学待在一起		.758**			.592**
我躲着某些同学		.704**			.533**
我跟同学有隔阂		.768**			.553**
我跟同学有矛盾		.738**			.540**
我对同学生气		.613**			.497**
我嫉妒同学		.588**			.509**
我觉得上课无聊			.744**		.606**
我上课时觉得疲惫			.785**		.656**
我上课做其他事情			.697**		.557**
我上课时觉得压抑			.738**		.718**
我写作业时觉得痛苦			.758**		.623**
我做作业时感觉困			.763**		.594**
我做作业注意力不集中			.760**		.598**
我写作业就是应付			.747**		.639**
我见到某些老师会心慌				.727**	.585**
我不敢看某些老师				.761**	.622**
我躲着某些老师				.798**	.659**
我跟某些老师在一起会不自在				.800**	.685**
我不想见到某些老师				.854**	.695**
我跟老师有冲突				.589**	.533**
我见到某些老师时感到难受				.832**	.675**
我看某些老师不顺眼				.742**	.606**

临界比值法。在条目的判别指标中，临界比值法是常用的方法，按测验总分以前后27%为界，对被试进行高低分组，计算高低分组在每个条目上平均数差异的显著性，若差异显著则表明条目具有区分度。在临界比值的数据中，t统计量最好以正数表示。一般来讲，以t值大于3作为判断标准，否则需要删除。本研究中，各条目与因子、总分的临界比值均高于3，表明各条目均具有较好的区分度，无需剔除。

表5-3　临界比值

	课业	老师	父母	同学	总分
我觉得上课无聊	31.256				21.572
我上课时觉得疲惫	35.680				24.062
我上课做其他事情	28.900				24.269
我上课时觉得压抑	28.240				22.911
我写作业时觉得痛苦	35.123				24.124
我做作业时感觉困	35.482				26.886
我做作业注意力不集中	35.532				23.392
我写作业就是应付	32.112				20.966
我见到某些老师会心慌		34.520			18.530
我不敢看某些老师		31.129			20.550
我躲着某些老师		30.698			21.777
我跟某些老师在一起会不自在		36.729			19.576
我不想见到某些老师		33.864			21.442
我跟老师有冲突		19.975			19.741
我见到某些老师时感到难受		31.431			17.990
我看某些老师不顺眼		28.326			17.971
我对父母愤怒			26.762		23.161
我不愿意跟父母在一起			40.464		27.998
我见到父母就烦躁			35.736		20.586
我不跟父母说话			31.511		28.423
我对不起父母			29.821		26.097
我对父母态度冷淡			38.529		24.655
我跟父母在一起会感到不舒服			34.640		24.190
我害怕父母			27.939		25.731
我跟同学在一起时会尴尬				25.070	21.807
我不跟同学交往				25.429	21.410
我不愿意和同学待在一起				27.549	22.279
我躲着某些同学				24.327	27.238
我跟同学有隔阂				30.549	25.318
我跟同学有矛盾				29.115	16.851
我对同学生气				23.712	24.163
我嫉妒同学				20.714	21.708

（三）探索性因子分析

1. 第一次探索性因子分析

首先进行KMO和Bartlett球形检验，判断数据是否适宜进行因子分析。结果显示，KMO值为0.949，显著性检验$P<0.001$，适合进行因子分析。采用最大方差法旋转，强制提取4个因子，累计方差解释率为57.509%。

表5-4 方差解释表

成分	初始特征值			提取载荷平方和			旋转载荷平方和		
	总计	方差百分比	累积 %	总计	方差百分比	累积 %	总计	方差百分比	累积 %
1	11.703	36.572	36.572	11.703	36.572	36.572	4.895	15.296	15.296
2	2.746	8.582	45.154	2.746	8.582	45.154	4.79	14.968	30.264
3	2.052	6.411	51.565	2.052	6.411	51.565	4.497	14.054	44.319
4	1.902	5.944	57.509	1.902	5.944	57.509	4.221	13.191	57.509

删除载荷较低的条目"我对不起父母""我嫉妒同学"，进行第二次探索性因子分析。

2. 第二次探索性因子分析

KMO和Bartlett球形检验，结果显示，KMO值为0.945，显著性检验$P<0.001$，适合进行因子分析。4个因子，累计方差解释率为59.284%。

表5-5 方差解释表

成分	初始特征值			提取载荷平方和			旋转载荷平方和		
	总计	方差百分比	累积 %	总计	方差百分比	累积 %	总计	方差百分比	累积 %
1	11.122	37.073	37.073	11.122	37.073	37.073	4.844	16.145	16.145
2	2.741	9.137	46.210	2.741	9.137	46.210	4.667	15.557	31.702
3	2.018	6.726	52.936	2.018	6.726	52.936	4.447	14.823	46.525
4	1.904	6.348	59.284	1.904	6.348	59.284	3.828	12.760	59.284

删除载荷较低的条目"我对同学生气""我上课时觉得压抑""我跟老师有冲突"，进行第三次探索性因子分析。

3. 第三次探索性因子分析

KMO值为0.938，显著性检验$P<0.001$，适合进行因子分析。结果显示，因子载荷在0.621～0.858之间，因此保留所有条目，累计方差解释率为61.417%。

表5-6 方差解释表

成分	初始特征值			提取载荷平方和			旋转载荷平方和		
	总计	方差百分比	累积%	总计	方差百分比	累积%	总计	方差百分比	累积%
1	10.078	37.327	37.327	10.078	37.327	37.327	4.645	17.203	17.203
2	2.688	9.956	47.283	2.688	9.956	47.283	4.375	16.204	33.407
3	1.961	7.265	54.548	1.961	7.265	54.548	4.109	15.217	48.624
4	1.855	6.869	61.417	1.855	6.869	61.417	3.454	12.793	61.417

表5-7 旋转后成分矩阵表

		成分1	成分2	成分3	成分4
1	我对父母愤怒	0.640			
2	我不愿意跟父母在一起	0.822			
3	我见到父母就烦躁	0.824			
4	我不跟父母说话	0.746			
5	我对父母态度冷淡	0.783			
6	我跟父母在一起会感到不舒服	0.858			
7	我害怕父母	0.662			
8	我跟同学在一起时会尴尬				0.621
9	我不跟同学交往				0.726
10	我不愿意和同学待在一起				0.743
11	我躲着某些同学				0.639
12	我跟同学有隔阂				0.752
13	我跟同学有矛盾				0.673
14	我觉得上课无聊			0.688	
15	我上课时觉得疲惫			0.712	
16	我上课做其他事情			0.687	
17	我写作业时觉得痛苦			0.664	
18	我做作业时感觉困			0.734	
19	我做作业注意力不集中			0.746	
20	我写作业就是应付			0.684	
21	我见到某些老师会心慌		0.660		
22	我不敢看某些老师		0.705		
23	我躲着某些老师		0.745		
24	我跟某些老师在一起会不自在		0.696		
25	我不想见到某些老师		0.803		
26	我见到某些老师时感到难受		0.794		
27	我看某些老师不顺眼		0.677		

（四）信度分析

1．内部一致性信度

Cronbach's α系数越大，表示问卷的内部一致性越高。研究者认为，Cronbach's α系数大于0.9，表示问卷的内部一致性很高；Cronbach's α系数在0.8～0.9之间，表示问卷的内部一致性较好；Cronbach's α系数在0.7～0.8之间，表示问卷的内部一致性一般；Cronbach's α系数在0.7以下，表示问卷的内部一致性较差，问卷不便作为研究工具。

本研究Cronbach's α系数范围在0.828～0.930之间，有较好的内部一致性信度。

2．重测信度

本研究采用拒绝上学行为评估问卷正式版（SRBES）对38名青少年间隔一周前后施测两次。对前后两次测验分数进行皮尔逊相关分析，求得的相关系数为重测信度系数，即重测信度。本研究中，四个因子及总问卷的重测信度分别为0.613、0.812、0.515、0.665、0.675。

表5-8 信度分析表

	课业	父母	同学	老师	总问卷
Cronbach's α系数	0.862**	0.901**	0.828**	0.892**	0.930**
重测信度	0.613**	0.812**	0.515**	0.665**	0.675**

注：P值均<0.01

（五）效度分析

1．结构效度

验证性因子分析是用于检验一组测量变量与一组可以解释测量变量的构念关系的技术，用于评价理论构念与数据的适配程度。

在基本模型适配度上，Bogozzi和Yi提出的标准有：①误差方差不能为负；②误差变异达到显著水平；③参数统计量之间相关不能太接近于1；④因子载荷量最好介于0.50～0.95之间。

模型适配度标准：①卡方检验（χ^2 test）。χ^2 test是检验理论模型预测值与实际测量结果之间的偏离程度，χ^2 test值反映了测量模型的拟合程度，即χ^2 test值取决于检验理论模型预测值与实际测量结果之间的偏离程度，χ^2 test值越大，二者偏差程度越大，测量模型的拟合程度越低；反之，χ^2 test值越小，二者偏差程度越小，测量模型的拟合程度越高。②卡方自由度比（χ^2/df）。χ^2/df表示假设模型的协方差矩阵与实测数据的适配程度。χ^2/df值越小说明模型的拟合度越高。此值小于1表示模型过度适配；此值大于5表示模型适配不佳；而当此值介于1～5之间，表示模型适配良好。③近似误差均方根（Root Mean Square Error of Approximation，RMSEA）。RMSEA是从残差值差异出发评价模型的拟合程度。RMSEA不易受样本量大小的影响，是较为理想的拟合指数。Mc Donald and Ho（2002）建议RMSEA值小于0.05说明模型适配良好，而小于0.08说明模型可接受。④比较拟合指数（Comparative Fit Index，CFI）。CFI最早由Benter（1990）提出，该指数是在对假设模型和实测数据比较时取得，其值在0～1之间，CFI指数对样本量不敏感，是较稳健的指标之一。一般CFI大于0.9说明模型拟合良好。⑤非规范拟合指数（Tucker-Lewis Index，TLI）。TLI又被称为Non-normed Fit Index（NNFI），该指标是考虑模型复杂程度之后校正的NFI指数。其值在0～1之间，Hu and Benter（1999）认为TLI数值大于0.9说明模型可接受，大于0.95说明模型拟合较好。⑥标准化残差均方根指数（Standardized Root Mean Square Residual，SRMR）。SRMR反映标准化假设模型整体残差，该指标透过残差分析检视模型参数设定是否理想，SRMR数值在0～1之间，小于0.08说明模型拟合度佳（Hu and Benter，1999）。

根据验证性因子分析结果，模型拟合指标结果为χ^2/df = 5.584，RMSEA = 0.057，CFI = 0.926，TLI = 0.918，SRMR = 0.039。模型拟合指标均符合要求，表明模型与数据整体适配良好。

2. 区分效度

区分效度（Discriminant Validity）又被称为判别效度，用来检验潜变量在多大程度上与其他潜变量相区分。区分效度的检验运用Fornell and Larcker（1981）提出的潜变量AVE的平方根与潜变量间的相关系数进行比较的方法。如果每个潜变量AVE的平方根均大于潜变量之间的相关系数，说明不同潜变量的测量题目之间的相关性较低，量表的区分效度满足分析要求。

本研究中各潜变量的AVE平方根均高于变量之间的相关系数，表明变量之间具有区分效度。

表5-9　各因子相关与区分效度

	课业因子	父母因子	同学因子	老师因子
课业因子	**0.689**			
父母因子	0.435**	**0.761**		
同学因子	0.432**	0.443**	**0.659**	
老师因子	0.543**	0.471**	0.482**	**0.735**

注：斜对角线加粗数值为AVE平方根，下三角为皮尔逊相关系数

模型拟合结果表明，四因子模型的拟合结果最好，单因子模型的拟合结果最差，表明量表具有区分效度。

表5-10　各模型的拟合指数表

	卡方	自由度	RMSEA	CFI	TLI	SRMR
单因子	7501.320	322	0.126	0.635	0.603	0.098
两因子	4915.167	321	0.101	0.767	0.745	0.090
三因子	3441.731	319	0.083	0.841	0.826	0.060
四因子	1764.561	316	0.057	0.926	0.918	0.039

3．效标效度

本研究以学校满意度和网络游戏成瘾两个变量作为拒绝上学行为的效标变量。根据相关分析，拒绝上学行为与网络游戏成瘾间具有显著正相关，相关系数$r = 0.507$；拒绝上学行为与学校满意度间具有显著负相关，相关系数$r = -0.555$。

三、讨论

本研究经过4次测试，最终形成拒绝上学行为评估问卷正式版（SRBES），4个因子，27个条目，累计方差解释率为61.417%。4个因子分别为老师、课业、同学、父母，涵盖了青少年拒绝上学行为的几个重要方面。

（一）条目分析

本研究采用临界比值法和相关分析法进行条目分析。相关系数结果显示，4个因子所有条目与总分相关系数均高于0.4，相关系数介于0.495到0.855之间，所有条目的相关系数均符合要求。临界比值显示，各条目与因子、总分的临界比值均高于3，表明各条目均具有较好的区分度。临界比值及相关系数均符合要求，无需剔除。

（二）因子分析

正式问卷的4个因子分别为老师、课业、同学、父母，涵盖了青少年拒绝上学行为的几个重要方面。正式版与第一稿相比，因子和条目数量减少，更有代表性，结构也更为清晰。在最初构建问卷编制框架时，为了尽可能地涵盖学生的拒绝上学行为，在情景维度中设置了场所（学校、教室、宿舍、操场、食堂、图书室、家），经过访谈，删除了宿舍、操场、食堂、图书室，保留了学校、教室、家。经过第一稿测试，形成了9个因子，其中第三和第四因子分别涉及学校和家庭。第一稿因子数量较多，需要简化。课题组在文献研究及对拒绝上学青少年访谈的基础上，经过讨论，将拒绝上学行为的学校相关情境（事物）重新划分，分为学业和人际关系两个部分。课题组在对原有的9个因子进行分析和调整基础上，将学业分为考试、作业、上课等3个因子，人际关系分为集体活动、同学、老师、父母等4个因子，删除原有的场所因子（教室、家庭）及游戏因子。在专家函询过程中，有专家提出，学生的人际关系可以通过同学、老师、父母反映出来，且集体活动因子与其他三个因子分类标准不一致，建议删除。因此，删除了集体活动因子。经过上述调整后，重新测试，进行分析。经过多次探索性因子分析，抽取特征根大于1的因子10个，累计方差解释率63.874%。前4个因子主要内容分别为课业、父母、同学、老师。有关考试的条目分散在第六、第七因子中，并未汇聚成一个独立的因子，考虑到考试与课业、老师因子关系密切，青少年对考试的态度可以通过课业和老师因子体现出来，从精简因子数量的目的出发，结合碎石图选取前4个因子，删除了考试因子。课题小组重新对条目进行修订，形成问卷第三稿，4个因子，52个条目。4个因子分别为老师、同学、父母、课业。至此，问卷的因子结构基本确定。经过对问卷第三稿的测试分析，进一步确定了问卷的结构，并对条目进行了少量的调整，形成了问卷第四稿，4个因子，32个条目。经过4次测试，最终形成的拒绝上学行为评估问卷正式版（SRBES），4个因子，27个条目。

研究过程中，对拒绝上学青少年多次访谈，对其情绪和感受进行了梳理和提炼，筛选出其中有代表性的内容，删除重复部分，使其更为精炼。有研究显示，影响学生拒绝上学行为的因子包括学业问题、同学、老师和父母等，拒绝上学行为评估问卷（SRBES）因子结构与此相一致。因此，考察学生在这些影响因子上的表现，能够对拒绝上学行为进行有效筛查。

（三）测量学指标分析

探索性因子分析表明，拒绝上学行为评估问卷（SRBES）的4个因子累积方差解释率为61.417%。验证性因子分析结果显示，模型拟合指标结果为$\chi^2/df = 5.584$，$RMSEA = 0.057$，$CFI = 0.926$，$TLI = 0.918$，$SRMR = 0.039$，问卷有较好的拟合度。问卷一致性信度和重测信度均达到标准。因网络成瘾与拒绝上学行为密切相关，本研究以网络成瘾做效标考察问卷的效度，结果显示，二者得分呈显著正相关。以学校满意度做效标发现，问卷总分与学校满意度呈显著负相关。综上，拒绝上学行为评估问卷（SRBES）信效度达到测量学标准，可用于青少年拒绝上学行为的筛查。

第四章 ■————

拒绝上学行为评估问卷的应用

本章将对拒绝上学行为评估问卷（SRBES）进行应用。首先，采用该问卷对广州市青少年拒绝上学行为进行筛查，了解其流行现状；其次，对筛查出来的拒绝上学青少年的心理健康状况进行调研；第三，探讨人格对拒绝上学行为的影响机制。

世界各国高度重视学生拒绝上学问题。为了及时掌握拒绝上学学生的人数、比例和状态等，发达国家建立了完善的报告制度，要求学校定期报告学生的拒绝上学状况。由于缺乏信效度良好的评估工具，我国对拒绝上学行为流行情况的报道稀少。虽然近年有逐渐增加的个案研究报告，但由于缺少有说服力的科学数据，导致社会关注度不够。我们急需对拒绝上学行为进行筛查，掌握其确切数据，并成立由班级、学校至教育行政主管部门的报告制度，以便公众及各级领导部门及时了解并重视青少年拒绝上学行为。

拒绝上学行为会给青少年心理健康带来极大的负面影响。拒绝上学青少年普遍存在焦虑、抑郁、强迫、恐惧等心理问题。近年来，我国学者对拒绝上学学生的心理健康状况进行一些探索性研究，主要集中在人格特质方面。除人格外，对心理健康的其他重要影响因素，如自尊、心理弹性、应对方式等尚未涉及。对拒绝上学青少年的心理健康状态进行全面评估，了解其心理健康状况，可以为拒绝上学行为的预防和干预提供相应的理论支持和指导。

虽然临床观察及研究均表明，人格对拒绝上学行为有决定性的影响，但对于人格如何影响拒绝上学行为目前暂时没有研究涉及。本研究拟选取领悟社会支持、自尊、心理弹性、应对方式等作为中介变量，探讨不同人格类型对拒绝上学行为的影响机制。通过对拒绝上学行为影响机制的研究，为基于人格类型的干预模式提供理论基础。

第一节　拒绝上学行为现状调研

本小节将对广州市8所中学2824名青少年进行拒绝上学行为调研，了解广州市青少年拒绝上学的流行情况；对不同人口学特征、学习情况、家庭情况的青少年拒绝上学行为检出率进行比较。

一、引言

如果不对拒绝上学行为进行及时干预，它将给学生本人、学校、社会带来严重的短期或长期不良后果。在个人层面，拒绝上学行为的影响，短期体现在学生压力显著增大、学业成绩下降；长期影响，无法完成国家规定的义务教育，人际关系疏离，可能会导致其成年后的社会适应问题，如较低的社会地位与经济收入、家庭承担能力不够、失业、婚姻破裂，甚至是反社会行为，如酗酒、吸毒、赌博、攻击行为等。对于学校而言，拒绝上学行为对于学校管理也造成极大的压力，提高了学校的管理成本，增加了教师的工作量。学校针对拒绝上学学生的某些特殊矫正待遇会导致其他学生和家长怀疑学校教育的平等性，进而引发家校冲突；严重拒绝上学行为引发的辍学，最终还会导致义务教育难以普及。在社会层面，学生拒绝上学行为短期会提高社区的管理和服务成本，长期可能会形成一个具有强烈反社会倾向乃至是犯罪的群体，继而增加社会福利支出、社会监控成本。

当前世界各国高度重视学生拒绝上学行为问题。为了及时掌握拒绝上学学生的人数、比例和状态等，西方建立了完善的报告制度，要求学校定期报告学生的拒绝上学状况。美国教育部将其列为美国的十大教育问题之一；日本文部科学省在每年出版的青少年白皮书中，将拒绝上学行为视作最严重和最受关注的青少年行为问题之一；英国教育部门发布了很多与拒绝上学有关的报告，促使政府出台了与拒绝上学行为有关的教育法案。

由于缺乏信效度良好的评估工具，当前我国对拒绝上学行为流行情况的报道稀少。虽然近年有逐渐增加的个案研究报告，但由于缺少有说服力的科学数据，导致社会关注度不够，相关法律仅是义务教育法，针对拒绝上学行为的法律还未出现。

拒绝上学行为给个人、家庭和社会带来的极大危害，需要社会各界共同关注并形成合力，共同应对学生拒绝上学问题。当前，我们急需对拒绝上学行为进行筛查，并成立由班级、学校至教育行政主管部门的报告制度，以便各级领导部门及时了解有拒绝上学行为的青少年的数量。

本研究通过调查广州市青少年拒绝上学行为的现状，期望获得有说服力的数据，提供给教育等相关部门，为其制定相应措施做参考。

二、对象与方法

（一）对象

方便选取广州市8所中学，发放问卷3403份，剔除不合格问卷，有效回收2824份，有效率为83%。其中，男生1259人，占总人数的45.0%；女生1538人，占总人数的55.0%。从年级分布来看，初一718人，占总人数的25.6%；初二588人，占总人数的20.9%；初三174人，占总人数的6.2%；高一1107人，占总人数的39.4%；高二220人，占总人数的7.8%。

表1-1　人口学特征表

人口学变量		人数	百分比
性别	男	1259	45.0
	女	1538	55.0
年级	初一	718	25.6
	初二	588	20.9
	初三	174	6.2
	高一	1107	39.4
	高二	220	7.8

（二）工具

1. 自编学生一般情况调查表

包括年级、性别、父母学历、家庭经济情况、学习压力、学习成绩等情况。

2. 拒绝上学行为评估问卷（SRBES）

采用陈玉霞编制的拒绝上学行为问卷（SRBES），共27个条目，分为父母、同学、课业、老师等4个因子。采用0（从不）~4（总是）计分。问卷的总分范围从0分（无拒绝上学行为）到108分（拒绝上学行为程度最高），54分及以上者为有拒绝上学行为。问卷的重测信度为0.675，内部一致性信度为0.930。

（一）方法

本研究得到单位伦理委员会批准。由经过课题组统一培训的调查员施测，地点为本班教室，以班级为单位集中线下进行。学生知情同意并匿名填写问卷，问卷当场发放和收回。课题组对回收问卷进行审核，剔除缺漏项>15%的问卷及18<年龄<12岁的学生。

（四）统计分析

采用Epidata进行数据双录入，使用Spss28.0进行数据分析。统计方法包括t检验、卡方检验、F检验（方差分析）。

三、结果

（一）描述性分析

1. 得分的性别差异

结果显示，在父母、老师、同学、课业因子及总分上男生得分均显著低于女生（$P < 0.05$、0.01、0.001）。

表1-2　男女生在拒绝上学行为评估问卷上得分的差异分析

因子	男生	女生	t值	P值
父母	0.74 ± 0.69	0.90 ± 0.78	−5.554	<0.001
同学	0.80 ± 0.65	0.93 ± 0.67	−5.198	<0.001
课业	1.49 ± 0.83	1.59 ± 0.78	−2.994	< 0.01
老师	0.83 ± 0.83	0.89 ± 0.78	−2.142	< 0.05
总分	0.96 ± 0.59	1.08 ± 0.58	−5.065	< 0.001

2. 得分的学段差异

在父母、同学、课业因子及总分上，初中学生得分显著低于高中学生（$P < 0.05$或0.001）；在老师因子上，初中生与高中生得分没有显著差异（$P > 0.05$）。

表1-3　初高中生在拒绝上学行为评估问卷上得分的差异分析

	初中	高中	t值	P值
父母	0.80 ± 0.76	0.86 ± 0.72	−2.108	< 0.05
同学	0.81 ± 0.68	0.94 ± 0.63	−5.041	< 0.001
课业	1.39 ± 0.81	1.72 ± 0.75	−11.277	< 0.001
老师	0.84 ± 0.83	0.88 ± 0.76	−1.317	> 0.05
总分	0.96 ± 0.60	1.11 ± 0.56	−6.700	< 0.001

（二）检出率

以总分≥54分作为拒绝上学行为的临界标准。问卷有效回收共2848份，其中拒绝上学行为评估问卷（SRBES）数据有效2655份，共计检出201名总分≥54分的学生，检出率为7.6%。

1. 男女生检出率差异

男生检出率6.9%，女生检出率8.1%，男女生拒绝上学行为的检出率无显著差异（$\chi^2=1.275$，$P=0.259$）。

表1-4 男女生检出率比较

项目	受检人数	检出例数	χ^2值	P值
男生	1172	81（6.9）	1.275	0.259
女生	1460	118（8.1）		

[注：1.（ ）内数字为检出率/%，下同；2.问卷有效回收共2848份，性别的有效数据2797份，拒绝上学行为评估问卷（SRBES）的有效数据2655份，二者共同的有效数据2632份。]

2. 不同学段检出率差异

初中生检出率7.9%；高中生检出率8.4%，初中生和高中生拒绝上学行为的检出率无显著差异（$\chi^2=0.144$，$P=0.704$）。

表1-5 不同学段检出率比较

项目	受检人数	检出例数	χ^2值	P值
初中	1400	103（7.4）	0.144	0.704
高中	1239	96（7.8）		

[注：不同学段的有效数据2807份，拒绝上学行为评估问卷（SRBES）的有效数据2655份，上述二者共同的有效数据2639份。]

3. 独生子女与非独生子女检出率差异

独生子女拒绝上学行为检出率为8.0%，非独生子女拒绝上学行为检出率为8.2%，独生子女与非独生子女拒绝上学行为的检出率无显著差异（$\chi^2=0.008$，$P=0.930$）。

表1-6 独生子女与非独生子女检出率比较

项目	受检人数	检出例数	χ^2值	P值
独生子女	752	56（7.4）	0.008	0.930
非独生子女	1855	140（7.5）		

[注：在是否独生子女中，有效数据2774份，拒绝上学行为评估问卷（SRBES）有效的数据2655份，二者共同的有效数据2607份。]

4. 不同居住情况的青少年检出率的差异

不同居住情况的青少年在拒绝上学行为检出率上存在显著差异（$\chi^2 = 10.623$，$P < 0.05$），经事后检验，与父母同住的青少年拒绝上学行为检出率显著低于只与母亲同住的青少年。

表1-7　不同居住情况的青少年拒绝上学行为检出率比较

居住情况	受检人数	检出例数	χ^2值	P值
与父母同住	2284	158（6.9）	10.623	0.014
只与父亲同住	90	10（11.1）		
只与母亲同住	196	25（12.8）		
父母都不与我同住	73	6（8.2）		

[注：不同居住情况的有效数据2812份，拒绝上学行为评估问卷（SRBES）的有效数据2655份，二者共同的有效数据2643份。]

5. 父亲文化程度不同的青少年检出率的差异

父亲文化程度不同的青少年在拒绝上学行为的检出率上不存在显著差异（$\chi^2 = 4.752$，$P = 0.191$）。

表1-8　父亲文化程度不同的青少年拒绝上学行为的检出率比较

父亲文化程度	受检人数	检出例数	χ^2值	P值
初中及以下	942	78（8.3）	4.752	0.191
高中或中专	831	61（7.3）		
大专	320	27（8.4）		
大学本科及以上	476	25（5.3）		

[注：父亲的文化程度不同的有效数据2732份，拒绝上学行为评估问卷（SRBES）的有效数据2655份，二者共同的有效数据2569份]

6. 母亲文化程度不同的青少年检出率上的差异

母亲文化程度不同的青少年拒绝上学行为的检出率不存在显著差异（$\chi^2 = 1.396$，$P = 0.706$）。

表1-9　母亲文化程度不同的青少年拒绝上学行为检出率比较

母亲文化程度	受检人数	检出例数	χ^2值	P值
初中及以下	1048	80（7.6）	1.396	0.706
高中或中专	760	57（7.5）		

续表

母亲文化程度	受检人数	检出例数	χ^2值	P值
大专	353	32（9.1）		
大学本科及以上	409	28（6.8）		

[注：母亲文化程度不同的有效数据2734份，拒绝上学行为评估问卷（SRBES）的有效数据2655份，二者共同的有效数据2570份。]

7. 家庭经济情况不同的青少年检出率的差异

家庭经济情况不同的青少年在拒绝上学行为检出率上存在显著差异（χ^2 = 60.311，$P < 0.001$）。经事后检验，家庭经济情况非常差的青少年拒绝上学行为检出率显著高于其他几种家庭经济状况的青少年。

表1-10　家庭经济情况不同的青少年拒绝上学行为检出率比较

家庭经济情况	受检人数	检出例数	χ^2值	P值
非常差	35	14（40.0）	60.311	<0.001
较差	120	12（10.0）		
一般	1709	134（7.8）		
较好	731	37（5.1）		
非常好	43	3（7.0）		

[注：不同家庭经济情况的有效数据2807份，拒绝上学行为评估问卷（SRBES）的有效数据2655份，二者共同的有效数据2638份。]

8. 学习成绩等级不同的青少年检出率的差异

学习成绩等级不同的青少年在拒绝上学行为检出率上存在显著差异（χ^2 = 44.100，$P < 0.001$）。经事后检验，学习成绩中下的青少年拒绝上学行为的检出率高于学习成绩中等及中上的青少年；学习成绩中等的青少年拒绝上学行为的检出率高于学习成绩中上的青少年。

表1-11　学习成绩等级不同的青少年拒绝上学行为检出率比较

学习成绩	受检人数	检出例数	χ^2值	P值
中下	712	90（12.6）	44.100	<0.001
中等	1160	85（7.3）		
中上	769	26（3.4）		

[注：不同学习成绩等级的有效数据2811份，拒绝上学行为评估问卷（SRBES）的有效数据2655份，二者共同的有效数据2641份。]

9．不同学习压力的青少年检出率的差异

不同学习压力的青少年在拒绝上学行为检出率上存在显著差异（$\chi^2 = 101.245$，$P < 0.001$）。经事后检验，学习压力很重的青少年拒绝上学行为检出率显著高于学习压力较轻、一般与较重的青少年；没有学习压力的青少年拒绝上学行为检出率显著高于学习压力一般的青少年。

表1-12　不同学习压力的青少年拒绝上学行为检出率比较

学习压力	受检人数	检出例数	χ^2值	P值
没有	61	9（14.8）	101.245	<0.001
较轻	207	10（4.8）		
一般	1476	64（4.3）		
较重	770	84（10.9）		
很重	128	34（25.6）		

[注：不同学习压力的有效数据2809份，拒绝上学行为评估问卷（SRBES）的有效数据2655份，二者共同的有效数据2642份。]

四、讨论

本研究对广州市青少年拒绝上学行为的现况进行了调研，对不同人口学特征、学习成绩、学习压力、家庭情况的青少年拒绝上学行为检出率进行了比较。

调研数据显示，广州市青少年拒绝上学行为的检出率为7.6%，性别、学段、是否为独生子女对拒绝上学行为无影响；与父母同住的青少年拒绝上学行为的检出率显著低于只与母亲同住的；学习成绩越差越容易产生拒绝上学行为；学习压力很重和没有学习压力都是导致拒绝上学行为发生的危险因素。

据报道，5%～28%的美国儿童会在上学经历中的某一段时间出现拒绝上学行为。日本2002年度调查小学生拒绝上学行为发生率为0.36%，中学生为2.70%。目前我国儿童心理咨询门诊就诊的首位问题就是不上学，且人数逐年增加。陈玉霞等人于2016年采用自编问卷对广州市中小学生拒绝上学行为的流行情况进行调研，检出率为22.5%。本研究显示，广州市青少年拒绝上学行为的检出率为7.6%。与2016年的检出率差异较大，可能是因为调查工具和样本不同所致。

人口学特征对拒绝上学行为的影响。男生在4个因子及总分上得分均显著低于女生，可能跟男女生情感表达方式不同有关。男生倾向于压抑情绪，女生更乐意表达情绪。在父母、同学、课业因子及总分上，初中学生得分显著低于高中学生。

初中生年龄较小，不敢表达自己的情绪，特别是负性情绪。高中阶段的学生则在情绪表达上有更多的自主性。国外研究显示，拒绝上学行为与性别无关，男女生都可能发生，发病率并没有性别差异。本调研结果与此一致，男女生拒绝上学行为的检出率无显著差异。陈玉霞（2016）调研结果显示，年龄与拒绝上学行为有关，拒绝上学行为的检出率随年龄增长呈上升趋势。本次调研显示，初中生和高中生拒绝上学行为的检出率无显著差异，可能是由于工具及取样差异造成。曾有研究者认为，独生子女更容易产生拒绝上学行为。本次调研则发现，拒绝上学行为的检出率与青少年是否为独生子女无关。

　　父母对青少年拒绝上学行为的影响。首先，父母的文化程度对拒绝上学行为没有影响，该结果与临床经验不一致。其次，居住情况对拒绝上学行为有影响。将青少年的居住情况分为"与父母同住、只与父亲同住、只与母亲同住、父母都不与我同住"等4种情况，比较这4种居住情况的青少年拒绝上学行为检出率的差异，结果发现与父母同住的青少年拒绝上学行为的检出率显著低于只与母亲同住的。可能是因为只与母亲同住的青少年，承受来自母亲的焦虑较多，同时缺少来自父亲的情感支持，从而更容易产生拒绝上学行为。第三，家庭经济情况对青少年拒绝上学行为有影响。将家庭经济情况分为"非常差、较差、一般、较好、非常好"等5种情况，比较这5种家庭经济情况的青少年拒绝上学行为检出率的差异，结果发现家庭经济情况非常差的青少年拒绝上学行为的检出率显著高于其他几种家庭经济状况的。可能是家庭经济情况非常差的家庭，父母忙于生计，对子女的情感关怀及学业关注少，导致子女容易发生拒绝上学。而国外研究者认为，拒绝上学行为问题存在于社会各阶层的儿童中，与家庭的社会经济地位无关。

　　学习对拒绝上学行为的影响。首先，学习成绩对拒绝上学行为有影响。将学习成绩分为"中上、中等及中下"等三个等级，比较这三个等级学习成绩的青少年拒绝上学行为检出率的差异，结果发现三个等级青少年的拒绝上学行为的检出率有显著差异，学习成绩越差越容易产生拒绝上学行为。学习成绩差的青少年，自我满意度及自尊水平比较低，拥有的社会支持少，遇到困难往往采取消极回避的应对方式，从而产生拒绝上学行为。其次，学习压力对拒绝上学行为有影响。将学习压力分为"没有、较轻、一般、较重、很重"等五种情况，比较这五种学习压力的青少年拒绝上学行为检出率的差异，结果发现学习压力很重的青少年拒绝上学行为的检出率显著高于学习压力较轻、一般与较重的青少年；没有学习压力的青少年拒绝上学行为的检出率显著高于学习压力一般的青少年。上述结果反映出，学习压力很重和没有学习压力都是导致拒绝上学行为发生的危险因素。因此，在进行拒绝上学行为的预防和干预时，要关注青少年的学习压力情况。

综上，本研究对广州市青少年拒绝上学行为的现况进行了调研，对不同人口学特征、学习情况、家庭情况的青少年拒绝上学行为检出率进行了比较。调研结果可供家长及教育者了解青少年拒绝上学的流行情况，关注青少年拒绝上学行为；相关数据也可供教育等领导部门参考，作为制定拒绝上学行为预防和干预措施的依据。

本研究存在以下不足。首先，仅调研了广州地区青少年拒绝上学行为现状，且样本量偏小。其次，本研究数据通过问卷调查法收集，且收集方法全部为纸笔测验。虽然本研究设置了测谎题，但仍不可避免的是青少年可能会受到社会期望的影响而掩饰自己的拒绝上学行为，因此结果可能存在一定偏差。未来研究方向，考虑增加样本量，同时选取国内其他地区进行调研，了解拒绝上学行为的地区差异；未来可以尝试不同的方法收集数据，提高筛查的准确率。

第二节　拒绝上学青少年的心理健康状况

本小节将从人格、自尊、心理弹性、领悟社会支持等对拒绝上学青少年的心理健康进行评估，比较全面的了解其心理健康状况。

一、引言

拒绝上学行为会给青少年身心带来极大的负面影响。常见的躯体化症状包括胃痛、腹痛、失眠、头痛、头昏、恶心、呕吐、疲乏无力、腹泻、呼吸急促等。拒绝上学行为的青少年普遍存在焦虑、抑郁、强迫、恐惧等心理问题。国外研究显示，拒绝上学青少年最常见的诊断包括分离焦虑障碍（22.4%）、广泛性焦虑障碍（10.5%）、对立违抗障碍（8.4%）、抑郁障碍（4.9%）、特定恐惧（4.2%）、社交焦虑障碍（3.5%）和品行障碍（2.8%）。

我国学者曾对拒绝上学学生的心理健康状况进行了少量的探索性研究。王晨阳等对拒绝上学住院儿童的临床分析发现，有超过半数的患者最终被诊断为重性精神病。另一项研究中，76.8%就诊的拒绝上学儿童青少年被明确诊断有精神或心理疾病。王冠军等人采用采用明尼苏达多项人格测验（MMPI）对拒绝上学学生进行评估，发现与普通学生相比，拒绝上学学生在疑病（Hs）、抑郁（D）、癔症（Hy）、精神衰弱（Pt）、精神分裂（Sc）等5个分量表上有显著差异。王晨阳等人对44名因拒绝上学而入院的儿童采用艾森克人格问卷（EPQ）进行临床分析，发现拒绝上学儿童在神经质（N）、精神质（P）、外倾性（E）、掩饰性（L）上与对照组均有显著差异。汪玲华等人同样采用艾森克人格问卷（EPQ）对符合拒绝上学行为诊断的患儿进行评定，研究组与对照组在精神质（P）、神经质（N）上的差异有统计学意义。高柏慧等人采用儿童青少年气质性格量表（JTCI-S）对106名拒绝上学青少年进行测试，结果显示，拒绝上学青少年气质性格与对照组相比存在显著差异。上述研究结果均表明，与普通青少年相比，拒绝上学青少年存在精神疾病及人格偏差。

本研究将对拒绝上学青少年的人格、自尊、领悟社会支持、心理弹性等进行评估，比较全面了解拒绝上学青少年的心理健康状况，为拒绝上学行为的预防和干预提供科学依据。

（一）人格

人格是个体在遗传素质的基础上，通过与后天环境的相互作用而形成的相对稳定和独立的心理行为模式。

人格（personality）源于拉丁文persona，意指面具、脸谱。与人格相似、相近的词有个性、品格、性格、人性等。西方许多学者对人格都提出了自己的定义。荣格认为人格一是指人格的表层，即"人格面具"，二是指人格的深层，即"真实的自我"。奥尔波特认为人格指"一个人真正是什么"，它是"个体内在的心理物理系统中的动力组织，决定了人对环境适应的独特性"。后来，他又指出"人格是个体内部的、决定一个人行为和思想的独特性的心理物理系统的动力组织"。柏文提出，人格是个体认知、情感及行为过程的复杂组织，它赋予个人生活的倾向性和一致性，反映着天性与教养的作用；人格中包含了过去的影响及对现在和未来的建构。德莱加认为，"人格是个体持久的、内在的特征系统，该系统促进了个体行为的一致性"。

我国学者对人格的理解也有多种观点。陈仲庚认为，人格是"个体内在的行为上的倾向性，它表现为一个人在不断变化中的全体和综合，是具有动力一致性和连续性的持久的自我，是人在社会化过程中形成的、给予人一定特色的身心组织"。黄希庭认为，人格是个体在行为上的内部倾向，表现为个体适应环境时在能力、情绪、需要、动机、价值观、气质、性格和体质等方面的整合。本研究采纳的人格的概念是，人格是个体在遗传素质的基础上，通过与后天环境的相互作用而形成的相对稳定和独立的心理行为模式。

广义的人格指人的个性，它是内在地决定人的独特的、稳定的心理和行为倾向及特征的身心动力组织，个性心理一般包括个性倾向、个性特征、自我意识系统等方面，而智力是人的个性特征的重要组成部分。狭义的人格，即除智力以外其他个性心理因素，也叫非智力（认知）因素，主要是指个体的需要、兴趣、情感、意志、气质、性格、自我等方面。

关于人格结构的理论很多，主要包括人格结构的动力理论、人格结构的类型理论和人格结构的特质理论。人格特质理论认为，特质是持久而稳定的，它具有时间的延展性和情景的一致性。这种神经心理结构或先天的行为倾向使个体以相对一贯的方式对刺激做出反应。因此，对一个人的人格特质的了解，便可以预测其行为反应。具有代表性的理论观点有奥尔波特的特质理论、卡特尔的人格特质理论、艾森克的三因素模型。艾森克把人格定义为一个人的性格、气质、智力、体格特质的稳定持久的综合体，人格决定了这个人在环境适应中的独特性。艾森克将人格分为外倾性、神经质、精神质等三个维度，人们在这三个维度上的不同倾向和不同表现程度，便构成了不同的人格特征。艾森克根据这一模型编制了艾森克人格问卷（Eysenck Personality Questionnaire，EPQ）。艾森克人格问卷（EPQ）有较好的信度和效度，在人格测验中影响很大，并在许多国家得到修订和应用。

人格心理学家强调人格对个体社会适应行为的作用，甚至认为，个体社会适应行为就是由人格决定的，是人格的外在表现。人格作为心理健康的重要影响因素，其差异可能会导致个体认知、情绪情感、意志和行为等方面的差异，在遇到压力与挫折时会产生不同的身心反应，从而影响个体的心理健康。

（二）自尊

自尊（Self-esteem）是个体在对自我进行评价时产生和形成的一种自爱、自重，同时希望得到别人和社会的尊重的体验。

对自尊的研究，最早见于19世纪末。1890年，James对自尊进行了界定，他认为，自尊是个体对自我的情感，如自我喜欢或自我厌恶，但这一定义未被研究者广泛接纳。国外学者对自尊的界定说法不一，各执己见。如Rosenberg（1965）将自尊视为一种态度，即对自我的积极的或消极的态度。Cooper Smith（1967）也将自尊视为一种态度及价值表现，他支持行为主义的观点，并认为自尊包括成功和自我价值两个指标。Lawrence等人（1981）从儿童的角度对自尊进行了界定，他认为，自尊是儿童对自己的心理特点和身体特征方面的情感性评价。Leary等人（2000）认为自尊是指个体对自己价值的评价。国内对自尊概念的界定同样众说纷纭。本研究采用黄希庭（2003）的定义，自尊是个人在对自我进行评价时产生和形成的一种自爱、自重，同时希望得到别人和社会的尊重的体验。

自尊与社会适应性。当个体面临一个新的、不熟悉、还没有适应的环境时，就会产生焦虑。而当个体了解了新环境，体会到意义感，确定自己的社会角色，体会到个人的价值时，亦即获得了自尊，焦虑就减少了，便适应了新环境。如果这种意义感和价值感受到伤害，就会引发焦虑，使自尊感下降。但当个体的自尊面临可能的威胁和冲击时，会策动一定的社会行为，采取一些措施去补救和防御，使自己重新获得意义，或防止被伤害得过深。国外的一些研究者指出，自尊是个体适应社会文化情景的重要心理机制，它可调节人与环境的关系，在功能正常发挥的时候，起到缓冲焦虑的作用。国内的一些研究也发现，青少年较高水平的自尊有助于他们更好地调节自己的行为与心境，减少挫折后的躯体化倾向、神经症性和精神病性等反应。

自尊与心理健康有一定的内在联系，它在某种程度上反映心理健康水平。自尊作为应对的资源，不同自尊水平的人，在面对同一压力源时，会有不同的应对反应，由此引起不同的情感体验，从而影响到心理健康。有许多研究表明自尊与SCL-90的各因素均有显著的负相关。高自尊的个体，对自己的评价较高，倾向于认为自己有能力，因而能接纳并喜欢自己，遇到问题善于积极应对。当他们在一个领域内没有做好时，会考虑到自己在其他领域的优势和成功，同时采取积极的应对方式，减轻身心压力，保持较好的心理状态。

（三）领悟社会支持

领悟社会支持（Perceived Social Support）是个体对家人支持、朋友支持和重要他人支持的认知与评价，是个体稳定的、内在的特征，是个体在评价其关系质量时，所拥有的稳固的信念。

领悟社会支持是在研究社会支持的结构成分中提出来的一个重要概念，它是相对于实际社会支持而言的。实际社会支持（Received/Enacted Social Support）指的是个体实际获得的支持，是个体在面临压力时周围人实际提供的帮助行为；领悟社会支持（Perceived Social Support）则是指个体对社会支持的期望和评价，是对可能获得的社会支持的信念。这两种社会支持之间的相关程度很低，表明它们是两种不同的心理结构，因此对个体的心理健康可能发挥着不同的作用。当前对这两种社会支持的不同功能进行探讨的研究结果表明，相较于实际社会支持，领悟社会支持对于了解和预测个体的心理健康有着更为重要的意义；领悟社会支持更可能表现出对个体心理健康的增益性功能；相对而言，实际的社会支持则对个体的幸福感没有表现出一致性的、有益的影响，甚至有可能成为个体的负担。

压力研究已经证明，无论个人当前是否正在承受压力，社会支持都是保护个体心理健康的有效因素。充足的社会支持可以保护处于压力或危机中的人们免受各种疾病的影响。个体因生活压力引起的抑郁和焦虑症状可能会因社会支持的增加而减少，同时可以增加积极应对负面情绪的能力。个体需要社会支持来应对生活压力和日常生活中可能遇到的困难，所获得的社会支持可以增加个体解决问题的希望，防止产生过度焦虑。

领悟社会支持作为心理研究中常见的中介变量，对个体的健康的心理和行为起到了重要的保护性作用。个体领悟到社会支持的水平越高，其社会适应能力越强，心理越健康。另一方面，社会支持在压力与其所造成的风险间起缓冲作用，高领悟社会支持水平可正向预测积极应对方式，同理低领悟社会支持正向预测消极应对方式。

（四）应对方式

应对方式（Coping Style）是指为应对内外环境要求和相关情绪困扰，人们采取的方式、技巧或计策。解亚宁根据不同应对方式的共同特征将其划分成积极和消极应对两部分。消极应对方式是个体在遇到压力性事件时采取回避、发泄等方式的应对方法。

自1967年Coping这一概念成为美国心理学文摘的关键词以来（Coyne &Racioppo，2000），有关应激、应对方式的研究不断涌现，目前已经成为心理学领域内的热点问题之一。Lazarus认为，应对是一个个体不断努力以解决个体、人际或环境中各种问题的过程。在这一过程中，个体会寻求通过各种应对方式（Coping Style），控制、减少、弱化扭转压力或冲突（Lazarus，1991）。他进一步将应对方式区分为问题指向（Problem-focused）与情绪指向（Emotion-focused），以描述在处理应激的过程中针对问题本身（例如问题解决），以及针对应激所导致的情绪（例如放松、情绪发泄、焦虑等）的不同处理倾向。虽然Lazarus并不认为这两类应对方式存在积极或消极之分，但他还是认为，只有最终解决应激才能帮助我们摆脱应激的困扰。因此，通常认为问题指向的应对（其中主要是问题解决）是积极的，情绪指向的应对则往往是消极的（Kohn，1996）。

应对方式的研究最早应该追溯到Freud及其女儿Anna Freud对焦虑、防御机制（Defense Mechanisms）的研究。在精神分析理论看来，个体动物属性（本我）的快乐原则会对个体的社会属性（超我）的道德原则构成威胁，从而引起自我的焦虑。

为了缓解自我感受到的焦虑，把本我控制在潜意识中，自我形成了防御机制来帮助自己处理这些内在的焦虑，以更好地维持内部精神世界的平衡。但是，防御机制的一个前提是，它们都是无意识的，只能通过精神分析进行间接研究，难以在科学的层面上进行探讨。因此，长期以来，防御机制作为无意识层面的应对，并未在主流心理学研究中获得地位。

人本主义心理学家马斯洛从20世纪40年代开始从意识的层面来讨论个体对应激的处理方式（Coping）；60年代应对（Coping）逐步开始成为心理学领域内的一个关键词（Coyne & Racioppo, 2000）。此后，Lazarus受认知革命的影响，提出将应对方式作为应对研究的重点。他将应对方式视为一系列个体解决应激或内在安全感的方法（Lazarus & Folkman, 1984）来进行研究，从而放弃了难以进行科学研究的防御的概念，而在认知层面上展开了应对方式的研究。Lazarus及其同事通过访谈确定了一系列认知应对方式，进而采用问卷开始了应对方式的科学研究。在Lazarus及其合作者Folkman等人的推动下，应对方式逐步成为了心理学，特别是心理学应用研究中的一个核心概念，开创了应对方式（Coping Style）的研究（Lazarus, 1993），建构出了一个由精神分析的无意识层面上的防御机制到心理学科学研究中的意识层面的应对方式共同构成的个体处理应激的整体格局。

在应对研究领域，应对方式被认为是个体出现适应性结果的关键因素，与心理健康之间存在密切关系。如果个体在处理应激事件时，采用了积极、合适的应对方式，有助于个体成功解决问题，那么他就更有可能最终获得适应性的后果，促进个体心理健康。而消极、不合适的应对方式，会带来不好的结果，对人的身心健康造成不同程度的伤害。

（五）心理弹性

心理弹性（Psychological Resilience）是指个体在经历逆境后仍能保持或者恢复正常的一种调适能力，是青少年心理健康的重要保护因素。

心理弹性，也称为抗逆力、心理韧性、心理复原力，最早由美国心理学家Anthony提出，成为了近年来积极心理学领域兴起的热点内容。20世纪70年代，一系列关于困境条件下儿童成长的研究揭开了心理弹性研究的序幕。Garmezy和Masten等人对困难养育环境（包括精神、经济、家庭等多方面困难）下儿童成长问题的长程研究（Garmezy, 1971, 1974; Garmezy & Streitman, 1974），为心理弹性的研究奠定了基础。他们对儿童易损性（Vulnerability）的系列研究发现，困难的养育环境（包括精神、经济、家庭环境等多方面面临困难）并不必然导致不良的后果。例如精神分裂症患者家庭中的子女，至少有一半的儿童在成年后并没有出现人们之前认为的不良后果。Werner等对夏威夷地区一群贫困儿童进行研究，使心理弹性作为心理学专业术语开始出现。该项研究发现，区别于许多研究者认为的"不利处境必定会造成儿童发展的不利影响"，这些成长在相似贫困环境中的儿童却有着差异的发展结果，虽然大部分（约三分之二）出身贫困的儿童在成年后表现出了较为严重的发展问题，但其他的儿童却有着较好的发展。同时代的其他一些研究者也发现了类似的现象。这些结果使研究人员相信，人类可能存在着某种抵抗逆境的因素，这些因素能够帮助个体顺利地抵抗逆境所带来的负面影响。因此，对这些因素或能力的研究就形成了后来心理弹性研究的先导。

心理弹性的概念从提出至今已得到广泛关注和研究，它促使人们从多重角度审视压力，并以积极的角度看待逆境对个体发展的影响。心理弹性发展良好是儿童发展适应成功的重要体现，特别是对处于逆境的儿童来说至关重要。心理弹性较好的儿童尽管处在不利环境或经历不利应激，仍有可能适应和发展良好。心理弹性作为重要保护性因素，已在社区和处于特定逆境中的儿童样本中得到了验证。一项包含25911名研究对象的 Meta分析显示，儿童心理弹性与正性心理指标存在显著正相关，与负性心理指标存在显著负相关。从儿童长期发展角度看，儿童时期的良好适应性可正向预测成年后的良好适应；而儿童时期适应性不良与成年后的诸多不良结局甚至是严重后果存在显著关联。

心理弹性对学龄前期儿童的身心健康同样具有重要保护作用。占淑玮等在对568名农村学龄前期儿童的调查中发现，较好的心理弹性显著负向预测行为问题。另一项在294名学龄前期儿童中开展并追踪 10年的干预研究发现，童年早期不良经历显著增加青少年时期的社会情绪问题和学校适应不良的风险，在学龄前期阶段通过社会情绪调节和语言技能促进的心理弹性干预，可促进青少年时期的适应能力，能显著减轻童年早期不良经历对其社会情绪和学校适应水平的负面影响。以上研究均显示，心理弹性对于儿童的身心健康及长期发展有重要保护作用。

（六）学校满意度

学校满意度（School Satisfaction）是生活满意度研究的一个重要部分。学校满意度是指学生在学校各项工作开展的过程中，自身的利益所能得到满足程度不同而产生的一种即时心理反应，其中往往涉及学生对学校各部门所提供的服务对自身利益满足情况的判断。学校满意度作为衡量学生学校福祉的重要指标，是学生对其学校经历的评价，这种评价也是影响学生学校行为表现和心理体验的重要因素。

（七）网络成瘾

网络成瘾（Internet Addiction）是指在无成瘾物质作用下的上网行为冲动失控，表现为因过度使用互联网而导致个体明显的社会、心理功能损害。青少年已成为网络成瘾问题的高危群体。研究显示，网络成瘾行为与青少年心理问题密切相关。网络成瘾与精神症状之间可能存在双向关联，一方面青少年可能会通过上网来缓解精神症状，另一方面网络成瘾可能导致或进一步放大精神症状。青少年时期是形成稳定性格和健康心理的重要阶段，处于该阶段学生的自制力和思想意识还不够成熟，如果接触网络并缺乏必要的控制和监督，就有可能导致网络成瘾。国内研究调查发现，中学生是互联网过度使用的重点人群，其网络成瘾率为0.89%～15%。网络成瘾对青少年的生理、心理社会功能的健康发展都会产生负面影响。

二、对象与方法

（一）对象

1. 方便选取广州市8所中学，发放问卷3403份，剔除不合格问卷，有效回收2824份，有效率为83%。其中，男生1259人，占总人数的45.0%；女生1538人，占总人数的55.0%。从年级分布来看，初一718人，占总人数的25.6%；初二588人，占总人数的20.9%；初三174人，占总人数的6.2%；高一1107人，占总人数的39.4%；高二220人，占总人数的7.8%。

表2-1 总样本人口学特征表

人口学变量		人数	百分比
性别	男	1259	45.0
	女	1538	55.0
年级	初一	718	25.6
	初二	588	20.9
	初三	174	6.2
	高一	1107	39.4
	高二	220	7.8

2. 采用个案控制匹配的方法从总样本中为拒绝上学的青少年匹配非拒绝上学的青少年后再进行差异检验。以人口学变量中拒绝上学行为检出率不具有差异且

重要的性别和学段变量为匹配依据变量，规定匹配容许误差为0进行个案控制匹配，最终匹配到199名非拒绝上学的学生，后续拒绝上学行为在各变量上的差异以199名拒绝上学青少年和199名非拒绝上学青少年共计398份数据进行分析。

表2-2　拒绝上学组人口学特征表

人口学变量		人数	百分比
性别	男	81	40.7
	女	118	59.3
学段	初中	103	51.8
	高中	96	48.2

（二）工具

1．自编学生一般情况调查表

包括年级、性别、父母学历、家庭经济情况、学习压力、学习成绩等内容。

2．拒绝上学行为评估问卷（SRBES）

采用陈玉霞编制的拒绝上学行为评估问卷（SRBES），共27个条目，分为父母、同学、课业、老师等4个因子，0（从不）～4（总是）计分。问卷的总分范围从0分（无拒绝上学行为）～108分（拒绝上学行为程度最高），54分及以上者为有拒绝上学行为。本研究中该问卷总的内部一致性信度为0.930，各因子的内部一致性信度在0.828～0.901之间。

3．心理弹性量表（CD-RISC）

心理弹性量表（Connor-Davidson Resilience Scale，CD-RISC）包括坚韧、自强、乐观等3个维度20个条目。5级评分，分数越高心理弹性越好。本研究中该量表总体的 α 系数为0.916，各维度的内部一致性信度在0.600～0.895之间。

4．领悟社会支持量表（PSSS）

领悟社会支持量表（Perceived Social Support Scale，PSSS）由Zimet等人编制，包含3个维度12个条目，分别为家庭支持、朋友支持和重要他人支持。该量表有良好的信效度，内部一致性系数为0.906，各维度的内部一致性信度在0.791～0.845之间。

5．简易应对方式问卷（SCSQ）

简易应对方式问卷（Simplified Coping Style Questionnaire，SCSQ）由解亚宁等人于1998年编制而成，内容涉及人们在日常生活中应对生活事件时可能采取的不同态度和措施。量表分为积极应对和消极应对两个维度，积极应对维度由条目1～12组成，消极应对维度由条目13～20组成。采用4级评分，将条目分相加可得各维度分。本研究中消极应对方式的内部一致性信度为0.692。

6. 学校满意度问卷

"中国儿童青少年心理发育特征调查"大型项目编制的生活满意度问卷，包括家庭满意度、学校满意度、自我满意度、朋友关系满意度、居住环境满意度5个维度。本研究选用其中的学校满意度维度，5个条目，问卷采用4点记分，得分越高，学校满意度水平越高。该维度Cronbach's α系数为0.84。

7. 网络成瘾量表（IAT）

Young编制的网络成瘾测验（Internet Addiction Test），共8个条目，采用5点计分，分数越高说明网络成瘾越严重。该量表中文版已广泛应用于青少年群体的研究中，在本研究中的Cronbach's α系数为0.86。

8. 自尊量表（SES）

自尊量表（Self-esteem Scale，SES）是由Rosenberg于1965年编制，用于评定青少年关于自我价值和自我接纳的总体感受，是我国心理学界使用最多的自尊测量工具。它具有信效度高、简明方便的优点。该量表采用自评方式，共10个条目，4级评分，高分代表高自尊。本研究中该量表的Cronbach's α系数为0.866。

9. 艾森克人格问卷简式量表中国版（EPQ-RSC）

艾森克人格问卷简式量表中国版（EPQ-RSC），4个因子，48个条目。精神质（P）主要反映被试顽强和讲求实际的倾向性；外倾性（E）主要反映被试交际需求高低的倾向性；神经质（N）主要反映被试在一般环境中所表现出的情绪的稳定性倾向；掩饰性（L）测定被试的掩饰、假托或自身隐蔽，或者测定其社会性朴实幼稚的水平。该量表经过大量的临床研究和问卷施测，被证明可以反映人格的主要维度，在各类心理学、临床医学研究中被广泛应用。本研究中神经质的Cronbach's α系数为0.843，外倾性的Cronbach's α系数为0.794，精神质的Cronbach's α系数为0.693。

（三）方法

本研究得到单位伦理委员会批准。由经过课题组统一培训的调查员施测，地点为本班教室，以班级为单位集中线下进行。学生知情同意并匿名填写问卷，问卷当场发放和收回。课题组对回收问卷进行审核，剔除缺漏项>15%的问卷及18<年龄<12岁的学生。

（四）统计分析

采用Epidata通过双录入的方法建立数据库，使用Spss28.0进行统计分析。统计方法为t检验。

三、结果

（一）人格

拒绝上学组在外倾性、掩饰性上的得分显著低于非拒绝上学组（$P < 0.001$）；在神经质、精神质上的得分显著高于非拒绝上学组（$P < 0.001$）。

表2-3　拒绝上学组与非拒绝上学组在EPQ上的得分差异分析（M±SD）

	拒绝上学组	非拒绝上学组	t值	P值
外倾性	5.24 ± 3.28	7.54 ± 3.10	7.093	<0.001
神经质	9.38 ± 2.57	5.13 ± 3.53	-13.712	<0.001
精神质	4.06 ± 1.78	2.73 ± 1.79	-7.381	<0.001
掩饰性	3.14 ± 2.37	4.65 ± 2.72	5.823	< 0.001

（二）自尊

拒绝上学组在自尊量表上的得分显著低于非拒绝上学组（$t = 12.736$，$P < 0.001$）。

表2-4　拒绝上学组与非拒绝上学组在自尊量表上的得分差异分析（M±SD）

	拒绝上学组	非拒绝上学组	t值	P值
自尊	21.25 ± 5.89	28.43 ± 5.21	12.736	<0.001

（三）领悟社会支持

拒绝上学组在领悟社会支持总分及各因子上的得分显著低于非拒绝上学组（$P < 0.001$）。

表2-5　拒绝上学组与非拒绝上学组在领悟社会支持上的差异分析（M±SD）

	拒绝上学组	非拒绝上学组	t值	P值
家庭支持	12.87 ± 6.09	18.58 ± 5.61	9.694	<0.001
朋友支持	16.22 ± 6.33	19.85 ± 4.74	6.477	<0.001
其他支持	12.56 ± 5.55	17.72 ± 5.11	9.655	<0.001
总分	41.51 ± 14.02	55.96 ± 13.11	10.673	<0.001

（四）应对方式

拒绝上学组在积极应对上的得分显著低于非拒绝上学组（$t = 7.258$，$P < 0.001$）。拒绝上学组在消极应对上的得分显著高于非拒绝上学组（$t = -8.993$，$P < 0.001$）。

表2-6　拒绝上学组与非拒绝上学组在应对方式上的差异分析（M±SD）

	拒绝上学组	非拒绝上学组	t值	P值
积极应对	16.59 ± 6.78	21.10 ± 5.66	7.258	<0.001
消极应对	13.87 ± 4.67	9.98 ± 3.98	-8.993	<0.001

（五）心理弹性

拒绝上学组在心理弹性总分及各因子上的得分显著低于非拒绝上学组（P值均 < 0.001）。

表2-7　拒绝上学组与非拒绝上学组在心理弹性上的差异分析（M±SD）

	拒绝上学组	非拒绝上学组	t值	P值
坚韧性	19.39 ± 10.06	28.08 ± 8.24	9.468	<0.001
力量性	12.38 ± 5.67	18.62 ± 5.04	11.604	<0.001
乐观性	6.98 ± 3.03	9.34 ± 2.41	8.549	<0.001
总分	38.73 ± 17.19	56.02 ± 14.06	11.029	<0.001

（六）学校满意度

拒绝上学组在学校满意度上的得分显著低于非拒绝上学组（$t = 11.943$，$P < 0.001$）。

表2-8　拒绝上学组与非拒绝上学组在学校满意度上的差异分析（M±SD）

	拒绝上学组	非拒绝上学组	t值	P值
学校满意度	23.67 ± 8.06	32.21 ± 5.96	11.943	<0.001

（七）网络成瘾

拒绝上学组在网络成瘾上的得分显著高于非拒绝上学组（$t = -8.978$，$P < 0.001$）。

表2-9　拒绝上学组与非拒绝上学组在网络游戏成瘾上的差异分析（M±SD）

	拒绝上学组	非拒绝上学组	t值	P值
网络成瘾	17.48 ± 3.86	14.20 ± 3.44	-8.978	<0.001

四、讨论

本研究发现，与普通青少年相比，拒绝上学青少年在人格、自尊、心理弹性、领悟社会支持、学校满意度、网络成瘾等方面存在显著差异。拒绝上学青少年的心理健康状况令人担忧，急需社会各界的关注，采取相应的预防和干预措施，避免其给青少年、家庭及社会带来危害。

（一）人格

本次研究结果显示，与普通青少年相比，拒绝上学青少年在神经质（N）、精神质（P）、外倾性（E）、掩饰（L）上差异显著。

王冠军等人采用明尼苏达多项人格测验（MMPI）对57例拒绝上学中学生进行心理测试，与全国常模对照，拒绝上学中学生在疑病（Hs）、抑郁（D）、癔症（Hy）、精神衰弱（Pt）、精神分裂（Sc）等临床量表上的得分显著升高，提示拒绝上学中学生存在多项心理障碍和不同程度的人格偏离。王晨阳等人对44名因拒绝上学而入院的儿童进行临床分析，结果显示，神经质（N）、精神质（P）、外倾性（E）、掩饰（L）与对照组均有显著差异。汪玲华等人对广州市妇女儿童医疗中心心理门诊符合拒绝上学行为诊断的患儿进行评估，与对照组相比，拒绝上学儿童在神经质（N）、精神质（P）上差异显著。本次研究结果显示，与普通青少年相比，拒绝上学青少年在神经质（N）、精神质（P）、外倾性（E）、掩饰（L）上差异显著。

神经质反映个体的情绪稳定性的差异。高神经质个体具有较强的压力易感性，在压力情境下更易情绪化，从而采用适应不良的逃避策略。临床发现，拒绝上学青少年往往具有典型的神经质人格特征。他们胆小、紧张、焦虑、敏感、多疑、行为退缩，人际交往能力差，有社会适应障碍，不能很好适应学校环境。当遇到挫折时容易引发强烈的焦虑与恐惧，而他们的情绪表达方面又存在问题，继而出现人际关系紧张，容易诱发情绪和行为障碍，出现拒绝上学行为。

精神质在每个人身上都有，只是程度不同。但如果某人表现明显，则易发展成行为异常。精神质分数高，意味着孤独，不关心他人，难以适应外部环境，不近人情，感觉迟钝，不友好，喜欢寻衅搅扰，喜欢干奇特的事情，并且不顾危险。我国有临床医生发现，部分拒绝上学青少年表现出情感封闭、敏感多疑、对人有敌意、是非感不强等精神质个性偏差，他们好攻击、缺乏同情心、不友好、难以适应学校环境。

外倾性反映个体内外倾的差异。高内倾的人，性格内向，可能好静，富于内省，除了亲密的朋友之外，对一般人缄默冷淡，不喜欢刺激，喜欢有秩序的生活方式。他们只关注和关心自己的生活，在群体中很少发言并且保持沉默。临床发现，拒绝上学青少年高度内倾，朋友少，孤独，不愿意与他人交流沟通。

陈玉霞通过对11例咨询个案的回顾性研究发现，拒绝上学青少年具有以下特点。首先，他们胆小、敏感和行为退缩，常表现为过分拘谨、喜好他人表扬和不善交友等；自我评价低、成就感差，人际交往和社会适应能力不足。其次，固执任性。特别是到了青春期，随着自我意识的迅速发展，他们可能产生不符合实际的自我认识和对事物的错误认知，例如认为自己学习成绩差、运动能力不强、长得丑、不会交朋友等，导致不愿去上学。最后，追求完美。拒绝上学儿童往往有过分要强、追求完美等人格特点，他们常常有高成就动机，过分在乎自我形象和感受，同时对自身和环境评价过分敏感，判断问题以偏概全、以点概面。当这些儿童经历学业失败或人际危机时，会引发强烈的焦虑与恐惧，且怕再度失败而拒绝上学。

人格与心理健康密切相关。廖友国等人运用元分析方法考察人格与心理健康的关系，得出神经质与心理健康呈高相关，精神质与心理健康呈中等程度相关。沈可等人通过对医学生心理健康状况与人格特征进行分析，结果显示，心理健康与神经质呈中等程度相关。另外有研究显示，人格特质中具有明显神经质和精神质倾向的个体，其心理健康水平比人格特质正常的要低。

人格是心理健康的重要影响因素，人格的差异可能会导致个体认知、情绪情感、意志和行为等方面的差异，在遇到压力与挫折时会产生不同的身心反应，从而影响个体的心理健康。本次研究结果显示，与普通青少年相比，拒绝上学青少年在神经质（N）、精神质（P）、外倾性（E）、掩饰（L）上差异显著。家长及教育工作者需关注青少年的人格特征，因材施教，预防拒绝上学行为的发生。

（二）自尊

本研究发现，拒绝上学组青少年在自尊量表上的得分显著低于非拒绝上学组。

Sorrenti等人的研究结果表明，自尊水平低会增加儿童青少年拒绝上学的风险。国外Romani、Gonzálvez等人的研究证实，拒绝上学青少年自尊水平显著低于普通青少年。自尊与个体的心理健康状况直接联系。研究显示，自尊水平高的人对自己有更多的肯定性评价。他们在任何情境下都倾向于从积极的方面去看待自己，表现得更为乐观自信、积极和主动，有较好的应对方式，能更好地与他人相处和沟通，较少出现心理问题。即使遇到挫折或失败，高自尊者也很少贬低自己，情绪上的消极体验也较轻。相反，自尊水平低的人对自己有更多的负面评价，易产生孤独情绪，甚至出现抑郁。

青少年时期，个体自我意识快速发展，对自尊需要逐渐增加，他们对他人的评价反应比较敏感，渴望获得别人的肯定与赞扬。同时自我意识处于不稳定状态，易受到外界评价的影响。如果受到周围重要他人不好的评价，会产生不愉快的感受，进而自我评价低，甚至讨厌自己，发生退缩和逃避行为。他们有较强的好胜心理，但耐挫力不够强，对失败充满恐惧，对成功充满渴求，容易产生挫败感，由于人际交往能力有限，遇到挫折不会采用恰当的方式跟他人沟通，易产生逃避或冲动行为。

另有研究显示，青少年长期拒绝上学可能导致其自尊水平下降。可能的原因是青少年脱离学校后，远离了学校的课业以及校园的人际交往，与其他同年龄段孩子相比，拒绝上学的青少年出现心理落差，影响其良好的自尊水平的维持。鉴于自尊对拒绝上学行为的影响，有心理学家认为，改善拒绝上学青少年的自尊水平，可以促使其尽早回归学校。

（三）领悟社会支持

本研究发现，拒绝上学组青少年在领悟社会支持总分及各因子上的得分显著低于非拒绝上学组。

社会支持可以缓冲应激事件对儿童的影响，缓解抑郁焦虑等不良情绪反应，还可以减少一些外向型问题行为的出现，如打架、逃学等违纪行为，以及吸烟、酗酒等危害健康的行为。尤其对于那些处于不利环境条件下的儿童，社会支持更是一种重要的应对资源，既可以提高个体的自我评价水平，增强其应对不良环境的心理能力，也可以直接缓冲外在压力事件的消极影响，对心理和行为适应具有一定的保护性作用。

本研究显示，拒绝上学青少年领悟社会支持严重不足。领悟社会支持能反映个体的心理健康状况。领悟社会支持水平越高，其社会适应能力越强，心理越健康。高领悟社会支持水平的个体能体验到更多外界支持，拥有较丰富的心理资源，应对危机时降低焦虑，采取积极应对方式，不易产生拒绝上学行为。已有研究显示，强有力的同龄人支持和学校支持能降低学生发生拒绝上学行为的可能性。上述研究结果提醒我们，一方面，需要提升青少年对来自他人的关心和支持的感受能力；另一方面，学校和家长要给予学生更多的支持，帮助他们减轻压力，预防拒绝上学行为。

（四）应对方式

本研究结果显示，拒绝上学组在积极应对上的得分显著低于非拒绝上学组，而在消极应对上的得分显著高于非拒绝上学组。

应对方式对个体的心理健康水平有着重要作用。作为应激与健康之间的中介因素，应对方式一定程度上影响着具体情境压力所引发后果的严重性。当个体面对具体情境时，恰当、有效的应对可以降低其对健康的伤害，反之，则可能会增加个体在面临具体情境时的情绪困扰，加重个体身心负性感受，同时可能进一步引发心理健康问题。在应激过程中，个体采取的应对方式越积极，那么其心理健康整体水平越好。针对中学生群体应对方式与心理健康之间关系的研究也证明了这一结论。岳颂华等人的研究发现，积极的应对方式有利于青少年心理健康的良好发展，反之则不利于青少年心理健康。陈万芳等人的研究也发现，中学生个体心理素质与其应对方式密切相关，心理素质通过应对方式这一中介因素部分影响个体抑郁水平，而且相较于积极应对方式而言，消极应对方式所起到的中介作用要更强。以上研究证明，中学生应对方式与心理健康之间关系密切。

本研究结果显示，与非拒绝上学青少年相比较，拒绝上学青少年在应对方式上存在比较大的问题，他们更倾向于采用消极的应对方式。个体在处理应激事件时，采用了积极、合适的应对方式，有助于个体成功解决问题，那么就更有可能最终获得适应性的结果。而消极、不合适的应对方式，则带来适应不良的后果。有学者认为，拒绝上学学生有强烈的完美主义倾向和自卑感，当他们的完美主义形象受到威胁时，他们倾向于选择逃避的应对方式，回到安全、舒适的家庭，从而产生拒绝上学行为。

（五）心理弹性

本研究结果显示，拒绝上学组在心理弹性总分及各因素上的得分显著低于非拒绝上学组。

心理弹性是青少年心理健康的重要保护因素。心理弹性评分越高的人群，心理越健康，其适应能力越好，面对困难和挫折时，更能有效进行自我调节，从而能更好地适应周围环境。当前关于心理弹性和心理健康的研究已证实，心理弹性可以有效预测心理健康。赵晶研究发现，心理弹性可以直接影响个体的心理健康；宋广文研究发现，无论是学优生还是学困生，心理弹性都可以直接影响他们的心理健康；张姝玥在研究中发现，学生在经受创伤后出现应激反应，而心理弹性作为调解机制的重要因素对应激损伤具有较好的恢复效果。适应能力越强的个体在受到创伤后，相应的应激反应表现程度越低，所以其心理健康水平也更高。

心理弹性水平高的青少年拥有乐观、坚韧、自强的积极心理品质以及适当的应对方式，在面对创伤和逆境等应激时，它能帮助青少年抵御或缓冲应激造成的消极影响，从而更少受到抑郁和焦虑的困扰，表现出良好的学校适应。而心理弹性不足的青少年，在面对学习压力和困难时，不能及时调用其心理资源，对学校环境适应有困难，最终导致拒绝上学行为。

（六）学校满意度

本研究发现，拒绝上学组在学校满意度上的得分显著低于非拒绝上学组。

学校满意度作为衡量学生学校福祉的重要指标，是学生对其学校经历的评价，这种评价也是影响学生学校行为表现和心理体验的重要因素。学校满意度高的青少年，对学校有积极的态度，往往更听教师的话，遵守学校纪律，勇于承担责任。相反，学校满意度低的青少年，对学校及学习会有消极的态度，不遵守学校纪律，产生违抗行为，最终导致拒绝上学。

（七）网络成瘾

本调研结果显示，拒绝上学组在网络成瘾上的得分显著高于非拒绝上学组。

网络作为信息传输的关键媒介，是人们生活、工作不可或缺的部分，由其导致的网络成瘾问题已经成为影响青少年身心健康成长的严重的公共卫生问题。网络内容及形式的新颖性及多元化特点对青少年有着强烈的诱惑，虚拟的社交空间、网游平台、视频网站都吸引着青少年的注意力和好奇心。另一方面，青少年面对着人际矛盾、升学压力、老师及家长的管教等，容易产生不良情绪，而他们又缺少正常途径去化解，往往选择相对轻松、能逃避现实的虚拟网络环境。

长期沉迷于网络使青少年思维变得单一抽象，想象力差，思维迟钝。网络的隐匿性特点，会放大人性中的假、恶、丑的一面，使青少年在不知不觉中降低道德判断力，使他们逐渐失去自我、难以有效实现客观现实和虚拟世界间的角色转换，引发不当言行。青少年长时间沉迷于网络虚拟环境中，会使自己与社会隔离，与同学、朋辈和亲人之间的沟通与交流大大减少，引发抑郁、焦虑等负面情绪，影响社会交往技能和社会生存技能的发展。

本研究在拒绝上学行为评估问卷（SRBES）的编制过程中，对教师及拒绝上学青少年进行了访谈，发现拒绝上学青少年基本都沉迷于网络。网络与拒绝上学行为关系复杂，部分学生可能是因为沉迷网络而不去上学，网络成了拒绝上学行为的正强化物；另外一些学生可能是因为不去上学，通过网络打发时间或寻求精神寄托。总之，网络成瘾与拒绝上学行为密切相关，它们之间的关系值得更进一步的研究。

五、小结

近年来，随着经济的发展及社会的变迁，拒绝上学青少年的数量有逐渐增加的趋势，拒绝上学成为儿童青少年到医院心理门诊就诊的主要原因。

如不及时对拒绝上学行为干预，则会带来一系列短期和长期的问题。拒绝上学行为短期的影响体现在学生个人、家庭、学校等方面。学生个人方面，拒绝上学行为会对青少年造成情绪困扰；影响学业表现；与同伴群体疏离。家庭方面，拒绝上学行为干扰家庭生活，困扰亲子关系，造成家长心理压力、经济压力，降低家庭生活质量。学校方面，拒绝上学学生因为情绪不稳定，与老师或者同学发生较多的冲突，增加教师的工作量和学校整体管理的压力。拒绝上学的长远影响将导致青年和成年时期的教育和就业问题，这样不止对个人，对家庭和社会都会产生影响。对于个人来说，拒绝上学行为耽误学业，将导致成年后的就业困难以及心理疾病，给生活、婚姻带来不良影响。对家庭方面，拒绝上学学生由于缺乏独立生活的能力，会长期依赖家庭，继而导致家庭在心理、经济和生活方面的巨大压力。社会方面，长期拒绝上学会导致学生的攻击、暴力行为，危害社区安全；同时导致青少年与社会隔离，无法正常工作，造成社会劳动力短缺。

近年来，随着我国青少年拒绝上学人数的增加，我国学者开始关注拒绝上学问题，并进行了一些探索性的研究。当前的研究主要集中在对国外拒绝上学的概念、治疗进展等的理论性综述方面，实证性研究稀少。对拒绝上学青少年的心理健康的研究少，且仅有的研究主要集中在人格方面，缺少对拒绝上学青少年心理状况的较全面的研究。本研究比较全面地了解拒绝上学青少年的心理健康状况。研究结果显示，与普通青少年相比，拒绝上学青少年在人格、自尊、心理弹性、应对方式、领悟社会支持、学校满意度、网络成瘾等各个方面都存在显著问题。拒绝上学青少年的心理健康状况令人担忧，如不及时矫正任由发展，将会给个人、家庭、社会带来一系列损害。在青少年心理健康状况备受社会各界重视的背景下，拒绝上学青少年的心理健康状况应该受到更多的关注。

第三节 人格对拒绝上学行为的影响机制研究

本小节将对神经质、精神质、外倾性人格对拒绝上学行为的影响机制进行探讨。

一、引言

人格是个体在遗传素质的基础上，通过与后天环境的相互作用而形成的相对稳定的和独立的心理行为模式。

关于人格结构的理论很多，而人格特质理论是其核心理论之一。该理论认为，特质（Trait）是决定个体行为的基本特性，它既是人格的有效组成元素，也是测评人格所常用的基本单位。特质是一种以某种特定方式行动的、相对稳定的、持久的倾向，人格的稳定性与独特性在很大程度上取决于特质。

艾森克的三因素人格理论是人格特质理论中最具有代表性的。艾森克把人格定义为一个人的性格、气质、智力、体格特质的稳定持久的综合体，人格决定了这个人在环境适应中的独特性。艾森克认为人格特质包括外倾性、神经质、精神质等三个维度，个体在这三方面的不同倾向和不同表现程度，便构成了不同的人格特征。艾森克根据三因素理论编制了艾森克人格问卷（Eysenck Personality Questionnaire，EPQ）。该问卷有较好的信度和效度，在人格测验中有较大影响，在许多国家得到修订和应用。

人格是外部环境影响心理健康状态的中介因素，同一外部环境或生活事件，对一些人的心理健康状态有影响，而对另一些人的心理健康状态没有影响，这是因为人格的差异。对于心理疾病而言，大多数研究者认为，与精神应激事件相比，患者人格特征或个体易感素质对于心理疾病的病因学意义可能更为重要，即使一些生物学病因如遗传学的研究，也认为亲代的遗传影响主要表现为易感个性。以神经症为例，患者的人格特征首先决定着患神经症的难易程度。巴甫洛夫认为，神经类型为弱型或强而不均衡型者易患神经症；Eysenck等认为，个性古板、严肃、多愁善感、焦虑、悲观、保守、敏感、孤僻的人易患神经症。其次，不同的人格特征决定着患某种特定的神经症亚型的倾向。巴甫洛夫认为，在神经类型弱型者中艺术型（第一信号系统较第二信号系统占优势者）易患癔症；思维型（第二信号系统较第一信号系统占优势者）易患强迫症；而中间型（两信号系统比较均衡者）易患神经衰弱。

越来越多的研究证明，在影响心理健康状态的诸因素中，虽然应激性生活事件、父母的教育方式、社会经济状况、文化、人际关系等都发挥了一定的作用，但其中起决定性作用的是人格因素。根据发展心理学家的观察，婴儿从出生开始就表现出气质上的差异。根据儿童的活动水平和易激惹性，可分为易养型、难养型、迟缓型。难养型儿童抚养困难，容易引发父母的愤怒情绪以及父母之间的不一致反应，比其他类型儿童更易在学龄期表现出行为问题，如拒绝上学行为。

在人格对拒绝上学行为的影响方面，我国学者进行了一些探索性研究。王冠军、王晨阳、汪玲华、高柏慧等人的研究结果表明，拒绝上学青少年的人格有显著偏差，表现为内倾、孤独、情感封闭、情绪不稳、敏感多疑、焦虑、抑郁、敌意、是非感不强等，同时表现为好掩饰，可能存在病理的心理防御机制。陈玉霞通过对11例咨询个案的回顾性研究证实，拒绝上学青少年的人格具有上述特点。

综上，本研究认为，人格在拒绝上学行为中起着决定性作用。虽然临床观察及研究均表明，人格对拒绝上学行为有决定性的影响，但对于人格如何影响拒绝上学行为并未有研究涉及。本研究拟选取领悟社会支持、自尊、心理弹性、应对方式等作为中介变量，探讨不同人格类型对拒绝上学行为的影响机制，从而了解拒绝上学行为的发生机制，为拒绝上学行为的预防和干预提供科学依据。

（一）神经质

神经质反映个体的情绪稳定性的差异，是一个情绪稳定（低神经质人格）到不稳定（高神经质人格）的连续体。低神经质人格的个体，情绪反应轻微且缓慢，即便对于某些恐怖情景也反应不强烈，对于紧急情况能在短时间内冷静处理。高神经质个体经常会体验到较多的消极情绪、生活满意度低，表现出担忧、焦虑、情绪化或者是神经过敏。他们情绪反应比较强烈，容易表现愤怒、嫉妒、内疚和沮丧的感情，情绪激发后很难平复下来。

艾森克认为，交感神经系统可能是与神经质维度有紧密联系的一个植物神经系统。交感神经系统的主要功能不同于中枢神经系统，主要控制紧急情况下人们的情绪反应。例如，当大脑告诉交感神经系统出现紧急情况时，交感神经系统会通知肝脏释放葡萄糖转换为身体所需能量，这让消化系统的负担减轻，同时瞳孔放大，头发竖起等。这些身体变化会告诉肾上腺释放更多的肾上腺激素。肾上腺激素会让身体准备行动，因此，交感神经系统的一种机能就是提示人们逃跑还是迎战。艾森克假设某些人的交感神经系统会比其他人的反应更快。紧急情况下，一些人表现得非常镇定；一些人体验到较多的恐惧或其他的情感（诸如焦虑或抑郁等）；另一些人可能会因为一点小事变得恐惧不安。艾森克认为后两种人的交感神经系统过分敏感，他们有明显的神经失调症症状。个体在神经质上的差异通常在焦虑或压力大时表现更为明显。

有研究显示，神经质人格能够预测更多的负面情绪与更大的压力敏感性，被认为是精神疾病和人格障碍的易感的人格风险因素。有研究发现，神经质人格与抑郁症、焦虑症和社交恐惧症等精神疾病的发生有关，即高神经质人格的个体有更高的患精神疾病的风险。也有研究者发现，神经质人格与精神分裂、饮食障碍和躯体障碍等人格障碍疾病的发生相关，即高神经质人格的个体有更高的患人格障碍的风险。

1. 神经质与拒绝上学行为

王晨阳等人对拒绝上学青少年和对照组分别采用艾森克人格问卷（EPQ）进行测试，结果显示，两组神经质得分有显著差异。汪玲华等人对因拒绝上学就医的儿童进行研究，也得出了相似的结论。

临床发现，拒绝上学青少年往往具有典型的神经质人格特征。他们胆小、紧张焦虑、敏感多疑、行为退缩，人际交往和社会适应能力不足，不能很好适应学校环境。当遇到挫折时容易引发强烈的焦虑与恐惧，情绪表达方面又存在问题，继而出现人际关系紧张，容易诱发情绪和行为障碍，出现拒绝上学行为。

综上，本研究提出假设1：神经质能够正向预测拒绝上学行为。

2. 神经质、自尊与拒绝上学行为

自尊是个体在对自我进行评价时产生和形成的一种自爱、自重，同时希望得到别人和社会的尊重的体验。自尊与心理健康有一定的内在联系，它在某种程度上反映心理健康水平。自尊作为应对的心理资源，不同自尊水平的人，在面对同一压力源时，会有不同的应对反应，由此引起不同的情感体验，从而影响到心理健康。

研究显示，神经质对消极情感具有较高的气质敏感性，往往焦虑、烦躁、冲动，因此更容易经历负性情绪体验，而负性情绪会使个体的自尊受到威胁。已有研究证明，神经质能显著地预测个体的自尊水平，而自尊在一定程度上影响着个体采用什么样的应对方式。高自尊的个体倾向于使用解决问题、求助等积极应对方式；低自尊个体则会更多使用压抑、逃避、退缩等消极应对方式。青少年时期，

自我意识快速发展，对自尊需要逐渐增加，当自尊受到威胁时，会产生不安全感，易采取逃避、退缩等消极的应对方式，最终导致拒绝上学行为。

国外研究显示，自尊与拒绝上学行为密切相关。Sorrenti等人的研究结果表明，自尊水平低会增加青少年拒绝上学的风险。Romani等人研究发现，有拒绝上学行为的青少年的自尊水平低于无拒绝上学行为的青少年。另有研究显示，青少年长期拒绝上学可能导致其自尊水平下降。可能的原因是青少年脱离学校后，远离了学校的课业以及校园的人际交往，与其他同年龄段青少年相比，拒绝上学的青少年出现心理落差，影响其良好的自尊水平的维持。目前国内尚无青少年自尊与拒绝上学行为相关性的研究报告。

综上，本研究提出假设2：神经质能够负向预测自尊，自尊能够负向预测拒绝上学行为，自尊在神经质与拒绝上学行为之间起中介作用。

3．神经质、消极应对与拒绝上学行为

应对方式是指为应对内外环境要求和相关情绪困扰，人们采取的方式、技巧或计策。解亚宁根据不同应对方式的共同特征将其划分成积极应对和消极应对两部分。消极应对方式是个体在遇到压力性事件时采取回避、发泄等方式的应对方法。

应对方式是个体适应性行为的重要因素，与心理健康之间存在密切关系。个体在处理应激事件时，采用了积极、恰当的应对方式，有助于成功解决问题，则更有可能获得适应性的结果。而消极、不恰当的应对方式，则带来心理和行为问题。

有研究发现，高神经质的个体除了有更强的负性情绪体验之外，还倾向于沉浸在不愉快的情绪体验中，不会采用恰当的方法和策略来调整自己的负性情绪。因此，高神经质的个体有更多的负性情绪以及较差的情绪管理和调节的能力，在压力情境下更易情绪化，采用适应不良的逃避策略。拒绝上学行为是青少年对学校生活的逃避，本质上是一种消极应对的方式。国内目前暂无应对方式与拒绝上学行为之间关系的研究。

综上，本研究提出假设3：神经质能够正向预测消极应对，消极应对能够正向预测拒绝上学行为，消极应对在神经质与拒绝上学行为之间起中介作用。

4．神经质、自尊、消极应对与拒绝上学行为

Greenberg等人认为，自尊具有焦虑缓冲的功能。在个体适应社会的过程中，对于失败、被拒绝、被遗忘，甚至破坏、毁灭等影响生存的一系列问题，自尊可以通过某种形式缓解或减少其带来的焦虑，维持心理健康，使个体更具有适应性。自尊可以使人们以更自信、有爱心以及乐观的态度面对生活，从而更轻松地实现自我，它使人们相信自己应该得到幸福。积极的自尊的发展让个体更能以尊重、

仁爱和善意的态度对待他人，从而利于人际关系的维护，更好地应对压力。

研究显示，自尊水平高的人对自己有更多的肯定性评价。他们在任何情境下都倾向于从积极的方面去看待自己，表现得更为乐观自信、积极和主动，有较好的应对方式，能更好地与他人相处和沟通，较少出现心理问题。即使遇到挫折或失败，高自尊者也很少贬低自己，情绪上的消极体验也较轻。相反，自尊水平低的人对自己有更多的负面评价，当跟他人相处或沟通出现问题时，更倾向于采取消极的应对方式。

综上，本研究提出假设4：自尊和消极应对在神经质和拒绝上学行为间起链式中介作用。

（二）精神质

精神质特征主要包括孤独、冷酷、倔强、固执、强横、粗暴、敌意、怪异等。精神质分数高的个体孤独，不关心他人，难以适应外部环境，不近人情，感觉迟钝，对别人不友好，喜欢寻衅挑事，经常干奇特的事情，并且不顾危险。他们没有人情味，缺乏同情心，很难体会别人的情绪，对来自他人的支持缺少感受，情感麻木，不会顾及他人的感受或存在，表现得不合群。

1. 精神质与拒绝上学行为

王晨阳等人对44名因拒绝上学而入院的儿童采用艾森克人格问卷（EPQ）进行临床分析，发现拒绝上学儿童在神经质（N）、精神质（P）、内外倾（E）、掩饰性（L）上与对照组均有显著差异。汪玲华等人采用艾森克人格问卷（EPQ）对符合拒绝上学行为诊断的患儿进行评定，研究组与对照组在精神质（P）、神经质（N）上的差异有统计学意义。上述结果均显示，拒绝上学青少年精神质得分显著高于对照组。

我国有临床医生发现，部分拒绝上学青少年表现出情感封闭、敏感多疑、敌意、是非感不强等精神质个性偏差，他们好攻击、缺乏同情心、对别人不友好、人际交往和社会适应能力不足，不能适应学校环境。

综上，本研究提出假设1：精神质能够正向预测拒绝上学行为。

2. 精神质、领悟社会支持与拒绝上学行为

领悟社会支持指个体对社会支持的期望和评价，是对可能获得的社会支持的信念。相较于实际社会支持，领悟社会支持对于了解和预测个体的心理健康有着更为重要的意义；领悟社会支持更可能表现出对个体心理健康的增益性功能。领悟社会支持能反映个体的人格和信息处理模式，对个体的健康的心理和行为起到

重要的保护作用。个体领悟到社会支持的水平越高，其社会适应能力越强，心理越健康。

精神质分数高的人通常表现出冷酷，没有人情味，缺乏同情心，不友好，麻木不仁，不会顾及别人的感受或存在。这些人格特质导致他们的人际沟通方面的问题，很难得到别人的支持，同时也会对来自他人的支持缺少感知。这类青少年整体心理健康状态差，有较大的人际关系和环境适应方面问题，容易产生拒绝上学行为。已有研究证实，精神质与领悟社会支持呈负相关。

综上，本研究提出假设2：精神质能够负向预测领悟社会支持，领悟社会支持能负向预测拒绝上学行为，领悟社会支持在精神质和拒绝上学行为之间起中介作用。

3. 精神质、消极应对与拒绝上学行为

个体在处理应激事件时，采用了积极、合适的应对方式，有助于个体成功解决问题，那么就更有可能最终获得适应性的结果。而消极、不合适的应对方式，则带来适应不良的后果。

精神质分数高的个体对人不友好，不近人情，容易与人发生冲突，在适应环境方面有较大困难。他们感觉迟钝，遇到问题不懂变通，采取冲动、冒险等消极的应对方式，从而产生拒绝上学行为。

综上，本研究提出假设3：精神质能够正向预测消极应对，消极应对能正向预测拒绝上学行为，消极应对在精神质和拒绝上学行为之间起中介作用。

4. 精神质、领悟社会支持、消极应对与拒绝上学行为

领悟社会支持与个体心理健康密切相关，个体领悟社会支持的水平越高，其社会适应能力越强，心理越健康。领悟社会支持水平高的个体，人际交往能力强，朋友多，适应能力强。他们有较丰富的心理资源可供使用，遭遇困难情景时采用积极、恰当的应对方式，发生拒绝上学的可能性比较低。已有研究证实，领悟社会支持在压力与其所造成的风险间起缓冲作用，高领悟社会支持水平可正向预测积极应对方式，同理低领悟社会支持水平正向预测消极应对方式。

综上，本研究提出假设4：领悟社会支持和消极应对在精神质和拒绝上学行为间起到链式中介作用。

（三）外倾性

外倾性反映个体内外倾的差异。高外倾的人兴奋过程发生慢、强度弱、持续时间短，而抑制过程发生快、强度大、持续时间长；高内倾性的人则相反。构成外倾性格的相关特质包括活泼、好动、自信、寻求刺激、无忧无虑和支配性。高外倾的人性格外向，倾向于享受人们之间的互动并且很热情健谈，有主见，爱社交。他们乐于参加大型的社交聚会、社团活动、公众集会和商业或者政治团体的活动，很享受与别人在一起的时光，很少时间独处。高内倾的人只关注和关心自己的生活，他们在群体中很少发言并且保持沉默，喜欢安静的生活。

1．外倾性与拒绝上学行为

王晨阳等人对44名因拒绝上学而入院的儿童采用艾森克人格问卷（EPQ）进行临床分析，发现拒绝上学儿童在神经质（N）、精神质（P）维度、外倾性（E）、掩饰性（L）上与对照组均有显著差异。拒绝上学儿童在外倾性上的得分显著低于普通儿童。临床发现，拒绝上学青少年高度内倾，朋友少，孤独，不愿意与他人交流沟通。

综上，本研究提出假设1：外倾性能负向预测拒绝上学行为。

2．外倾性、领悟社会支持与拒绝上学行为

有研究发现，外倾性对积极情感具有较高的敏感性，与情绪管理能力呈显著正相关。高外倾性人格在情绪调控能力、情绪表现能力、情绪觉察能力、情绪运用能力方面有较大优势，这些优势能让他们有较高水平的领悟社会支持。已有研究证实外倾性与领悟社会支持呈正相关。而领悟社会支持水平高的青少年，社交能力强，能体会他人情感，与老师及同学有比较强的感情联结，对学校有归属感，不容易发生拒绝上学行为。

综上，本研究提出假设2：外倾性能正向预测领悟社会支持，领悟社会支持能负向预测拒绝上学行为，领悟社会支持在外倾性和拒绝上学行为之间起着中介作用。

3．外倾性、心理弹性与拒绝上学行为

心理弹性是指个体在经历逆境后仍能保持或者恢复正常的一种调适能力，是青少年心理健康的重要保护因素。心理弹性可以直接影响心理健康，是个体心理健康的重要内部保护性因素。心理弹性评分越高的人群，心理越健康，其适应能力越好，面对困难和挫折时，更能有效进行自我调节，从而能更好地适应周围环境。

有研究者采用实验的方法揭示了外倾人群对积极情绪刺激存在注意偏向，该注意偏向是外倾人群具有更多积极情绪体验、更高主观幸福感的重要来源，从而证实了外倾人群在日常生活中有更多的正性情绪。另有研究证实，高外倾性个体在情绪调控能力、情绪表现能力、情绪觉察能力、情绪运用能力方面具有优势，能够正向预测心理弹性。

心理弹性水平高的青少年拥有乐观、坚韧、自强的积极心理品质以及适当的应对方式，在面对创伤和逆境等应激时，它能帮助青少年抵御或缓冲应激造成的消极影响，从而更少受到抑郁和焦虑的困扰，表现出良好的学校适应状态。而心理弹性不足的青少年，在面对学习压力和困难时，不能调用其心理资源，对学校环境适应有困难，最终导致拒绝上学行为。

综上，本研究提出假设3：外倾性能正向预测心理弹性，心理弹性能够负向预测拒绝上学行为，心理弹性在外倾性与拒绝上学行为之间起中介作用。

4. 外倾性、领悟社会支持、心理弹性与拒绝上学行为

研究显示，领悟社会支持对心理弹性具有积极的保护作用，不仅与心理弹性呈显著正相关，而且对心理弹性有正向预测作用。领悟社会支持不仅可以减少个体面对压力性事件时的心理痛苦程度，还能帮助个体提高心理弹性水平。

综上，本研究提出假设4：领悟社会支持和心理弹性在外倾性和拒绝上学行为间起到链式中介作用。

二、对象与方法

（一）对象

方便选取广州市8所中学，发放问卷3403份，剔除不合格问卷，有效回收2824份，有效率为83%。其中，男生1259人，占总人数的45.0%；女生1538人，占总人数的55.0%。从年级分布来看，初一718人，占总人数的25.6%；初二588人，占总人数的20.9%；初三174人，占总人数的6.2%；高一1107人，占总人数的39.4%；高二220人，占总人数的7.8%。

表3-1　人口学特征表

人口学变量		人数	百分比
性别	男	1259	45.0
	女	1538	55.0
年级	初一	718	25.6
	初二	588	20.9
	初三	174	6.2
	高一	1107	39.4
	高二	220	7.8

（二）工具

1. 自编学生一般情况调查表

包括年级、性别、父母学历、家庭经济情况、学习压力、学习成绩等内容。

2. 拒绝上学行为评估问卷（SRBES）

采用陈玉霞编制的拒绝上学行为评估问卷（SRBES），共27个条目，分为父母、同学、课业、老师等4个因子，0（从不）～4（总是）计分。问卷的总分范围从0分（无拒绝上学行为）到108分（拒绝上学行为程度最高），54分及以上者为有拒绝上学行为。本研究中该问卷总的内部一致性信度为0.930，各因子的内部一致性信度在0.828～0.901之间。

3. 心理弹性量表（CD-RISC）

心理弹性量表（Connor-Davidson Resilience Scale，CD-RISC）包括坚韧、自强、乐观等3个维度20个条目。5级评分，分数越高心理弹性越好。本研究中该量表总体的α系数为0.916，各维度的内部一致性信度在0.600～0.895之间。

4. 领悟社会支持量表（PSSS）

领悟社会支持量表（Perceived Social Support Scale，PSSS）由Zimet等人编制，包含3个维度12个条目，分别为家庭支持、朋友支持和重要他人支持。该量表有良好的信效度，内部一致性系数为0.906，各维度的内部一致性信度在0.791～0.845之间。

5. 简易应对方式问卷（SCSQ）

简易应对方式问卷（Simplified Coping Style Questionnaire，SCSQ）由解亚宁等人于1998年编制而成，内容涉及人们在日常生活中应对生活事件时可能采取的不同态度和措施。量表分为积极应对和消极应对两个维度，积极应对维度由条目1～12组成，消极应对维度由条目13～20组成。采用4级评分，将条目分相加可得各维度分。本研究中消极应对方式的内部一致性信度为0.692。

6. 自尊量表（SES）

自尊量表（Self-esteem Scale，SES）是由Rosenberg于1965年编制，用于评定青少年关于自我价值和自我接纳的总体感受，是我国心理学界使用最多的自尊测量工具。它具有信效度高、简明方便的优点。该量表采用自评方式，共10个条目，4级评分，高分代表高自尊。本研究中该量表的Cronbach's α系数为0.866。

7. 艾森克人格问卷简式量表中国版（EPQ-RSC）

艾森克人格问卷简式量表中国版（EPQ-RSC）有4个因子48个条目。精神质（P）主要反映受试者倔强和讲求实际的倾向性；外倾性（E）主要反映受试者交际需求高低的倾向性；神经质（N）主要反映受试者在一般环境中所表现出的情绪的稳定性倾向；掩饰性（L）测定受试者的掩饰、假托或自身隐蔽，或者测定其社会性朴实幼稚的水平。该量表经过大量的临床研究和问卷施测，被证明可以反映人格的主要维度，在各类心理学、临床医学研究中被广泛应用。本研究中神经质的Cronbach's α系数为0.843，外倾性的Cronbach's α系数为0.794，精神质的Cronbach's α系数为0.693。

（三）方法

本研究得到单位伦理委员会批准。由经过课题组统一培训的调查员施测，地点为本班教室，以班级为单位集中线下进行。学生知情同意并匿名填写问卷，问卷当场发放和收回。课题组对回收问卷进行审核，剔除缺漏项>15%的问卷及18<年龄<12岁的学生。

（四）统计分析

采用Epidata通过双录入的方法建立数据库，以SPSS 28.0进行描述性统计分析及相关分析，以Mplus 8.7进行验证性因子分析及中介效应分析。

第一步，首先以SPSS 28.0使用Harman单因素法进行共同方法偏差检验。

第二步，使用SPSS 28.0进行偏相关分析，通过偏相关分析结果在数据上提供模型构建的证据。

第三步，使用SPSS 28.0进行各变量的内部一致性检验，评价各个量表的信度。

第四步，使用SPSS 28.0对各模型中变量的相关性进行分析，通过相关系数矩阵判断中介关系成立的前提条件是否成立。

第五步，使用Mplus 8.7软件构建结构方程模型，根据模型拟合指标判断模型与数据的拟合情况，通过中介效应检验验证各模型的中介作用是否成立。

三、结果

（一）共同方法偏差检验

采用Harman单因素法进行共同方法偏差检验，共抽取出25个因子，第一个因子解释率为18.624%，低于40%的临界标准，说明本研究不存在严重的共同方法偏差。

（二）偏相关分析

在外倾性、神经质、精神质与自尊的偏相关分析时，控制变量为领悟社会支持、消极应对和心理弹性；在外倾性、神经质、精神质与领悟社会支持的偏相关分析时，控制变量为自尊、消极应对和心理弹性；在外倾性、神经质、精神质与消极应对的偏相关分析时，控制变量为自尊、领悟社会支持和心理弹性；在外倾性、神经质、精神质与心理弹性的偏相关分析时，控制变量为自尊、领悟社会支持和消极应对。

根据偏相关分析结果，外倾性与领悟社会支持（$r = 0.173$）和心理弹性（$r = 0.186$）具有较高程度的正相关；神经质与自尊具有较高程度的负相关（$r = -0.297$），与消极应对具有较高的正相关（$r = 0.261$）；精神质与领悟社会支持具有较高程度的负相关（$r = -0.242$），与消极应对具有较高程度的正相关（$r = 0.067$）。见下表。

表3-2　不同人格类型得分与自尊、社会支持、消极应对和心理弹性的偏相关分析

	自尊	领悟社会支持	消极应对	心理弹性
外倾性	0.127***	0.173***	0.020	0.186***
神经质	−0.297***	-0.086***	0.261***	−0.057**
精神质	0.005	-0.242***	0.067***	−0.004

根据偏相关分析结果，结合研究假设，本研究分别以外倾性为自变量、领悟社会支持和心理弹性为中介变量，以拒绝上学行为为因变量构建中介模型；以神经质为自变量、自尊和消极应对为中介变量，以拒绝上学行为为因变量构建中介模型；以精神质为自变量、领悟社会支持和消极应对为中介变量，以拒绝上学行为为因变量构建中介模型。

（三）外倾性

1. 测量变量描述性统计分析

利用SPSS 28.0对测量变量进行描述性统计，计算变量的平均值和标准偏差，以确认测量变量的总体趋势，同时，计算偏度和峰度以检查数据正态分布的条件。

本研究中数据的正态性是通过外倾性、领悟社会支持、心理弹性和拒绝上学行为四个测量变量的偏度和峰度来判断的。根据Curren，West & Finch提出的结构方程模型中的正态分布条件，当数据的偏度的绝对值小于2.0，峰度的绝对值小于

7.0，就可以判断为是具有正态分布的数据。本研究中，测量数据的偏度值的范围是−0.52～1.40，峰度值的范围是−0.84～1.95，偏度值和峰度值均不超过绝对值标准的范围，因此数据呈正态分布。

表3-3 测量变量的描述性统计结果

测量变量	维度	最小值	最大值	平均值	标准差	偏度	峰度
外倾性		0.00	12.00	7.18	3.14	−0.30	−0.84
领悟社会支持	家庭支持	4.00	28.00	17.97	5.86	−0.34	−0.41
	朋友支持	4.00	28.00	19.40	5.13	−0.52	0.18
	其他支持	4.00	28.00	17.41	5.45	−0.26	−0.23
心理弹性	坚韧性	0.00	52.00	26.98	9.36	0.08	−0.04
	力量性	0.00	32.00	17.81	5.62	−0.06	−0.02
	乐观性	0.00	16.00	9.02	2.67	−0.17	0.13
拒绝上学行为	父母因子	0.00	4.00	0.83	0.74	1.40	1.95
	同学因子	0.00	4.00	0.87	0.66	1.11	1.69
	课业因子	0.00	4.00	1.55	0.80	0.52	0.06
	老师因子	0.00	4.00	0.86	0.80	1.31	1.81

2．问卷信效度分析

采用Cronbach's α系数对问卷的内部一致性进行检验。

在测量中Cronbach's α系数越大，表示问卷的内部一致性越高。系数的取值范围在0～1之间。研究者认为，Cronbach's α系数大于0.9，表示问卷的内部一致性很高；Cronbach's α系数在0.8～0.9之间，表示问卷的内部一致性较好；Cronbach's α系数在 0.7～0.8之间，表示问卷的内部一致性一般；Cronbach's α系数在0.6以下，表示问卷的内部一致性较差，问卷不便作为研究工具。通过分别检验量表中各变量的信度，来检验问卷的内部一致性。

量表各维度的Cronbach's α系数范围在0.600～0.901之间，测量变量的Cronbach's α系数范围在0.794～0.934之间，均在0.6以上，说明测量模型的信度较好。

表3-4　信度分析表

测量变量	维度	条目数量	Cronbach's α 系数
外倾性		12	0.794
领悟社会支持	家庭支持	4	0.897
	朋友支持	4	0.864
	其他支持	4	0.878
	总体	12	0.920
心理弹性	坚韧性	13	0.895
	力量性	8	0.833
	乐观性	4	0.600
	总体	25	0.934
拒绝上学行为	课业因子	7	0.862
	父母因子	7	0.901
	同学因子	6	0.828
	老师因子	7	0.892
	总体	27	0.932

3. 相关分析

通过皮尔逊相关系数分析，对测量变量之间的相关关系进行分析。根据相关分析结果，外倾性与领悟社会支持的三个维度呈显著正相关（$r = 0.260 \sim 0.357$，$P < 0.001$）；外倾性与心理弹性的三个维度呈显著正相关（$r = 0.378 \sim 0.414$，$P < 0.001$）；外倾性与拒绝上学行为的四个维度呈显著负相关（$r = -0.434 \sim -0.176$，$P < 0.001$）；领悟社会支持的三个维度与心理弹性的三个维度呈显著正相关（$r = 0.325 \sim 0.451$，$P < 0.001$）；领悟社会支持的三个维度与拒绝上学行为的四个维度呈显著负相关（$r = -0.601 \sim -0.172$，$P < 0.001$）；心理弹性的三个维度与拒绝上学行为的四个维度呈显著负相关（$r = -0.428 \sim -0.224$，$P < 0.001$）。这为外倾性、领悟社会支持、心理弹性和拒绝上学行为四个变量之间关系提供了最初的设想。

领悟社会支持的观测变量——家庭支持、朋友支持和其他支持表现出$0.411 \sim 0.768$（$P < 0.001$）的相关性，心理弹性的观测变量坚韧性、力量性和乐观性表现

出0.679～0.830（$P < 0.001$）的相关性，拒绝上学行为的观测变量课业因子、父母因子、同学因子和老师因子表现出0.437～0.562（$P < 0.001$）的相关性。

由于所有变量之间的相关系数 r 值均小于0.80，因此不会引起多重共线性。

表3-5　相关分析

变量	1	2	3	4	5	6	7	8	9	10
1. 外倾性										
2. 家庭支持	0.260***									
3. 朋友支持	0.375***	0.411***								
4. 其他支持	0.311***	0.768***	0.533***							
5. 坚韧性	0.414***	0.401***	0.331***	0.398***						
6. 力量性	0.378***	0.437***	0.325***	0.428***	0.830***					
7. 乐观性	0.390***	0.439***	0.427***	0.451***	0.679***	0.692***				
8. 课业因子	−0.201***	−0.268***	−0.172***	−0.287***	−0.377***	−0.428***	−0.258***			
9. 父母因子	−0.195***	−0.601***	−0.189***	−0.467***	−0.311***	−0.353***	−0.316***	0.437***		
10. 同学因子	−0.434***	−0.263***	−0.365***	−0.307***	−0.300***	−0.335***	−0.309***	0.447***	0.443***	
11. 老师因子	−0.176***	−0.256***	−0.183***	−0.281***	−0.289***	−0.335***	−0.224***	0.562***	0.462***	0.484***

4．中介模型检验

采用Mplus 8.7软件以结构方程进行中介效应分析，bootstrap法重复抽样5000次，若置信区间不包含0，说明中介作用显著。

根据路径系数结果，外倾性对领悟社会支持具有正向预测作用，$\beta = 0.363$，$P < 0.001$；外倾性对心理弹性具有正向预测作用，$\beta = 0.415$，$P < 0.001$；外倾性对拒绝上学行为具有负向预测作用，$\beta = -0.067$，$P < 0.01$；领悟社会支持对拒绝上学行为具有负向预测作用，$\beta = -0.287$，$P < 0.001$；心理弹性对拒绝上学行为具有负向预测作用，$\beta = -0.287$，$P < 0.001$。

表3-6　路径系数结果

路径	B	β	S.E.	t值	P值
外倾性→领悟社会支持	1.585	0.363	0.092	17.143	<0.001
外倾性→心理弹性	2.201	0.415	0.128	17.249	<0.001
外倾性→拒绝上学行为	−0.013	−0.067	0.004	−2.856	<0.001
领悟社会支持→拒绝上学行为	−0.012	−0.287	0.001	−13.222	<0.001
心理弹性→拒绝上学行为	−0.010	−0.287	0.001	−12.081	<0.001

领悟社会支持在外倾性和拒绝上学行为之间的中介作用大小为−0.104，95%置信区间[−0.123，−0.087]不包含0，表明领悟社会支持的中介作用成立；心理弹性在外倾性和拒绝上学行为之间的中介作用大小为−0.119，95%置信区间[−0.139，−0.100]不包含0，表明心理弹性的中介作用成立。

表3-7　中介作用分析表

中介路径	效应值	S.E.	LLCI	ULCI
外倾性→领悟社会支持→拒绝上学行为	−0.104	0.009	−0.123	−0.087
外倾性→心理弹性→拒绝上学行为	−0.119	0.010	−0.139	−0.100
总中介效应	−0.223	0.011	−0.246	−0.202
直接效应	−0.067	0.023	−0.111	−0.019
总效应	−0.290	0.024	−0.333	−0.239

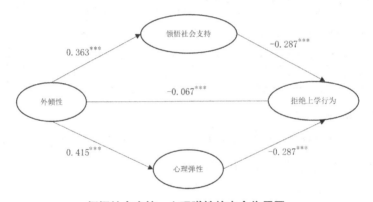

领悟社会支持、心理弹性的中介作用图

（四）神经质

1. 测量变量描述性统计分析

本研究中，测量数据的偏度值的范围是−0.26～1.40，峰度值的范围是−1.14～1.95，标准偏差小于3.0，偏度值和峰度值均不超过绝对值标准的范围，因此数据呈正态分布。

表3-8　测量变量的描述性统计结果

测量变量	因子	最小值	最大值	平均值	标准差	偏度	峰度
神经质		0.00	12.00	5.72	3.50	0.06	−1.14
自尊		10.00	40.00	27.39	5.57	−0.26	−0.03
消极应对		0.00	24.00	10.45	4.32	0.13	−0.27

续表

测量变量	因子	最小值	最大值	平均值	标准差	偏度	峰度
拒绝上学行为	父母因子	0.00	4.00	0.83	0.74	1.40	1.95
	同学因子	0.00	4.00	0.87	0.66	1.11	1.69
	课业因子	0.00	4.00	1.55	0.80	0.52	0.06
	老师因子	0.00	4.00	0.86	0.80	1.31	1.81

2. 问卷信效度分析

量表各因子的Cronbach's α系数范围在0.692~0.901之间，测量变量的Cronbach's α系数范围在0.692~0.932之间，均在0.6以上，说明测量模型的信度较好。

表3-9　信度分析表

测量变量	因子	条目数量	Cronbach's α系数
神经质		12	0.843
自尊		10	0.866
消极应对		8	0.692
拒绝上学行为	课业因子	7	0.862
	父母因子	7	0.901
	同学因子	6	0.828
	老师因子	7	0.892
	总体	27	0.932

3. 相关分析

通过皮尔逊相关系数分析，对测量变量之间的相关关系进行分析。相关分析结果显示，神经质与自尊呈显著负相关（$r = -0.527$，$P < 0.001$）；神经质与消极应对呈显著正相关（$r = 0.358$，$P < 0.001$）；神经质与拒绝上学行为的四个因子呈显著正相关（$r = 0.376$~0.464，$P < 0.001$）；自尊与消极应对呈显著负相关（$r = -0.305$，$P < 0.001$）；自尊与拒绝上学行为的四个因子呈显著负相关（$r = -0.424$~-0.346，$P < 0.001$）；消极应对与拒绝上学行为的四个因子呈显著正相关（$r = 0.285$~0.381，$P < 0.001$）。这为神经质、自尊、消极应对和拒绝上学行为四个变量之间关系提供了最初的设想。

拒绝上学行为的观测变量课业因子、父母因子、同学因子和老师因子表现出0.437～0.562（$P<0.001$）的相关性。

由于所有变量之间的相关系数r值均小于0.90，因此不会引起多重共线性。

表3-10 相关分析

	1	2	3	4	5	6
1. 神经质						
2. 自尊	−0.527***					
3. 消极应对	0.358***	−0.305***				
4. 课业因子	0.389***	−0.424***	0.381***			
5. 父母因子	0.421***	−0.413***	0.285***	0.437***		
6. 同学因子	0.464***	−0.407***	0.288***	0.447***	0.443***	
7. 老师因子	0.376***	−0.346***	0.311***	0.562***	0.462***	0.484***

4. 中介模型检验

采用Mplus 8.7软件以结构方程进行中介效应分析，bootstrap法重复抽样5000次，若置信区间不包含0，说明中介作用显著。

模型拟合结果为：χ^2/df =7.88，RMSEA = 0.050，CFI =0.983，TLI =0.973，SRMR=0.023，模型拟合符合标准，说明模型与数据适配良好。

根据路径系数结果，神经质对自尊具有负向预测作用，β = −0.557，$P<0.001$；神经质对消极应对具有正向预测作用，β = 0.254，$P<0.001$；神经质对拒绝上学行为具有正向预测作用，β = 0.308，$P<0.001$；自尊对消极应对具有负向预测作用，β = −0.186，$P<0.001$；自尊对拒绝上学行为具有负向预测作用，β = −0.376，$P<0.001$；消极应对对拒绝上学行为具有正向预测作用，β = 0.229，$P<0.001$。

表3-11 路径系数结果

路径	B	β	S.E.	t值	P值
神经质→自尊	−0.084	−0.557	0.003	−29.613	<0.001
神经质→消极应对	0.317	0.254	0.027	11.884	<0.001
神经质→拒绝上学行为	0.043	0.308	0.003	12.225	<0.001
自尊→消极应对	−1.534	−0.186	0.199	−7.725	<0.001
自尊→拒绝上学行为	−0.342	−0.376	0.028	−12.157	<0.001
消极应对→拒绝上学行为	0.025	0.229	0.002	10.805	<0.001

根据中介作用分析表，自尊在神经质和拒绝上学行为之间的中介作用大小为0.209，95%置信区间[0.178，0.242]不包含0，表明自尊的中介作用成立；消极应对在神经质和拒绝上学行为之间的中介作用大小为0.058，95%置信区间[0.045，0.074]不包含0，表明消极应对的中介作用成立；自尊、消极应对在神经质和拒绝上学行为之间的中介作用大小为0.024，95%置信区间[0.017，0.032]不包含0，表明自尊、消极应对的链式中介作用成立。

表3-12 中介作用分析表

中介路径	效应值	S.E.	LLCI	ULCI
神经质→自尊→拒绝上学行为	0.209	0.016	0.178	0.242
神经质→消极应对→拒绝上学行为	0.058	0.007	0.045	0.074
神经质→自尊→消极应对→拒绝上学行为	0.024	0.004	0.017	0.032
总中介效应	0.291	0.017	0.260	0.325
直接效应	0.308	0.023	0.261	0.353
总效应	0.600	0.016	0.569	0.630

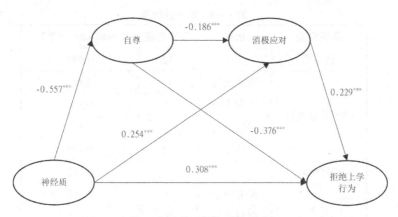

自尊、消极应对的中介作用图

（五）精神质

1. 测量变量描述性统计分析

本研究中，测量数据的偏度值的范围是-0.52~1.40，峰度值的范围是-0.41~1.95，偏度值和峰度值均不超过绝对值标准的范围，因此数据呈正态分布。

表3-13　测量变量的描述性统计结果

测量变量	因子	最小值	最大值	平均值	标准差	偏度	峰度
精神质		0.00	10.00	2.84	1.77	0.64	0.27
领悟社会支持	家庭支持	4.00	28.00	17.97	5.86	−0.34	−0.41
	朋友支持	4.00	28.00	19.40	5.13	−0.52	0.18
	其他支持	4.00	28.00	17.41	5.45	−0.26	−0.23
消极应对		0.00	24.00	10.45	4.32	0.13	−0.27
拒绝上学行为	父母因子	0.00	4.00	0.83	0.74	1.40	1.95
	同学因子	0.00	4.00	0.87	0.66	1.11	1.69
	课业因子	0.00	4.00	1.55	0.80	0.52	0.06
	老师因子	0.00	4.00	0.86	0.80	1.31	1.81

2．问卷信效度分析

量表各维度的Cronbach's α系数范围在0.693～0.901之间，测量变量的Cronbach's α系数范围在0.393～0.932之间，均在0.6以上，说明测量模型的信度较好。

表3-14　信度分析表

测量变量	因子	条目数量	Cronbach's α系数
精神质		12	0.693
领悟社会支持	家庭支持	4	0.897
	朋友支持	4	0.864
	其他支持	4	0.878
	总体	12	0.920
消极应对		8	0.692
拒绝上学行为	课业因子	7	0.862
	父母因子	7	0.901
	同学因子	6	0.828
	老师因子	7	0.892
	总体	27	0.932

3．相关分析

通过皮尔逊相关系数分析，对测量变量之间的相关关系进行分析。根据相关分析结果，精神质与领悟社会支持的三个因子呈显著负相关（$r = −0.259$～$−0.221$,

$P < 0.001$）；精神质与消极应对呈显著正相关（$r = 0.096$，$P < 0.001$）；精神质与拒绝上学行为的四个因子呈显著正相关（$r = 0.178 \sim 0.236$，$P < 0.001$）；领悟社会支持的家庭支持和其他支持两个因子与消极应对呈显著负相关（$r = -0.136 \sim -0.105$，$P < 0.001$）；领悟社会支持的三个因子与拒绝上学的四个因子呈显著负相关（$r = -0.601 \sim -0.172$，$P < 0.001$）；消极应对与拒绝上学行为的四个因子呈显著正相关（$r = 0.285 \sim 0.381$，$P < 0.001$）。这为精神质、领悟社会支持、消极应对和拒绝上学行为四个变量之间关系提供了最初的设想。

领悟社会支持的观测变量家庭支持、朋友支持和其他支持表现出 $0.411 \sim 0.768$（$P < 0.001$）的相关性，拒绝上学行为的观测变量课业因子、父母因子、同学因子和老师因子表现出 $0.437 \sim 0.562$（$P < 0.001$）的相关性。

由于所有变量之间的相关系数 r 值均小于 0.90，因此不会引起多重共线性。

表3-15　相关分析

	1	2	3	4	5	6	7	8
1. 精神质								
2. 家庭支持	−0.221***							
3. 朋友支持	−0.243***	0.411***						
4. 其它支持	−0.259***	0.768***	0.533***					
5. 消极应对	0.096***	−0.136***	0.011	−0.105***				
6. 课业因子	0.236***	−0.268***	−0.172***	−0.287***	0.381***			
7. 父母因子	0.231***	−0.601***	−0.189***	−0.467***	0.285***	0.437***		
8. 同学因子	0.227***	−0.263***	−0.365***	−0.307***	0.288***	0.447***	0.443***	
9. 老师因子	0.178***	−0.256***	−0.183***	−0.281***	0.311***	0.562***	0.462***	0.484***

4. 中介模型检验

采用Mplus 8.7软件以结构方程进行中介效应分析，bootstrap法重复抽样5000次，若置信区间不包含0，说明中介作用显著。

模型拟合结果为：$\chi^2/df = 17.88$，RMSEA = 0.078，CFI = 0.952，TLI = 0.917，SRMR = 0.037，模型拟合符合标准，说明模型与数据适配良好。

根据路径系数结果，精神质对领悟社会支持具有负向预测作用，$\beta = -0.145$，$P < 0.001$；精神质对消极应对具有正向预测作用，$\beta = 0.132$，$P < 0.001$；精神质对拒绝上学行为具有正向预测作用，$\beta = 0.211$，$P < 0.001$；领悟社会支持对拒绝上学行为具有负向预测作用，$\beta = -0.333$，$P < 0.001$；消极应对对拒绝上学行为具有正向预测作用，$\beta = 0.423$，$P < 0.001$。

表3-16　路径系数结果

路径	B	β	S.E.	t值	P值
精神质→领悟社会支持	-0.361	-0.145	0.082	-4.378	<0.001
精神质→消极应对	0.315	0.132	0.052	6.025	<0.001
精神质→拒绝上学行为	0.051	0.211	0.006	9.213	<0.001
领悟社会支持→拒绝上学行为	-0.032	-0.333	0.004	-8.975	<0.001
消极应对→拒绝上学行为	0.043	0.423	0.002	19.168	<0.001

　　根据中介作用分析表，领悟社会支持在精神质和拒绝上学行为之间的中介作用大小为0.012，95%置信区间[0.025，0.072]不包含0，表明领悟社会支持的中介作用成立；消极应对在精神质和拒绝上学行为之间的中介作用大小为0.014，95%置信区间[0.038，0.076]不包含0，表明消极应对的中介作用成立。

表3-17　中介作用分析表

中介路径	效应值	S.E.	LLCI	ULCI
精神质→领悟社会支持→拒绝上学行为	0.012	0.003	0.025	0.072
精神质→消极应对→拒绝上学行为	0.014	0.002	0.038	0.076
总中介效应	0.025	0.004	0.078	0.130
直接效应	0.051	0.006	0.169	0.254
总效应	0.076	0.006	0.271	0.360

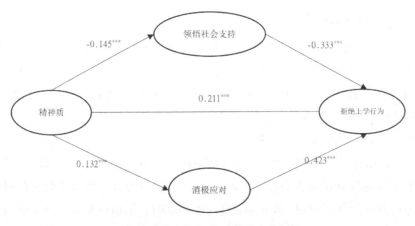

领悟社会支持、消极应对的中介作用图

四、讨论

为探究不同人格类型对拒绝上学行为的影响机制，本研究采用问卷法收集数据，通过构建结构方程模型对研究假设进行验证。研究结果显示，神经质与精神质对拒绝上学行为具有显著正向影响，外倾性对拒绝上学行为具有显著负向影响。自尊、领悟社会支持和心理弹性对拒绝上学行为具有显著负向影响，消极应对对拒绝上学具有显著正向影响。自尊、领悟社会支持、心理弹性和消极应对在不同人格类型和拒绝上学行为中起到中介作用。

（一）外倾性

本研究中介模型表明，外倾性对拒绝上学行为有显著的负向预测作用，对领悟社会支持、心理弹性有显著的正向预测作用；领悟社会支持和心理弹性分别是外倾性和拒绝上学行为之间的中介变量；外倾性和拒绝上学行为之间不存在领悟社会支持和心理弹性的链式中介作用，研究假设4不成立。

首先，外倾性对拒绝上学行为的影响可以通过领悟社会支持的中介作用来实现。领悟社会支持能反映个体的人格和信息处理模式。个体领悟社会支持的水平越高，其社会适应能力越强，人格越健康。高领悟社会支持水平的个体能体验到更多外界支持，拥有较丰富的心理资源，应对危机时能降低焦虑，采取积极应对方式，不易产生拒绝上学行为。

其次，外倾性对拒绝上学行为的影响可以通过心理弹性的中介作用来实现。心理弹性是指个体在经历逆境后仍能保持或者恢复正常的一种调适能力，是青少年心理健康的重要保护因素，它可以直接影响心理健康。心理弹性对社会适应行为预测显著。心理弹性越大的人在面对挫折打击时，越能保持心理稳定状态，从而能更好地适应社会环境。外倾性与情绪管理能力呈显著正相关，高外倾性人格在情绪调控能力、情绪表现能力、情绪觉察能力、情绪运用能力等方面有较大优势，这些优势能让他们有较高的领悟社会支持水平及较好的心理弹性。拒绝上学青少年往往内向孤独，固执任性，缺乏灵活性，领悟社会支持低，心理弹性不足。

上述研究结果提醒我们，对于外倾性人格的拒绝上学青少年，需要培养提升他们领悟社会支持能力及心理弹性，进行针对性的干预。

（二）神经质

本研究中介模型表明，神经质对拒绝上学行为、自尊、消极应对有显著预测作用；自尊在神经质和拒绝上学行为直接中介作用显著，消极应对在神经质和拒绝上学行为直接中介作用显著;自尊和消极应对在神经质和拒绝上学行为之间起着链式中介作用。

首先,神经质对拒绝上学行为的影响可以通过自尊的中介作用来实现。神经质被界定为情绪性特质,与更强的情绪反应、更差的情绪感知、不良的情绪应对、负性的情绪体验有关。高神经质的个体往往焦虑、烦躁、冲动,对消极情感具有较高的气质敏感性,因此更容易经历负性情绪体验。他们内省力过强,过分关注自身的体验或不适,有较大的不安全感,喜欢穷思竭虑,对拒绝和批评过分敏感,导致自我评价低,形成低自尊。相关研究证明,神经质能显著地预测个体的自尊水平。自尊较低的学生在压力情境下更易情绪化,采用适应不良的逃避策略,导致拒绝上学行为。

其次,神经质对拒绝上学行为的影响可以通过消极应对的中介作用来实现。高神经质水平个体由于自主神经系统的交感神经系统反应性较强,边缘系统激活阈值低,对微弱刺激倾向于过度反应(如心率加快、血压升高)。他们在压力情景下,易过度反应,产生激烈情绪,不能理性看待困境,容易采取消极应对方式,从而导致拒绝上学行为。

最后,神经质对拒绝上学行为的作用可以通过自尊和消极应对的链式中介作用来实现。高神经质学生由于情绪不稳定,在学习和生活中容易受到挫折,产生低自尊。作为心理健康的重要保护因素,自尊在一定程度上影响着个体应对方式。高自尊的学生倾向于使用解决问题、求助等积极的应对方式,低自尊的学生则会更多使用压抑、逃避、退缩等消极的应对方式。拒绝上学行为即是学生采取消极应对方式的结果。

总之,高神经质的青少年往往对消极情绪有易感性,自尊水平低,在遇到挫折时容易引发强烈的焦虑与恐惧,继而出现人际关系紧张,采用回避问题的方式应对,从而出现拒绝上学行为。上述研究结果提醒我们,对于神经质人格的拒绝上学青少年,需要提升他们自尊水平,培养积极应对方式,进行针对性的干预。

(三)精神质

本研究中介模型表明,精神质对拒绝上学行为、领悟社会支持、消极应对有显著预测作用;领悟社会支持和消极应对分别是精神质和拒绝上学行为之间的中介变量;精神质和拒绝上学行为之间不存在领悟社会支持和消极应对链式中介作用,研究假设4不成立。

首先,精神质对拒绝上学行为的影响可以通过领悟社会支持的中介作用来实现。领悟社会支持能反映个体的心理健康状况。领悟社会支持水平越高，其社会适应能力越强，心理越健康。高精神质的青少年冷漠、孤僻、不关心他人，不近人情，感觉迟钝，对别人不友好，领悟社会支持水平低，不能感受到来自老师和同学的关心，甚至误解他人的好意，容易产生适应问题，导致拒绝上学行为。

其次，精神质对拒绝上学行为的影响可以通过消极应对的中介作用来实现。应对方式是个体适应性行为的重要因素，与心理健康之间存在密切关系。个体在处理应激事件时，采用了积极、恰当的应对方式，有助于成功解决问题，则更有可能获得适应性的结果。而消极、不恰当的应对方式，则带来心理和行为问题。精神质分数高的青少年固执任性，遇到问题不懂变通，采取冲动、冒险等不恰当方式处理，从而导致拒绝上学行为。

总之，高精神质的青少年冷漠孤僻，共情能力差，领悟社会支持能力低；缺乏灵活性，遇事冲动，往往采用消极的应对方式，从而出现拒绝上学行为。上述研究结果提醒我们，对于精神质人格的拒绝上学青少年，需要提升他们领悟社会支持能力，培养积极的应对方式，进行针对性的干预。

本研究通过横断面调查研究，初步探究了不同人格类型对拒绝上学行为的影响及其作用机制。研究发现，不同的人格类型对拒绝上学行为产生的影响不一样，神经质与精神质对拒绝上学行为有显著正向影响，外倾性对拒绝上学有显著负向影响。不同的人格类型对拒绝上学行为的影响机制也不同。外倾性分别通过领悟社会支持和心理弹性的中介作用对拒绝上学行为产生影响；精神质分别通过领悟社会支持和消极应对的中介作用对拒绝上学行为产生影响；神经质通过自尊和消极应对的链式中介作用对拒绝上学行为产生影响。上述研究结果提醒我们，为了更有效地干预青少年拒绝上学行为，需要考虑不同的人格类型及其影响机制。

第五章
拒绝上学行为的干预研究

　　本章在理论研究的基础上，提出以人格类型为基础的干预模式，并针对不同的心理影响因素提供针对性的干预措施。最后，将提供一个青少年拒绝上学个案的心理咨询过程，示范基于人格类型的干预模式在心理咨询过程中的实际操作，供相关人员对青少年进行拒绝上学行为干预时做参考。

　　如果不对拒绝上学行为进行及时干预，它将给青少年带来严重的短期或长期不良后果。拒绝上学行为的短期影响体现在个人、家庭与学校三个方面。在个人影响方面，拒绝上学行为使青少年无法完成学业，与同伴群体疏离，社会功能减退等。在家庭方面，拒绝上学行为会给家长带来心理压力、经济压力，影响家庭和谐，降低生活质量。在学校方面，在校的拒绝上学青少年因情绪不稳定会制造较多的人际冲突，包括师生和同学之间的冲突，继而增加班级管理和学校整体管理的压力、增加教师与学校管理人员的工作量，导致家长与学校管理人员冲突的增多；部分拒绝上学学生波动的上学模式也会给学校带来管理压力。拒绝上学行为的长期影响体现在个人、家庭与社会三个方面。个人影响方面，拒绝上学行为会导致个人未来的职业、婚姻与生活问题以及心理疾病。拒绝上学行为会干扰青少年社会功能和学业发展，也是以后罹患精神疾病的高危因素。有研究者认为拒绝上学行为是心理疾病的外显症状，有一些证据显示拒绝上学行为是成人精神疾病的预兆。家庭影响方面，拒绝上学青少年会长期依赖原生家庭，继而导致家庭在心理、经济和生活方面的巨大压力。在社会影响方面，拒绝上学行为中的某些严重心理问题会导致学生的行为不良、犯罪倾向与暴力行为等，危害社会安定。

　　鉴于拒绝上学行为给个人、家庭、社会带来巨大的负面影响，需对其进行及时干预。国外对于拒绝上学行为有较长期的矫正实践，并经历了司法、医院、学校和社区等不同矫正机构的实施。当前我国学者对拒绝上学行为的研究主要集中在对国外拒绝上学的概念、治疗进展等的理论性综述方面，干预方面的实证研究较少。总体而言，我国目前对拒绝上学行为的研究尚处于医学模式阶段，在疾病模式的主导下，拒绝上学行为被视为儿童个体的精神或心理的问题。仅有少量的探索性研究主要借鉴国外的治疗经验，采用行为治疗、认知行为治疗、药物治疗相结合，鲜见本土化的治疗方式的探讨。目前我国有少量实证性研究报告，显示药物治疗配合认知行为治疗对拒绝上学行为干预有效，但样本数量有限，其有效性并未得到大规模的验证。

我国青少年的大部分时间是在学校中度过的，在应试教育的大环境下，学生学习压力大，他们的大部分时间和精力都用在学习文化知识、应对升学考试上，而对于课外知识的了解以及个人兴趣爱好的培养方面非常欠缺。当青少年面对挫折和压力的时候，他们会表现出退缩、回避，而不是主动地解决问题、克服困难。同时，社会的快速发展、家庭结构的变化、巨大的升学和就业压力，使很多父母过度关注孩子，对孩子的未来过分担忧，对其学业倾注了大量精力和财力，却很少去理解儿童在学习过程中所遇到的困难和心理困扰，导致其内心压力不能得到及时得到缓解，长期处于情绪紧张状态，一旦受挫，容易诱发拒绝上学行为。

由于东西方文化差异，我国学生的拒绝上学行为无论是在产生原因还是在表现形式等方面都有其独特性。研究人员需要从我国特有的社会环境、文化、教育体制等方面着手，对拒绝上学行为进行研究，并在干预方式上进行新的探索，改变目前干预研究少、手段单一的局面，为拒绝上学行为提供综合的、多元的解决方案。

第一节　理论基础

本小节在对人格及相关理论进行介绍的基础上，提出人格是影响青少年拒绝上学行为的根源。拒绝上学行为是青少年在人格偏差的基础上，遇到的学业、人际关系等方面的问题所引发。

一、引言

当前国外对拒绝上学行为的心理干预方法主要为行为治疗和认知行为治疗。行为治疗将焦点集中于儿童的行为表现，采用系统脱敏疗法、暴露疗法、放松训练、社交技巧训练等方法。行为治疗对年龄较小、单纯因情绪问题而拒绝上学的儿童效果比较好；对拒绝上学行为成因复杂的青少年，效果不佳。认知行为治疗是通过改变儿童对学校的认知，达到矫正拒绝上学行为的目的。认知行为治疗对儿童的认知能力有一定要求，需要儿童与治疗师的密切配合，找出错误的认知并纠正，适合于年龄稍大，有一定思考能力且有比较强烈改变意愿的青少年。国外青少年往往因校外吸引产生拒绝上学行为，其表现出更多的外显行为问题，如吸毒、加入帮派等，对于这类拒绝上学行为，行为治疗和认知行为治疗能取得比较好的干预效果。我国青少年拒绝上学的原因跟学业和人际有关，更多地表现出情绪方面的问题。王晓雪等人对141例拒绝上学学生，依据《精神障碍诊断和统计手册》第四版（DSM-IV）做出精神障碍诊断，结果精神障碍诊断61例，其中情感障碍（重度抑郁和双向情感障碍）17例（28.91%）占首位。沈红艳等人对上海市心理咨询中心儿少咨询门诊6～18岁病例，采用整群抽样的方法进行回顾性资料分析发现，在207例拒绝上学学生中，疾病构成中情绪障碍最多，共95例（45.4%）。鉴于我国青少年拒绝上学行为的特殊情况，研究人员需要从我国特有的社会环境、文化、教育体制等方面着手，在干预方式上进行新的探索，改变目前干预研究少、手段单一的局面，为拒绝上学行为提供本土化的、多元的解决方案。

本研究发现，外倾性、精神质、神经质对拒绝上学行为的影响及作用机制都不同。人格是拒绝上学行为的根源，拒绝上学问题是儿童在人格偏差的基础上，遭遇学业、人际关系等方面的困难所引发。因此，在对拒绝上学行为进行干预时需要考虑青少年的人格类型并采取相应的干预措施。

二、人格理论

人格（personality）源于拉丁文persona，意指面具、脸谱。人格的近义词有个性、品品、性格、人性等。

不同流派的人格心理学家对人格有不同的定义。本研究所采纳的定义为，人格是个体在遗传素质的基础上，通过与后天环境的相互作用而形成的相对稳定的和独立的心理行为模式。首先，人格是一个人的心理行为模式。人格是由内在的心理特征与外部行为方式构成的，它不是单一的心理特征或行为方式，而是这些心理特征和行为方式相互联系形成的一定组织和层次结构的模式。其次，这种心理行为模式是独特的。这是指每个人的人格都是独特的，这种独特性不仅仅表现在个别的心理或行为特征上，而更主要是表现在整个模式上，从而使得人与人之间相互区别开来。虽然人与人之间在某些心理或行为特征上有共同性，但从整体上来讲，每个人的人格都是独一无二的。最后，这种心理行为模式是相对稳定的。

一个人的人格及其特征在时间上具有前后一贯性。

关于人格的理论很多，根据研究方法和人性观等方面的差异，人格理论可以归为七大研究范式。古典精神分析学的人格理论，注重对潜意识机制的探讨，认为行为的根本原因是潜意识，人格是由本我、自我、超我构成，强调早期生活经验对个体的人格成长的重要作用。社会文化学派的人格理论，强调社会文化对人格发展的影响和早期生活经验对个体的人格成长的重要作用，认为自我是行为的根本原因。学习论的人格理论，认为人格是由过去的生活经历决定的，强化对行为反应系统的形成有决定作用，强调学习的作用。人本主义的人格理论，强调对人的行为的意义、目的、价值的探讨，人有自我实现的内在倾向、潜能、创造性，人格被认为是个人的独特的自我系统。认知论的人格理论，强调认知在人格形成和行为活动中的重要性，认为个人的构念、认知观念决定了人的行为倾向。社会活动论的人格理论，强调个人的实践活动对人格形成（内化与外化）的作用，强调人的主体性，认为社会文化、社会关系对个体人格有重要的影响，人格是个体各种社会角色（社会关系）的综合，主张用系统论的观点研究人格。人格特质理论强调个体的差异与其整体功能，以特质概念来假定个体行为的跨情景一致性和跨时间的持续性。特质理论通常认为人格存在一些特质维度，人们之间的差异就在于在这些维度上表现程度的不同所形成的不同特质构型。特质是决定个体行为的基本特性，是人格的有效组成元素，也是测评人格所常用的基本单位。

人格特质理论的专家虽然对人格特质的观察与理解不同，不过却都认为人的行为是由人格特质与环境互动而决定的，所以要理解人的行为就应该分析人格特质。对人格特质的分类，经历了从类型理论到特质理论的转变。类型理论是依据某一特质对人格加以分类，这种理论体系最初是为了区分和描述人格特质，目的是发现人格有多少种类型，以及确定每个人所属的类型。特质理论是依据几个关键性特质或者维度来区分人格的差异。由于研究者对人格特质的定义不同，产生了不同的人格特质理论，具有代表性的理论观点有奥尔波特的特质理论、卡特尔的人格特质理论、艾森克的三因素模型。

奥尔伯特于1937年首次提出人格特质理论，他将人格分为共同特质和个人特质。个人特质包括首要特质、中心特质和次要特质。共同特质是指在某一社会文化形态下，大多数人或群体所具有的共同特质。个人特质是个体身上独有的特质，依照生活中所起作用的大小，分为首要特质，即个体最典型、最具概括性的特质；第二是中心特质，即构成个体独特性的几个重要特质，一般每个人身上有5至10个；最后是次要特质，只是在特殊情况下才表现出来。

卡特尔认为人格基本结构的元素是特质，特质是人在不同时间和情境中都保持的一致性。他还认为人格特质是有层次的，第一层次是个别特质和共同特质，第二层次是表面特质和根源特质。表面特质是指外部表现能直接观察到的行为或特征，表面上看相似的行为有着不同的原因。根源特质是指具有相互关联的特征或行为以相同原因为基础。卡特尔用因子分析法筛选出16种人格根源特质：乐群性、聪慧性、稳定性、恃强性、兴奋性、有恒性、敢为性、敏感性、怀疑性、幻想性、世故性、忧虑性、求新性、独立性、自律性、紧张性，被广泛使用在人格测验上。

各种流派心理学家对人格进行了大量研究，从中可以得出几条重要的结论。一是可以用有限的几个（4～7个）人格特质维度来描述在认知、情感和社会行为方面的个别差异；第二，在特质维度上的个别差异特别稳定，其稳定长达数年甚至数十年；第三，这些特质与重要行为的结果有紧密的联系；第四，一些特质维度与各种不同的生理测量间有稳定一致的关系。

三、艾森克人格理论

艾森克从特质理论出发，以因素分析方法和实验心理学方法相结合对人格问题进行研究，提出了人格特质三因素模型。20世纪60年代，艾森克从神经质（Neuroticism）、外倾性（Extraversion）两个因素来界定人格特质，并把它称作人格的类型水平。70年代后，他又提出了精神质（Psychoticism）因素，称之为人格的第三种类型。艾森克批评在个别差异研究方面依赖于相关方法和因素分析方法，极力推崇把人格置于从遗传因素到社会因素之间的因果链中进行研究的新视角。他与其他特质与因素分析研究者不同，除了描述特质与行为如何聚在一起（行为的分类）之外，还描述行为的动因，即说明人为什么在这三个维度各有不同。

艾森克认为个体差异是牢固地扎根于生物学的。他提出，内倾者在皮层——网状结构回路有较高的活动水平，内倾者比外倾者有更高的皮层唤醒水平，所以内倾者不易分心，能更专注于完成当前的任务。外倾者由于皮层唤醒水平低，所以往往要通过参与某些活动（如冒险），靠外部刺激来提高唤醒水平。而内倾者则相反，他们的皮层唤醒水平高，所以要回避外部活动以使唤醒水平不至过高。艾森克认为，神经质维度与交感神经系统密切相关。交感神经系统的主要功能不同于中枢神经系统，主要控制紧急情况下人们的情绪反应。例如，当大脑告诉交感神经系统出现紧急情况时，交感神经系统会通知肝脏释放葡萄糖转换为身体所需能量，这让消化系统的负担减轻，同时瞳孔放大，头发竖起等。这些身体变化会告诉肾上腺释放更多的肾上腺激素，肾上腺激素会让身体准备行动。因此，交感神经系统的一种机能就是提示人们逃跑还是迎战。艾森克假设某些人的交感神经系统会比其他人的反应更快。紧急情况下，一些人表现得非常镇定；一些人体验到较多的恐惧或其他的情感（诸如焦虑或抑郁等）；另一些人可能会因为一点小事变得恐惧不安。艾森克认为后两种人的交感神经系统过分敏感，他们有明显的神经失调症症状。个体在神经质上的差异通常在焦虑或压力大时表现更为明显。

艾森克把典型的外倾性人格描述为开朗的、冲动的和非抑制的，有广泛的社交并经常参加群体活动，有许多朋友，不喜欢一个人独处。而内倾人格是安静、退缩、内省，不喜欢社交而享受独处，除了亲密朋友外，与人的距离较远。神经质得分高的人情绪易变，倾向于过度反应，并且不易恢复常态。他们被视为情绪不稳定或情绪化的人，经常对很小的挫折和问题有很强的情绪反应，并且要经过很长时间才能恢复过来。他们比一般人更容易兴奋、生气和抑郁。神经质得分低的人表现出情绪的稳定性，很少情绪失控，也不会有大起大落的情绪体验。他们不易焦虑、稳重温和、自我克制。精神质在每个人身上都有，只是程度不同。但如果某人表现出明显程度，则易发展成行为异常。精神质分高的人孤独，不关心他人，难以适应外部环境，不近人情，感觉迟钝，对别人不友好，喜欢挑衅，做一些离奇的事，并且不顾危险。艾森克认为，每一种类型在人群中的分布都是正态的，即每个维度的两个极端都是比较少见的，大多数人的得分接近连续体的中点。

基于人格三因素模型，艾森克开发了艾森克人格问卷（EPQ）。艾森克人格问卷由N、E、P、L四个量表组成，通过N、E、P量表分别测量情绪的稳定性（神经质维度）、内外倾向性（内向—外向维度）、心理变态倾向（精神质维度）。这三个维度上的不同程度的倾向性，便构成了一个人的独特的人格特征。L是后来加进去的一个效度量表，它也代表一种稳定的人格功能，即反映被试者的社会朴实或幼稚水平。该问卷采用自陈式，既可个别施测，也可团体施测，在人格测评中被广泛使用。

艾森克的人格研究不像许多心理学家偏重特质水平，而是集中于类型。他认为特质是观察到的个体行为倾向的集合，类型是观察到的特质的集合体。他把人格类型看作某些特质的组织，他提出的人格理论主要是属于层次性质的一种类型。每一种类型结构的层次明确，因此人格就可分解为有据可查、有量可计的因素。这是心理学家多年来一直探讨而没有明确的东西。

四、人格对行为的影响

人格心理学家强调人格对个体社会行为的作用，甚至认为个体社会行为就是由人格决定的，是人格的外在表现。对于心理疾病而言，大多数研究者认为，与精神应激事件相比，患者人格特征或个体易感素质对于心理疾病的病因学意义可能更为重要，即使一些生物学病因如遗传学的研究，也认为亲代的遗传影响主要表现为易感个性。以神经症为例，患者的人格特征首先决定着患神经症的难易程度。如巴甫洛夫认为，神经类型为弱型或强而不均衡型者易患神经症；艾森克等认为，个性古板、严肃、多愁善感、焦虑、悲观、保守、敏感、孤僻的人易患神经症。其次，不同的人格特征决定着患某种特定的神经症亚型的倾向。如巴甫洛夫认为，在神经类型弱型者中艺术型（第一信号系统较第二信号系统占优势者）易患癔症；思维型（第二信号系统较第一信号系统占优势者）易患强迫症；而中间型（两信号系统比较均衡者）易患神经衰弱。

越来越多的研究证明，在影响心理健康状态的诸因素中，应激性生活事件、父母养育方式、社会经济状况、文化、人际关系等都发挥了一定的作用，但其中起决定作用的是人格因素。根据发展心理学家的观察，婴儿从出生开始就表现出气质上的差异。根据儿童的活动水平和易激惹性，可分为易养型、难养型、迟缓型。难养型儿童抚养困难，容易引发父母的愤怒情绪以及父母之间的不一致反应，比其他类型儿童更易在学龄期表现出行为问题，如拒绝上学行为。

在人格对拒绝上学行为的影响方面，我国学者进行了一些探索性研究。王冠军等人采用明尼苏达多项人格测验（MMPI）对拒绝上学学生进行评估，发现与普通学生相比，拒绝上学学生在疑病（Hs）、抑郁（D）、癔症（Hy）、精神衰弱（Pt）、精神分裂（Sc）等5个量表上得分有显著差异。王晨阳等人对44名因拒绝上学而入院的儿童采用艾森克人格问卷（EPQ）进行临床分析，发现拒绝上学儿童在神经质（N）、精神质（P）、外倾性（E）、掩饰性（L）上与对照组均有显著差异。汪玲华等人采用艾森克人格问卷（EPQ）对符合拒绝上学行为诊断的患儿进行评定，研究组与对照组比较，精神质（P）、神经质（N）差异有统计学意义。高柏慧等人采用儿童青少年气质性格量表（JTCI-S）对106名拒绝上学青少年进行测试。结果显示，拒绝上学青少年气质性格与对照组存在差异。上述研究结果表明，拒绝上学青少年的人格有显著差异，表现为内倾、孤独、情感封闭、情绪不稳、敏感多疑、焦虑、抑郁、敌意、是非感不强等神经质及精神质个性偏差，同时表现为好掩饰，可能存在病理的心理防御机制。临床观察发现，拒绝上学青少年常表现为过分关心自己的身体健康、敏感、易疲劳、抑郁、焦虑、稚气、注意力不集中、缺乏安全感、有一定的述情困难、人际关系紧张、有情绪和行为障碍等，女性更为突出。这类青少年胆小、紧张焦虑、敏感多疑、行为退缩、固执任性、好攻击、缺乏同情心、对别人不友好、人际交往和社会适应能力不足，不能很好适应学校环境。

陈玉霞通过对11例咨询个案的回顾性研究发现，拒绝上学青少年具有以下特点。首先，胆小敏感。他们胆小、敏感和行为退缩，常表现为过分拘谨、喜好他人表扬和不善交友等；自我评价低、成就感差，人际交往和社会适应能力不足。其次，固执任性。特别是到了青春期，随着自我意识的迅速发展，他们可能产生不符合实际的自我认识和对事物的错误认知，例如认为自己学习成绩差、运动能力不强、长得丑、不会交朋友等，导致不愿去上学。最后，追求完美。拒绝上学儿童往往有过分要强、追求完美等人格特点，他们常常有高成就动机，过分在乎自我形象和感受，同时对自身和环境评价过分敏感，判断问题以偏概全、以点概面。当这些青少年经历学业失败或人际危机时，会引发强烈的焦虑与恐惧，且怕再度失败而拒绝上学。

上述研究数据与临床观察均证实，与普通青少年相比，拒绝上学青少年在人格上有较大偏差。综上，本研究认为，人格偏差在拒绝上学行为中起着决定性作用。拒绝上学行为是青少年在人格偏差的基础上，遭遇学业、人际关系等方面的问题所引发。对于有拒绝上学行为的青少年来说，药物治疗可以有效改善其心境障碍、睡眠障碍、躯体化症状等，但对于自信心不足、自我评价低、消极退缩等心理方面的问题，需要采取心理干预。

第二节　干预模式

本小节在对精神质、神经质、外倾性三种人格类型分析的基础上，根据其对拒绝上学行为的影响机制，提出相应的干预模式。

本研究发现，外倾性、精神质、神经质对拒绝上学行为的影响及作用机制不同。外倾性与拒绝上学行为呈显著负相关，与领悟社会支持和心理弹性呈显著正相关；领悟社会支持和心理弹性分别在外倾性与拒绝上学行为之间起中介作用。神经质与消极应对和拒绝上学行为呈显著正相关，与自尊呈显著负相关；神经质可以分别通过自尊、消极应对的中介作用、自尊和消极应对的链式中介作用间接与拒绝上学行为相关。精神质与拒绝上学行为和消极应对呈显著正相关，与领悟社会支持呈显著负相关；领悟社会支持和消极应对分别在精神质和拒绝上学行为之间起中介作用。

为了对拒绝上学行为进行有效干预，需要考虑拒绝上学青少年的人格类型及其对拒绝上学行为的影响机制，以人格类型为基础制定针对性的干预方案。

一、神经质

神经质被界定为情绪性特质，反映个体情绪稳定性的差异，是一个情绪稳定（低神经质人格特质）到不稳定性（高神经质人格特质）的连续体。低神经质人格特质的个体，情绪反应轻微且缓慢，即便对某些恐怖情景也不会有强烈反应，面对紧急情况能在短时间内冷静处理。高神经质人格的个体，经常会体验到较多的消极情绪、对生活的满意度低，表现出担忧、焦虑、情绪化或者是神经过敏，情绪反应比较强烈，容易表现愤怒、嫉妒、内疚和沮丧的情感。

艾森克认为神经质维度是以遗传基因作为基础，并应用生理学研究解释了这一维度的生物内涵。艾森克认为，交感神经系统可能是与神经质维度有紧密联系的一个植物神经系统。交感神经系统的主要功能不同于中枢神经系统，主要控制紧急情况下人们的情绪反应。例如，当大脑告诉交感神经系统出现紧急情况时，交感神经系统会通知肝脏释放葡萄糖转换为身体所需能量，这让消化系统的负担减轻，同时瞳孔放大，头发竖起等。这些身体变化会告诉肾上腺释放更多的肾上腺激素。肾上腺激素会让身体准备行动，交感神经系统的一种机能就是提示人们逃跑还是迎战。艾森克假设某些人的交感神经系统会比其他人的反应更快。紧急情况下，一些人表现得非常镇定；一些人体验到较多的恐惧或其他的情感（诸如焦虑或抑郁等）；另一些人可能会因为一点小事变得恐惧不安。艾森克认为后两种人的交感神经系统过分敏感，他们有明显的神经失调症症状。个体在神经质上的差异通常在焦虑或压力大时表现更为明显。

本研究关于神经质对拒绝上学行为的影响机制的研究发现，神经质与消极应对和拒绝上学行为呈显著正相关，与自尊呈显著负相关；神经质可以分别通过自尊、消极应对的中介作用、自尊和消极应对的链式中介作用间接与拒绝上学行为相关。

高神经质的青少年往往焦虑、烦躁、冲动，导致他们在学习和人际交往中容易受挫，再加上他们对失败和挫折的感受特别敏感，容易沉浸于其中，难以自拔。

他们往往可能会因为老师的一个眼神或同学的一个无心的玩笑而耿耿于怀，情绪低落，难以排解。这些负性情绪会对青少年的自我形象和自尊造成影响，他们可能会全盘否定自己，认为自己很差，一无是处。长此以往，形成低自尊。而自尊在一定程度上影响着个体应对方式。高自尊的青少年拥有丰富的心理资源，积极乐观，倾向于使用问题解决、求助等积极的应对方式；低自尊的青少年则更多使用压抑、逃避、退缩等消极的应对方式。总之，高神经质的青少年，情绪不稳定，对消极情绪有易感性，自尊水平低，在遇到挫折时容易引发强烈的焦虑与恐惧，继而出现人际关系紧张，采用消极回避的应对方式，从而出现拒绝上学行为。

对于这类神经质人格的拒绝上学青少年，教育者要关注其自尊水平，跟他们相处的过程中采取接纳宽容的态度，从而减少他们的自责自疚的负性情绪。同时，给他们创造体验成功、提升自尊的机会。通过不断尝试和积累成功经验，让他们慢慢获得自信和自尊。另外，教育者还要在拒绝上学青少年自尊提升的基础上，对他们进行积极应对方式的培养。通过不断的学习和强化，让积极应对方式成为习惯，在他们面对困难和挑战时，有勇气去尝试和应对，从而达到改变拒绝上学行为的目的。

二、外倾性

外倾性反映个体内外倾的差异。高外倾性的人兴奋过程发生慢、强度弱、持续时间短，而抑制过程发生快、强度大、维持时间长；高内倾性的人则相反。构成外倾性格的相关特质包括社交性、活泼、好动、自信、乐意寻求刺激、无忧无虑和支配性。高外倾的人，性格外向，倾向于享受人们之间的互动并且很热情、健谈、有主见、爱社交。他们乐于参加大型的社交聚会、派对、社团活动、公众集会和商业或者政治团体的活动，很享受与别人在一起的时光，很少时间是自己独自度过的。而高内倾的人，只关注和关心自己的生活，他们在群体中很少发言，保持沉默，享受独处的时间，经常单独活动，比如阅读、写作等。

艾森克认为外倾维度有其生物学基础。他提出，内倾者在皮层——网状结构回路有较高的活动水平，因而内倾者比外倾者有更高的皮层唤醒水平，有更多的唤醒，所以内倾者不易分心，能更专注于完成当前的任务。外倾者由于皮层唤醒水平低，所以往往要通过参与某些活动（如冒险），靠外部刺激来提高唤醒水平。而内倾者则相反，他们的皮层唤醒水平高，所以要回避外部活动以使唤醒水平不至过高。

本研究关于外倾性对拒绝上学行为影响机制的分析发现，外倾性与拒绝上学行为呈显著负相关，与领悟社会支持和心理弹性呈显著正相关；领悟社会支持和心理弹性分别在外倾性与拒绝上学行为之间起中介作用。

有研究者采用实验的方法揭示了外倾人群对积极情绪刺激存在注意偏向，该注意偏向是外倾人群具有更多积极情绪体验、更高主观幸福感的重要来源，证实了外倾人群在日常生活中有更多的正性情绪。另有研究证实，外倾性对积极情感具有较高的敏感性，在情绪调控能力、情绪表现能力、情绪觉察能力、情绪运用能力方面有较大优势，这些优势能让他们有较高水平的领悟社会支持和心理弹性。

领悟社会支持作为心理研究中常见的中介变量，对个体的健康的心理和行为有重要的保护性作用。相较于实际社会支持，领悟社会支持对于了解和预测个体的心理健康有着更为重要的意义；领悟社会支持更可能表现出对个体心理健康的增益性功能。个体领悟到社会支持的水平越高，其社会适应能力越强，人格越健康。另一方面，社会支持在压力与其所造成的风险间起缓冲作用，高领悟社会支持水平可正向预测积极应对方式，同理低领悟社会支持正向预测消极应对方式。高外倾性的青少年，领悟社会支持的水平较高，能体验到更多外界支持，拥有较丰富的心理资源，应对危机时能降低焦虑，采取积极应对方式，不易产生拒绝上学行为。而高内倾性的青少年，社会适应能力差，领悟社会支持水平低，通常采取消极的应对方式，进而产生拒绝上学行为。

心理弹性是指个体在经历逆境后仍能保持或者恢复正常的一种调适能力，是青少年心理健康的重要保护因素。心理弹性对社会适应行为预测显著。心理弹性越大的人在面对挫折打击时，越能保持心理稳定状态，从而能更好地适应社会环境。有研究证实，高外倾性能够正向预测心理弹性。在面对创伤和逆境等应激时，良好的心理弹性水平能帮助青少年抵御或缓冲应激造成的消极影响，从而更少受到抑郁和焦虑的困扰，体现出较好的学校适应。而高内倾性的青少年，心理弹性差，在面对学习压力和困难时，不能及时调用其心理资源，对学校环境适应有困难，最终导致拒绝上学行为。

综上，对高内倾性的拒绝上学青少年，教育者要重点提升其领悟社会支持能力及心理弹性水平。

三、精神质

精神质并非指精神病，它在所有人身上都存在，只是程度不同。精神质特征主要包括孤独、冷酷、倔强、固执、强横、粗暴、敌意、怪异等。精神质分数高的个体孤独、不关心他人，难以适应外部环境，不近人情，感觉迟钝，对别人不友好，喜欢寻衅挑事，干奇特出格的事情，并且不顾危险。他们没有人情味，缺乏同情心，很难体会别人的情绪，对来自他人的支持缺少感受，情感麻木而且不会顾及他人的感受或存在，表现得不合群。

本研究关于精神质对拒绝上学行为影响机制的研究发现，精神质与拒绝上学行为和消极应对呈显著正相关，与领悟社会支持呈显著负相关；领悟社会支持和消极应对分别在精神质和拒绝上学行为之间起中介作用。

领悟社会支持是指个体对社会支持的期望和评价，是对可能获得的社会支持的信念。领悟社会支持对于了解和预测个体的心理健康有着重要的意义，表现出对个体心理健康的增益性功能。有研究证实，精神质与领悟社会支持呈负相关，高精神质个体的领悟社会支持能力低。精神质分数高的人通常表现出冷酷，没有人情味，缺乏同情心，不友好，麻木不仁，不会顾及别人的感受或存在。这些人格特质导致他们的人际关系沟通方面会有问题，很难得到别人的支持，同时也会对来自他人的支持缺少感知。这类青少年整体心理健康状态差，有较大的人际关系和环境适应方面问题，容易产生拒绝上学行为。

应对方式是导致个体出现适应性后果的关键因素，与心理健康之间存在密切关系。如果个体在处理应激事件时，采用了积极、合适的应对方式，有助于个体成功解决问题，那么他就更有可能最终获得适应性的结果，促进个体心理健康。而消极、不合适的应对方式，会带来不好的结果，对人的身心健康造成不同程度的伤害。精神质分数高的青少年对人不友好，不近人情，容易与人发生冲突，在适应环境方面有较大困难。他们感觉迟钝，遇到问题不懂变通，采取冲动、冒险等消极的应对方式，从而产生拒绝上学行为。

综上，对于精神质人格的拒绝上学青少年，需要提升他们领悟社会支持的能力及培养积极应对方式，进行针对性的干预。

四、讨论

本研究在对精神质、神经质、外倾性三种人格类型分析的基础上，根据其对拒绝上学行为的影响机制，提出了相应的干预模式。

研究发现，外倾性分别通过领悟社会支持和心理弹性的中介作用与拒绝上学行为相关；精神质分别通过领悟社会支持和消极应对的中介作用与拒绝上学行为相关；神经质可以分别通过自尊、消极应对的中介作用、自尊和消极应对的链式中介作用间接与拒绝上学行为相关。不同的人格类型对拒绝上学行为的作用机制不一样，为了更有效地干预青少年拒绝上学行为，需要针对不同的人格类型及其影响机制制定相应的干预模式。对于神经质拒绝上学青少年，教育者需要提升其自尊水平，并培养积极的应对方式；对于精神质拒绝上学青少年，需要提升他们领悟社会支持的能力及培养积极应对方式；对于高内倾性的拒绝上学青少年，教育者要提升其领悟社会支持能力及心理弹性水平。

虽然青少年拒绝上学的原因及表现上有差异，但拒绝上学行为的本质却是一致的，即对学校的逃离。因此，针对不同人格类型的青少年拒绝上学行为进行干预时，我们既要重点关注其特性，根据上述的干预模式进行针对性的干预；同时也要适当考虑其共性。本研究提供的针对某个人格类型的干预要点，并不完全排除其他方面的干预，在针对不同个案进行干预时需要灵活运用。

第三节　干预措施

本小节将对青少年拒绝上学行为的心理影响因素自尊、心理弹性、应对方式等提出具体的干预措施。

一、自尊

自尊（Self-esteem）是个体在对自我进行评价时产生和形成的一种自爱、自重，同时希望得到别人和社会的尊重的体验。

自尊是心理健康的核心，它与心理健康各方面的测量指标都存在着较高相关，在个体心理健康中的地位和作用十分突出。大量的研究表明，自尊对青少年的认知、动机、情感、个性和行为发展都具有全面而有力的影响。研究显示，自尊水平高的人对自己有更多的肯定性评价。他们在任何情境下都倾向于从积极的方面去看待自己，表现得更为乐观自信、积极和主动，有较好的应对方式，能更好地与他人相处和沟通，较少出现心理问题。即使遇到挫折或失败，高自尊者也很少贬低自己，情绪上的消极体验也较轻。相反，自尊水平低的人对自己有更多的负面评价，采取消极的应对方式，易产生孤独情绪，甚至出现抑郁，对心理健康造成负面影响。

青少年时期，身心正处于快速发展并渐趋成熟，他们的自我意识、自我觉察和自我关注也开始萌动和增强，对自尊需要逐渐增加，威胁其自尊发展的因素的影响也变得日益显著。同时其自我意识处于不稳定状态，易受到外界评价的影响。如果受到周围重要他人不好的评价，会产生不愉快的感受，进而自我评价低，甚至讨厌自己，产生退缩和逃避行为。

研究显示，拒绝上学青少年的自尊水平显著低于正常水平。他们自我评价过低，在许多方面对自己抱有负面看法，觉得自己事事不如人，甚至会做出自轻自贱的行为。他们对他人的评价反应比较敏感，渴望获得别人的肯定与赞扬，有较强的好胜心理，但抗压能力不够强，对失败充满恐惧，容易产生挫败感。由于人际交往能力不足，在人际关系的处理方面存在困难，遇到挫折不会采用恰当的方式跟他人沟通，产生逃避或冲动行为。

（一）影响因素

青少年自尊的影响因素包括以下几个方面。

1. 家庭的影响。

家庭对青少年的自尊影响很大，无论是家庭结构，还是家庭的社会地位、经济状况或者父母的教养方式都极大地影响青少年的自尊水平。研究表明，单亲家庭和家庭经济状况不良的孩子，与正常家庭的孩子相比，更容易产生自卑感。另有研究表明，从总体上看，青少年的自尊水平与父母的教育方式呈现极显著或显著相关。父母的教育方式对青少年的自尊有较好的预测作用。

2. 学校教育的影响。

青少年每天的绝大多数时间是在校园中度过，他们在学校中的经历会影响他们如何看待自己。学习成绩、教师的态度及评价、人际关系等是影响青少年自尊的主要因素。①学业成绩。学业成绩影响着学生的自尊水平。在应试教育的环境下，学习成绩好，更能得到来自家长、教师、同学和社会的认可与鼓励。学业成绩差的青少年对自己持否定态度，使得他们对自己的正向情感体验低。在我国优差生自尊水平的自我评估存在显著性差异，优生高于差生。②教师的评价和态度。教师是青少年心目中的重要他人。他们对青少年的评价和态度是青少年认识自我的一面镜子，为其自我评价和自我体验提供了基本的线索，对其自尊影响很大。③人际关系。良好的师生关系和同学关系有利于青少年建立积极的自我观。个体在人际交往中会通过他人对自己的评价和态度形成自我形象，良好的人际关系有利于自我形象的形成，从而促进自尊的发展。

3. 个体自身因素的影响。

①个体的自我期待与行为。个体期待的行为结果如果与现实结果一致，自尊就会朝向积极方向发展；反之，若现实的结果不如预想的好，则个体将会体验到挫折感，自尊水平下降。②自我评价。个体通过自我评价，产生主观感受和体验，形成自尊。自我评价大致有四种情况，即过高、过低、模糊与适当。这四种情况对自尊的发展会产生不同的影响，只有适当的评价，才会促进自尊的发展。③个体自身具备的能力和素质。国外有研究表明，与青少年自尊关系密切的能力和素质包括学习能力、运动能力、社会赞同、身体外貌、行为品质等。这些因素是他人评价个体的依据，从而影响到个体的自我评价。

（二）自尊水平的提升

1. 引导青少年进行积极的自我评价，确立适当的抱负水平。

适当的自我评价才会有利于自尊水平的提升；对自己过高或过低的评价，都不利于自尊的正常发展。教师和家长应指导学生以全面、客观、发展的眼光看待自己，善于发现自己的优点与发展变化，对自己作积极客观的评价。青少年的自我评价要经历从具体到抽象，从局部到全面的发展过程，其辩证思维能力的发展相对滞后于形象思维的发展，因而往往带有片面性和消极色彩。在学习和生活中遇到挫折或失败后不能客观地分析问题，看不见自己的优点及进步，总觉得自己不如别人，自信心不足，他们可能会因为一次考试的失败而对自己全盘否定。教育者应帮助青少年学会正确归因。如果他们把成功归因于内部因素如自己的能力和努力，而不是归因于外部因素，如运气和他人帮助时，就能增强其自尊心。

青少年有较强的上进心，有追求成功的强烈欲望，容易树立过高的目标，导致现实自我与理想自我的差距过大，难以达到既定目标，造成期望与失望之间极为显著的心理落差。措手不及的失败会极大地挫伤他们的自信心，导致自尊下降。为了避免或减少青少年因目标过高而带来的心理失落，教育者一方面要提醒学生在正确认识自己的基础上根据自身的特点确立适当的抱负水平，另一方面也要对他们抱有适当的、合理的期望，避免过高期望对学生自尊心带来的损伤。不少家长对子女有过高期待，在这种不切实际的期待之下，无论家长还是孩子都无法承受孩子不完美的表现，最终导致孩子不能面对真实的自己，产生拒绝上学等退缩逃避的行为。

2. 增加青少年的成功体验，提高自我效能感。

自我效能感是影响自尊的重要因素，是个体对能否胜任和是否对事件具有控制力的感觉。成功可以提高一个人的效能感，而失败则会降低效能感。如果学生难以体验到成功所带来的喜悦、兴奋，则可能否定自己，甚至自暴自弃，或者以逆反行为来维护其自尊。

给青少年确立一个可及目标，并协助他们完成，会增加他们的自我效能感，进而提高其自尊水平。还有些青少年特别在意自己失败的经验，这种知觉偏差影响其自我效能感的评价，降低自尊水平。因此，寻找自尊水平较低的青少年的潜在优势，让其独立完成一些力所能及的工作，创造机会使他们获得成功，体验成就感，从而提高其自尊水平。通过强调个人成功经验，让其观察自身成功的表现，可以改善其选择性知觉偏差。

教育者可以有目的地帮助青少年提高能力，特别是青少年自己所重视的能力，从而提高他们的胜任感。例如，可以通过提高学生的体育能力来获得同伴、老师的认可，相应地提高他的自尊水平。另外，还应注重青少年的品德教育，培养他们的高尚情操，增强其集体荣誉感和责任感，自觉抵制影响自尊的不良心理，如攀比、嫉妒心理，启发他们进行自我教育，鼓励他们增进友谊，建立良好的同伴关系。

3. 对青少年进行挫折教育，提高其心理承受力。

由于家庭过多的保护，当代青少年成长较为顺利，较少经历挫折的考验，导致他们抗挫折能力不足，可能会因为一次同学之间的小冲突或考试成绩不理想而拒绝上学。教育者可以通过分享自己曾经受挫的经历，使青少年认识到挫折在生活中是普遍存在的，每个人不可避免地会将碰到各种挫折，关键在于如何战胜挫折。同时，家长和教师要在生活和学习中提供受挫机会，如体育锻炼、校外活动等，通过这些活动使学生经历挫折，逐渐提升其对挫折的抵抗能力及心理承受能力，更好地维护和提升自尊。

4. 正视青少年的个性差异，合理采用激励和强化方式

社会的快速发展、家庭结构的变化、激烈的升学和就业压力，使很多父母过度关注孩子，"望子成龙、望女成凤"。学生们大部分精力都用在学习文化知识，应对升学考试上，对课外知识的了解及个人爱好兴趣的培养等方面非常欠缺。家长也很少试着去理解儿童在学习过程中所承受的种种困难和心理困扰，导致其内心压力不能及时得到缓解，长期处于情绪紧张状态，一旦受挫，容易诱发拒绝上学行为。

教育者要改变教育观念，摆正自己的位置，不能以过度干涉代替宏观引导，帮助青少年创造发展自尊的自由空间。教育者要充分尊重和信任学生的潜能和主动性，用爱意、赞赏、接受等方法形成良好的教育氛围，鼓励、培养和引导青少年自尊的健康成长。对于绝大多数的青少年而言，通过引导和培养形成其积极的自尊感，是改进和推动其心理、行为发展的最有效的方式之一。

二、心理弹性

心理弹性（Psychological Resilience）是指个体在经历逆境后仍能保持或者恢复正常的一种调适能力，是青少年心理健康的重要保护因素。20世纪70年代，一批心理学家和精神病理学家开始关注心理弹性，通过对在逆境中发展良好的儿童的研究，探索对不利处境儿童的干预方案。

心理弹性对个体身心健康发展具有重大价值。当个体经历重大生活事件时，心理弹性可以作为一种保护性因素，在一定程度上缓解生活事件对其造成的直接影响。危险因素影响个体发展的最终结果可能因心理弹性这种保护性因素的作用而发生改变。研究表明，心理弹性越高的学生，越能很好地应对逆境、悲剧、威胁等消极生活事件，其心理健康问题也就越少。这提醒我们，应该高度重视心理弹性对个体心理健康发展的价值，并通过提升个体心理弹性来保障其心理健康发展。

心理弹性水平高的青少年拥有乐观、坚韧、自强的积极心理品质以及适当的应对方式，在面对创伤和逆境时，它能帮助青少年抵御或缓冲应激造成的消极影响，从而使其更少受到抑郁和焦虑的困扰，表现出良好的社会适应。而心理弹性不足的青少年，在面对学习压力和困难时，不能及时调用其心理资源，对学校环境适应有困难，最终导致拒绝上学行为。

（一）影响因素

1. 危险性因素

危险性因素是指增加不良适应结果出现的可能性的生物的、环境的以及心理社会方面的各种因素，和压力水平无关。

个体发展过程中的危险性因素分为两大类，遗传或基因方面的因素、环境方面的因素。危险性因素包括气质与人格（例如神经质）、冲动性、低智商、虐待、父母冲突、家庭矛盾、经济不利、同伴不良影响、学校与社区的不利因素等。对处于高危情境下儿童青少年的研究中发现，有一些个体并没有出现预期的各种不良发展结果，相反，他们能够正常地适应，甚至从压力、逆境中成长。研究者们对这些适应良好的个体进行研究，也就开始了关于保护性因素的研究。

2. 保护性因素

保护性因素的定义目前还存在争议。广义上来说，保护性因素是指那些能够帮助提升儿童青少年能力、能够促进良好适应的人格的、社会的、体质的等方面的因素或资源，而这些因素或资源能够降低问题行为等不良适应出现的可能性。也就是说，这些因素简单地与积极结果相联系，这就是主效应模型（Main Effect Model）或直接效应（Direct Effect）。这种定义并没有强调个体必须经历危险或压力。而保护性因素的更严格的定义要求必须有危险的经历，即保护性因素缓冲危险性因素的作用。保护性因素在高危情境下发挥作用，但在低危情境下并不起作用，它与压力、危险性因素发生交互作用影响适应的结果，调节压力和消极结果之间的关系，这就是我们熟悉的压力缓冲效应（Buffering Effect）或间接效应（Indirect Effect）。

保护性因素分为三类：个体、家庭和社会环境方面的因素。其中个体方面的因素包括自尊、内部控制源、积极的归因、良好的人格等；家庭方面的因素包括家庭凝聚力强、亲子关系良好、家庭和睦等；在社会环境方面，保护性因素包括良好的人际关系（同伴关系、师生关系）、和谐的学校氛围、和睦的邻里关系、安全的社会环境等。

危险性因素和保护性因素并不总是处于一个连续体上，危险性因素的另一端并不一定是保护性因素，它们可能属于不同的维度，并存于青少年的发展过程中。而且，在个体不同的发展时期，危险性因素和保护性因素可能是变化的。比如，贫穷在个体幼年时期和青少年时期可能会是一个很严重的危险性因素，因为经济状况的好坏直接决定着孩子的生长、发育、受教育水平等，但对成年人来说，贫穷可能会促使他们更加积极努力，成为他们奋斗的一个动力，从而起到保护性因素的作用。

（二）心理弹性水平的提升

心理弹性具有可塑性，可以通过后天的教育和训练来培养，就像通过体育锻炼来增强身体素质一样，可以通过一定的方式来帮助青少年提升心理弹性水平。

1. 培养青少年积极心理品质

有研究表明，心理弹性好的青少年有较高的自尊和自我效能感，有良好的适应性、乐观等积极心理品质。他们能够利用自身自强和乐观的积极心理品质减少压力的不良影响，从而保持心理健康，培养积极的心理品质对提升学生的心理弹性十分重要。教育者要多鼓励孩子，让他们在生活和学习中获得成功体验，从而提高他们的自我效能感，为心理弹性的发展提供基础，使他们更有信心完成任务或克服困境。要帮助孩子找到有成功体验的活动，并对其经常失败和不擅长的任务加以帮助，协助他们完成，从而增加自信心和自我效能感，拥有战胜逆境的积极健康的心态，能使他们更好地去应对困难。

2. 开展挫折教育

心理弹性是人类适应社会的一种重要的心理素质，它可以通过锻炼增强。从心理弹性作用机制来看，成功应对压力和挑战可有效地提升心理弹性水平。当今青少年物质生活富足的同时也面临着许多问题。有些孩子从小娇生惯养，父母包办一切，孩子很少亲历过失败，这样容易使孩子形成以自我为中心的性格，并且害怕失败，无法接受他人对自己的批评。教育者要引导青少年积极地看待压力、挫折和创伤等消极生活事件，允许青少年失败、受挫。对青少年进行挫折教育，使他们意识到压力、挫折等是很正常的事情，每个人都会遇到，要以积极乐观的态度去面对。在学校这个保护因素相对稳定的环境，可以根据学生的具体情况进行适当的挫折教育。可以通过开展团体心理活动和社会实践活动，让学生历练自己，学会怎样去面对挫折，在困难和磨难中提升心理弹性。

面对挫折的时候，青少年可以学习积极的应对方式来应对挫折，缓解压力。研究发现，体育锻炼不仅可以影响青少年的心理弹性，而且可以通过自我效能和应对方式等中介变量对青少年的心理弹性产生影响。因此，家长要从小培养和鼓励青少年积极参加体育锻炼。学校可以开设心理教育的课程或讲座，使学生了解和掌握应对压力和挫折的技能或方法，增强他们处理困难的能力，增加行为的可控性，保持良好的心态，从而拥有战胜逆境的信心。通过有意识地学习及锻炼，让积极主动面对困难挫折成为青少年的行为方式。

3. 培养良好的人际关系

良好的人际关系是青少年重要的社会支持力量，心理弹性的重要外在资源。

首先，亲子关系。父母要用好的教养方式对待子女，在子女遭遇挫折的时候给予心理上的支持，为子女树立正确应对挫折的榜样。父母使用一些有效的方法来帮助提升青少年的心理弹性，能让青少年更好地应对生活中的压力、逆境，更好地适应环境，这也会成为他们未来面对复杂社会的铠甲，不惧挫折，顺利应对人生的各种变化。子女也要积极地与父母进行交流和沟通，与父母建立良好和健康的沟通方式。

其次，同伴关系。处于青春期的青少年试图摆脱家庭的影响，倾向于在家庭之外建立自己的社会关系，此时同伴关系对青少年的影响比亲子关系更为重要。考试、升学、人际交往等都会给青少年带来许多压力，良好的学校氛围以及友好的同伴关系都可以缓解青少年面临的各种压力，提高他们的心理弹性水平。

第三，师生关系。教师的关心与肯定是青少年心理弹性的保护性因素。因此，教师不仅要关心他们的学习，还要关心他们的心理，适时给予其肯定与鼓励，帮助其树立信心，克服困难。通过教师和同学的齐心协力，共同营造和谐校园氛围，使青少年适应学校的学习与生活。

总之，心理弹性对个体的发展具有深远意义。提高青少年的心理弹性不仅需要青少年个体、家庭及学校的支持，更需要整个社会的支持。

三、应对方式

应对方式（Coping Style）是指为应对内外环境要求和相关情绪困扰，人们采取的方式、技巧或计策。解亚宁将其划分成积极应对和消极应对两部分。消极应对方式是个体在遇到压力性事件时采取回避、发泄等应对方法。

Lazarus 将应对方式区分为问题指向（Problem-focused）与情绪指向（Emotion-focused）的应对方式，以描述在处理应激的过程中针对问题本身（例如问题解决），以及针对应激所导致的情绪（例如放松、情绪发泄、焦虑等）的不同处理倾向。虽然 Lazarus 并不认为这两类应对方式存在积极或消极之分，但他还是认为只有最终解决应激才能帮助我们摆脱困扰。因此，通常认为问题指向的应对（其中主要是问题解决）是积极的，情绪指向的应对则往往是消极的。

在应对研究领域，应对方式被认为是导致个体出现适应性结果的关键因素，与心理健康之间存在密切关系。如果个体在处理应激事件时，采用了积极、合适的应对方式，有助于个体成功解决问题，那么他就更有可能最终获得适应性的结果，促进个体心理健康。而消极、不合适的应对方式，会带来非适应性的后果，对人的身心健康造成不同程度的伤害。

关于应对的主要理论观点。①心理防御机制的观点。该观点源于弗洛伊德的自我防御机制理论，认为个体面临应激性事件时会无意识地运用否认、压抑、投射、升华等防御机制来应对问题。这一观点为应对指明了无意识层面上的研究方向。目前，应对领域研究的防御机制已不再是弗洛伊德的概念，而是更倾向于强调个体对环境、社会的适应性应对及实证研究，并注重意识领域的研究。②人格功能理论的观点。该理论认为，个体的人格特质决定其应对方式，每个个体都处于和应对有关的几种人格维度上。如内向——外向、面对——逃避、抑制——敏感。因此，不同个体的应对方式由于人格特质而具有个体差异，不同情境下同一个体的应对方式具有相对稳定性。该理论过分强调人格特质对应对方式的影响而忽视了具体应激情境对应对方式的影响。③情境理论的观点。该理论强调情境因素在个体应对方式选择中的决定性作用，应对是对特定情境的反应；注重不同情境下个体应对方式的研究。与人格功能理论相反，它忽视了人格特质、个体差异对应对的重要作用，不能说明同一应激情境下个体应对方式的差异，也不能说明在不同时间，同一个体、同一应激情境下应对方式的差异。此外，也不能对客观情境的应激与主观体验到的情境的应激做出区分。因此，对应对缺乏一定的解释效力。④现象学——相互作用理论的观点。它源于应激的认知——现象学——相互作用理论，强调具体的人、具体的环境、具体时间对具体应对方式的影响，认为应对是个体与环境之间相互作用着的动态过程。它既承认应对的个体差异性、时间变化性，又承认情境的变化性，在一定程度上克服了人格功能论和情境论的缺陷，被认为是一种相对全面的应对理论。⑤马塞尼小组的观点。肯尼斯·马塞尼（Matheny，K.B.，1986）在以上观点的基础上，对近年来的应对文献进行元分析后，认为应对不仅是消除或减弱应激源，不仅是所谓健康的或适应性的应对，它是任何预防、消除或减弱应激源的努力，无论是健康还是不健康的、有意识还是无意识的，这种努力也可能是以最小的痛苦方式对应激的影响给予忍受；应对首先可根据其斗争或预防的本质来看待。该观点为应对方式分类的研究提供了一种新的思路，使得应对方式的研究趋于微观化。

（一）影响因素

应对方式的影响因素大体可分为稳定因素和情境因素。稳定因素包括个体的年龄、性别、遗传素质、人格特质等。研究认为，人格因素对应对方式的影响受情境变量的制约，人格因素可能影响的是应对方式的性质和类型。情境因素即不稳定因素主要包括应激情境的客观特征（如应激程度、可控程度、情境的可变性等）和个体对情境的主观理解及评价。

（二）积极应对方式培养

面对生活事件，每个个体都会下意识地采用某种应对方式，不同的应对方式带来的结果却不尽相同。一般来说，积极的应对方式、问题趋向应对、恰当的情绪趋向应对可以避免或减少生活事件对个体的伤害；而消极的应对方式则恰恰相反。拒绝上学行为是青少年面对学习及人际困难时消极应对的结果，要改变青少年的拒绝上学行为，需要培养他们的积极应对方式。

1. 帮助青少年建立合理的认知

应对方式与个体的认知有关。不合理的认知会导致不良的应对，合理的认知会产生有效、健康的应对。Ellis的ABC理论认为，激发事件（A）（Activating Event）只是引发情绪结果（C）（Consequence）的间接原因，而引起（C）的直接原因则是个体对激发事件（A）的认知和评价而产生的信念（B）（Belief）。即人的消极情绪和行为障碍结果（C），不是由于某一激发事件（A）直接引发的，而是由于经受这一事件的个体对它不正确的认知和评价所产生的错误信念（B）所直接引起。根据ABC理论，学生拒绝上学行为（C）的原因不是学校相关事物和情境（刺激）、评价情境（A），而是学生对上述事物的信念（B）。学校相关事物或评价情境（A）触发了学生既有的信念（B）"我不是一个好学生""我不受老师同学的欢迎"，从而带来不好的情绪或行为（C）"我讨厌上学""我不去上学"。错误信念也称为非理性信念。非理性信念有以下几个特点：绝对化思维、过分概括化、糟糕至极等。我们要帮助青少年通过识别不合理认知方式，并与之辩论，提高青少年合理评价和解释生活事件的能力，学会用外部和内部语言不断地给自己以积极的暗示和强化，建立合理的认知结构，如全面地看问题、发展地看问题、本质地看问题等。

2. 重视应对知识的传授

现代心理学的研究证明，拥有专业领域的大量知识是有效解决专业问题的一个重要条件；同时，经验也告诉我们，那些饱经风霜的人总是能从容应对各种生活事件。所以，青少年需要加强应对知识的学习，只有拥有了丰富的应对知识，才能坦然应对各种生活事件。应对知识的传授途径有许多，学校可以开设相关的课程，大众媒体加大宣传力度，社区组织各种相应的活动，家庭潜移默化、随时随地、有针对性地对青少年进行教育等等。首先，培养青少年对预警的识别能力。当危机发生时，青少年能够有所警觉，并在第一时间利用相关知识启动应对机制。让青少年知道生活中可能会遇到哪些危机事件，做好相应的心理准备。哪些危机可以依靠自己的力量解决、如何解决。帮助青少年了解可以紧急求助的各类单位和组织名称、电话号码等这些基本的常识。一旦发生危机事件，青少年能及时寻求帮助。其次，教会青少年懂得求助。如果自己不能解决困扰，要懂得寻求社会支持（包括关键的社会网络成员，如父母、教师、同伴）。知道正确求助程序是什么，懂得从社会支持中寻求帮助。如果有需要还可以寻求心理咨询和心理治疗专业人员的帮助。只有青少年了解并熟知了这些应对知识及相应的求助渠道，才有可能在危机来临时有意识地运用。最后，使学生理解掌握常用的应对策略。研究者从不同视角提出了许多的应对策略。这些应对策略都有自己的使用条件，如果使用不当，就会适得其反。所以，教育中不仅要求学生理解策略，更重要的是要掌握其使用条件，明确其优缺点，才能为自己所用。由于学生认知、情感、意志等之间存在个体差异，要指导学生在自我认知的基础上，结合自己的各种优势，消化吸收已有应对策略，构建自己的应对策略库，这样才能更有效地应对生活事件。

3. 培养青少年选择和执行应对行为的能力

情绪对行为有重要的影响作用。在激烈的情绪下，个体很难做出理性正确的行为决策。为了提升青少年选择和执行应对行为的能力，首先应加强应对情感教育，提高学生情绪管理水平。在生活事件引起的压力下，个体基于认知评价而产生诸如焦虑、烦恼、悲伤、愤怒等种种形式的情绪情感反应。这些情绪情感反应常常伴随相应的植物性神经功能改变而激活体内潜能，以应对生活事件，形成保护性反应。应对情感教育一方面要引导学生在出现悲伤、愤怒、悔恨等负性情绪时，要敢于面对和接受，并且能够通过运动、诉说等方式排解和宣泄，将内在的负性情绪外化，把压力释放出来。另一方面要通过理论指导和实际训练，帮助他们学会合理调控自己的情绪，使其能有效地控制情绪的波动，对生活事件带来的焦虑、不愉快、愤怒、悲哀等情绪体验能够适时、适度、恰当地表达和灵活地转移，提升生活事件的建设性功能，将生活事件带给个体的消极影响降到最低程度。其次，我们要致力于提高学生的自信、乐观等品质。自信、乐观是具有认知属性的人格特质，它们会对个体的应对产生影响。如自信的个体在面对生活事件时相信有足够的心理资源应对生活事件，在应对中会体验到挑战感或满足感；不自信的个体较倾向于认定自己无力或无法应对面对的生活事件，在逃避中体验到威胁感和无力感。乐观的个体在面对生活事件时倾向于积极归因或自我保护归因，而悲观的个体则倾向于消极归因或自我贬损归因。

4. 提高青少年综合素质

青少年的积极应对方式的培养应该和提高青少年的综合素质结合起来。只有让青少年全面发展，自理自立，才能应对各种困难和挑战。全社会尤其是家庭一定要从小锻炼青少年的自立能力和坚强的个性，让青少年尽早动手熟悉、处理日常生活事件，进而培养其重大生活事件的应对能力。社会支持是影响青少年适应和应对压力的重要因素之一，人际关系是社会支持的主要来源。学校应通过专题讲座等形式帮助青少年获得人际交往的基本知识和技能，培养青少年构建和谐人际关系的能力，从而丰富其应对的社会支持资源。为此，家庭、学校和社会应该联合起来，尽早地培养青少年的自我保护意识和能力，教给他们应对生活事件的知识和技能技巧，养成积极的应对方式，为成长发展增加一重保障。

四、讨论

本研究对拒绝上学行为的影响因素，包括自尊、心理弹性、应对方式提出了针对性的干预措施。

自尊、心理弹性、应对方式三者相互影响、相互作用。首先，自尊影响心理弹性。自尊被认为对心理弹性具有核心影响力，是心理弹性的关键内在因素。有研究证实，自尊与心理弹性呈显著正相关，自尊水平越高的个体拥有更高水平的心理弹性。高自尊水平有利于个体缓冲压力性事件所带来的消极影响，降低个体脆弱性并提高适应性，体现出良好的弹性水平。其次，自尊影响应对方式。自尊的高低影响个体在应激情况中所选择的应对方式，高自尊个体倾向于使用解决问题、求助等应对方式，低自尊个体则会更多选择压抑、逃避、退缩等应对方式。第三，心理弹性对应对方式产生影响。心理弹性水平高的青少年拥有乐观、坚韧、自强的积极心理品质，在面对创伤和逆境等应激时，它能帮助青少年抵御或缓冲应激造成的消极影响，从而采取适当的应对方式。第四，应对方式对自尊和心理弹性产生影响。有研究发现，积极应对方式是影响心理弹性的重要因素，通过培养青少年积极的应对方式可以提高其心理弹性。同时，积极的应对方式能带来适应性的结果，提升个体自信，有利于自尊水平的提升。

鉴于自尊、心理弹性、应对方式三者相互影响、相互作用的关系，在对拒绝上学青少年进行干预时，在干预措施的选择上既要考虑其特定人格类型，进行针对性的干预；同时也要适当兼顾其他心理因素的影响。

第四节　一例神经质青少年拒绝上学的案例研究报告

　　本研究提供了一例神经质青少年拒绝上学案例的心理咨询过程，示范基于人格类型的干预模式在心理咨询过程中的实际操作，供相关人员对青少年进行拒绝上学行为干预时做参考。

　　本研究中，心理老师根据神经质人格对拒绝上学行为的作用机制，在对个案的辅导过程中，通过提升个案的自尊水平及培养其积极的应对方式，最终改变了个案的拒绝上学行为。

一、个案信息

（一）基本情况

　　H同学，男，13岁，独生子。初一下学期刚开学时，H同学隔三岔五找理由不去学校。班主任家访，他也不说理由。班主任将他转介到学校心理咨询室，第一次是由母亲陪同来。

（二）第一印象

　　H同学，身高1.60左右，偏瘦，情绪紧张，两只手紧握在一起，表情不自然，说话声音比较小，习惯低头，不敢看心理老师，不会主动说话，回答问题也尽量用简单的词语，或者用点头摇头代替，提到跟学校有关的事情时，情绪明显焦虑烦躁，两只手不停地搓。

（三）家庭情况

　　父亲50多岁，本地户口，小学学历，身体不好，无劳动能力，长期无业，吃低保，无法参与对孩子的教育和管理。母亲，30多岁，外地人，中专学历，在一家小公司做会计，收入不高，家中一切事务全靠母亲一人打理。其父在H同学的生活中存在感很低。母亲只在第一次跟心理老师见面时提到过他，说他"一天到晚躺在床上"，除了吃药吃饭就是睡觉。当心理老师问到吃什么药时，她用手指指脑袋，说他"古古怪怪"，似乎有些精神上的问题。在之后的咨询中，H同学及母亲从来没有主动提到过父亲。H同学的母亲虽然学历不高，但是人长得比较漂亮，干净整洁，说话温柔，有条理，给人印象很好。在提到儿子不想上学时，她满面愁容，看得出内心非常煎熬。父亲有一个姐姐，年纪很大，经济状况也不好，两家往来较少。母亲有个弟弟，条件尚可，住在广州郊区。

亲子关系。因父亲年老体衰，H同学从小跟母亲比较亲近，父亲的角色似乎不存在。母亲对H同学则是无原则的迁就溺爱。H同学对母亲一方面无理要求，另一方面，当看到母亲因为自己的事情操劳奔波，他又充满内疚。除了母亲外，舅舅可能是H同学接触较多的一个人。他对舅舅充满惧怕，因为舅舅对H同学要求严格，曾经动手打过他几次。对于舅舅的管教方式，母亲也不是很赞同但又不敢表达意见。后来舅舅搬到郊区，再加上H同学阻扰，母亲跟舅舅的往来也减少了。

（四）成长经历

H同学从小成绩不好。由于母亲溺爱，造成他脾气很大，稍不如意，就倒在地上打滚。母亲很怕他发脾气，对他的要求几乎都会想办法满足。H同学虽在家里不讲理，到了学校却胆小怕事。小学一二年级，H同学基本能正常上学。到了三年级，功课加重，作业多，有时没法完成，H同学害怕被老师批评，就不想上学。遇到这种情况，母亲只好买玩具哄他。到后来养成习惯了，经常都要母亲买了玩具才肯去上学。在这期间，母亲找到老师，提出孩子上学方面的困难，希望老师降低对他的要求，老师答应了。到五六年级时，H同学的舅舅看不过去，劝说母亲不要再溺爱他了。于是，遇到孩子不听话的时候，母亲就会求助于H同学的舅舅。当时舅舅未婚，住在附近，有较多时间管他。舅舅长得高大，对H同学要求严格，在他不听话的时候会打他。因此，他很惧怕舅舅，比较听他的话，学习也稍微认真些。

H同学初一上学期有两天没去上学，原因不明。

朋友关系方面：H同学从小朋友比较少。有一个交往得比较久的朋友，是小学同学，住在楼下。H同学在初中没有固定的朋友，放学回家会跟楼下那个小学同学玩。

二、分析

（一）个性

H同学是典型的神经质人格。首先，情绪稳定性差，容易生气乱发脾气。根据母亲的回忆，从几岁开始，H同学稍不如意就会大发脾气。有时会为了买零食或跟小朋友抢玩具而大发雷霆，哭闹不止，甚至会躺着地上不肯起来。每当遇到这种情况，母亲总是想办法满足他的要求，基本上H同学的每次哭闹都能如愿以偿。其次，敏感。H同学很在意老师和同学对自己的评价，总是担心老师和同学不喜欢自己，特别是到初中以后，经常回家跟母亲唠叨，说老师表扬其他同学，自己得不到表扬。有时会因为没到受表扬，在家发脾气。

（二）自尊

H同学自尊处于较低水平。用母亲的话说就是自尊心比较强，对来自周围人的批评非常敏感。小学一二年级基本能跟上学校的学习进度，但到了三年级以后，学习开始吃力，有时完不成作业，就不想去学校。母亲跟老师联系，希望老师能降低对H同学的要求。在这种情况下，整个小学阶段，H同学基本能正常上学。H同学对老师的评价非常在意，看到老师表扬其他同学，会回家发脾气，希望能得到老师的表扬。因为从小体弱多病，母亲让他坚持练习乒乓球，在同学中算打得不错。他非常期望上体育课，因为老师有时会让他示范乒乓球的打法。他会为此开心好几天，但是如果体育课上没有打乒乓球，他会生气愤怒，回家跟母亲抱怨，发脾气。

（三）应对方式

H同学习惯采用消极的应对方式。小时候向母亲提出要求不被满足，或跟小伙伴闹别扭，稍不如意，就大哭大闹，甚至躺在地上不起来。小学阶段，同桌不小心碰到他的书包，他感觉到被冒犯了，回家后也不给母亲说，第二天就不去学校。之后，经过母亲与学校老师沟通，了解到具体原因。老师跟同桌了解情况后，打电话给H同学，进行了解释及劝说，再加上母亲答应给他买玩具，H同学才肯回到学校。

三、咨询方案

本研究关于神经质对拒绝上学行为的作用机制发现，神经质可以分别通过自尊与消极应对的中介作用、自尊和消极应对的链式中介作用间接与拒绝上学行为相关。根据以人格为基础的干预模式，在对拒绝上学行为进行干预时，神经质人格干预的重点是自尊和应对方式。

鉴于H同学的神经质人格特质，心理老师对H同学的辅导目标是提升其自尊水平及改变其消极应对方式，通过对人际关系及学业相关问题的处理达到该目标。咨询的初始阶段，主要是建立良好的咨访关系；第二个阶段，处理同伴关系问题；第三阶段，处理学业问题。

个案咨询时长一年多，共41次，咨询设置每周一次（节假日除外），每次40分钟，咨询地点：学校心理咨询室，免费。

四、咨询过程

（一）第一阶段 建立咨询关系

H同学第一次见心理老师是班主任预约，由其母亲陪同过来。之后，就由他本人在约定的时间单独来见心理老师。

母亲与心理老师打招呼并自我介绍时，H同学显得拘谨，低着头，靠母亲比较近。母亲离开咨询室后，心理老师请H同学坐下，他看起来比较紧张，双手握着，有些无处安放的感觉。心理老师给H同学倒了一杯水，他接过水杯，端在手上并没有喝，很客气但小声地说"谢谢"。心理老师试图缓解H同学的紧张情绪，直接询问"对这里不熟悉，感到有些紧张是吗？"H同学点了点头。心理老师表示来到一个陌生的地方，感到有些紧张是正常的，能理解他的感受，并请他尽量放松，提醒他如果暂时不想喝水的话，可以把水杯先放到茶几上。H同学听话地把水杯小心翼翼地放到了茶几上。接着心理老师简单询问了H同学的一些基本情况，希望能缓解其紧张情绪。比如在哪个班、班主任是谁、多大了、家里是否有兄弟姊妹等问题。H同学的回答都非常简单，不主动多说，声音也很小。

心理老师：你来到这里，是想得到哪方面的帮助呢？

H同学：是妈妈让我来的。

心理老师：那你现在可以思考一下，希望老师能为你做些什么？

H同学沉默不语。心理老师继续询问。

H同学：不知道。

初次会谈，心理老师感觉到H同学的阻抗，不愿意多说，对于心理老师的提问，要么简单回答，要么沉默，偶尔表示"不知道"。

（第一次咨询，心理老师发现H同学情绪紧张，阻抗严重，不愿意多交流。于是，心理老师将咨询的节奏放慢，希望通过尽量多的陪伴和等待，得到H同学的信任。）

5次咨询后，心理老师对H同学及家庭情况基本了解。H同学的父亲是本地人，50多岁，身体不好，没有工作，经常在家睡觉，基本不管H同学。H同学和父亲关系很疏远，对父亲没什么感情。母亲是外省人，30多岁。H同学自小由母亲管教，和母亲比较亲近。H同学表示知道母亲很爱自己，跟母亲提什么要求，母亲总是会尽量满足，比如想买喜欢的玩具，母亲有时候不给买，但发一下脾气母亲还是会给买回来。从大约五六年级开始，H同学觉得母亲对自己就没那么好了，想要母亲的手机玩游戏，母亲经常不给玩，需要跟母亲吵一吵，发一下脾气，母亲才会把手机给H同学玩一下。有时也会因为学习的事情和母亲争吵，比如母亲叫H同学去写作业，H同学没有去，多数时候是在玩手机或者看电视。对于母亲的催促，H同学就会生气和母亲吵架。H同学跟母亲吵架的事情被舅舅知道后，舅舅会来教育他。舅舅当时住得比较近，还没有结婚，经常来H同学家，也因此经常管教H同学。舅舅很凶，H同学表示自己很怕他，因为不上学和玩手机的事情，舅舅还打过H同学。H同学表示自己不喜欢舅舅，不愿意去舅舅家，也不愿意舅舅来自己家，也反对母亲和舅舅来往。现在舅舅结婚了，搬到郊区去住了，有了自己的孩子，很少来H同学家。于是母亲和舅舅也来往不多了。

对于学校，H同学的态度是很矛盾的。<u>一方面，表示自己不喜欢上学</u>，觉得老师喜欢学习成绩好的学生，而自己学习成绩不好，老师不喜欢自己。小学三四年级以后，学习越来越难，有时候完不成作业，会被老师批评，也会被同学说。H同学觉得老师和同学有时候是故意为难自己，不喜欢他们。<u>另一方面，他又想上学</u>。虽然他很习惯地顺口说出类似"我不想上学""学校无聊"之类的话。但是，心理老师能够感受到他在说这些话时，明显的言不由衷、表里不一。特别是提到老师表扬其他同学，自己很希望得到老师的表扬时，H同学眼里充满了渴望。对于"想上学"这部分，心理老师觉得很有必要进行探究，后续干预中可以进一步强化这个部分。但在咨询的初始阶段，暂时不合适往这个方向做太多探讨。

H同学自小就没有什么朋友。虽然他很渴望友谊，但是总担心同学可能不喜欢自己，他也没有胆子去主动找同学交流。他觉得不知道和同学聊些什么，有时候看到同学聊得很欢，他也想插嘴，尝试说一下话，但会很快被同学打断。于是，他感觉自己不受欢迎。目前为止，H同学有过一个算是朋友的人。他是H同学的小学同学，住同一栋楼的楼下。多数时候是H同学去找他玩，一起打游戏什么的。那个同学也没有什么朋友，但是H同学也不觉得和他是很好的朋友，两个人不会谈心，有时候两个人在一起没什么话说。H同学跟他也会闹矛盾，比如打游戏的时候，两个人会吵架。上初中以后，那个同学去了另外一个学校，和H同学玩得越来越少了，有时候H同学去找他，他在和别人聊微信，都不怎么理H同学，H同学觉得对方不在意自己。

（第1～5次咨询：初步了解H同学的情况，建立咨询关系。在这个阶段，心理老师带着好奇，尝试去尽量多地了解H同学及其家庭的信息，特别是关于他的同学关系和朋友关系，没有进行直接干预。）

（二）第二阶段处理同伴关系

第6次咨询：经过前面几次的谈话，H同学放松了很多，防御慢慢减少，愿意多说一些了。对心理老师的提问，用"不知道"来回答问题的时候逐渐减少了，说话时头稍微抬高一些，但多数时候还是不敢看心理老师，回避与心理老师的眼神交流，眼睛比较多望向其前方一点的地面，声音稍微大了一点。

本次咨询，谈到了H同学不愿意上学的状况。H同学表示上初中以后，作业增多，学习很吃力，有时候听不懂老师讲的知识，作业不会做，为了交作业，有时候乱写，有时候抄同桌的。这个学期新来了一个数学老师，很严厉，不交作业的同学会被点名批评，还要罚留堂。以前小学时，作业写不完，H同学会让母亲跟老师说一说，这样老师就不会批评自己，但现在初中老师要求比较严格，母亲跟老师说了也没用。每天上数学课时H同学就提心吊胆的，担心被数学老师批评。另外，H同学觉得在学校里待着很孤独，不敢跟同学玩，担心同学不喜欢自己，怕老师批评自己。他觉得老师喜欢那些活泼的、学习好的学生，而自己学习不好，性格也不好，没什么突出的优点。

心理老师：老师是否经常批评你？

H同学：没有。但是我很怕，总是在担心。

心理老师：嗯，总是在担心。

H同学：是的。担心老师提问自己，还担心自己回答不出来。

心理老师：有没有不担心的课程呢？

H同学：有的，体育课。

H同学表示在学校唯一喜欢的课是体育课，因为体育老师有时候会让大家打乒乓球，而H同学乒乓球打得不错，小学六年级时拿过学校乒乓球比赛二等奖。体育老师也当着大家的面表扬过H同学的乒乓球技术。体育课时，打乒乓球时输的同学会被换下去，而H同学通常是"稳坐江山"的那个，对手一个一个被自己打得换下去，感觉很有成就感。有时候H同学打出好球，旁边的同学还会鼓掌，那时候会感觉很开心。H同学在说到打乒乓球时，原本黯淡的眼神变得有光了，表情明显放松了很多，还下意识地挥动手臂。心理老师于是跟H同学重点聊乒乓球，讨论了一些打乒乓球的技巧，还有他之前打球的一些经历和趣事。咨询结束，H同学和心理老师道别时，脸上表情明显轻快很多。

（第6次咨询有一个比较大的突破，因为聊到了H同学喜欢的乒乓球。心理老师就乒乓球这个话题跟H同学进行了比较多的探讨，考察是否可以将乒乓球作为H同学自尊的一个支撑。）

第7次咨询：本次H同学进门后腼腆地微笑了一下，跟心理老师打招呼，说了句"老师好"。之前都是心理老师先跟H同学打招呼的。每次都是老师先说"H同学，来了哈"，然后他有时候小声应一声"嗯"，有时候不出声，只是看一眼心理老师后眼神快速闪开。

H同学谈到这周的体育课，老师没有安排大家打乒乓球，一节课都是训练，练习跑步。H同学表示不能打乒乓球的体育课很没意思，体育训练很累又不好玩，自己跑步成绩一般。H同学回到家和母亲说体育课跑步很烦，被母亲教育说跑步可以锻炼身体，H同学觉得母亲不理解自己，和母亲吵了起来，还把桌上的一个杯子摔到地上摔碎了。

心理老师：你觉得母亲怎样说才算是理解了你呢？

H同学：不要说那些跑步很重要的话。

心理老师：那你觉得跑步重要还是不重要呢？

H同学：重要，但我的跑步成绩不好。

心理老师：跑步成绩不好，给你什么感受呢？

H同学：觉得自己不如别人。

心理老师：你希望自己表现好一些，有很多比别人厉害的地方，是这样吗？

H同学：是的。

心理老师：你觉得自己有比较厉害的地方吗？

H同学沉默着。

H同学：没有。

心理老师：乒乓球算吗？

H同学点点头。

心理老师：那还有别的吗？

H同学：没有了。

本次谈话结束时，心理老师布置家庭作业，让H同学回去想想自己除了打乒乓球比较厉害，还有哪些方面是比较好的。H同学答应了。

（心理老师希望H同学能以他自己擅长的乒乓球为起点，寻找更多的优点，但是并不成功。在这个部分，心理老师没有把握好节奏，稍微急切了一点。）

第8次咨询：H同学对上次家庭作业给出的答案是，没有找到自己还有什么比较好的方面。

心理老师：平时很少去思考自己比较好的方面是吗？

心理老师如此询问，想以此来安慰H同学没有找到自己比较好的方面可能带来的负面情绪，H同学点头。

　　H同学说到这周英语老师给积分最多的学习小组发了奖品，一人一个肯德基的汉堡。英语学习小组每组6人，每两周公布一次小组积分，排第一名的小组有奖品。H同学所在的这一组从来没有领过奖品，这次排名倒数第一，是最差的一次。得分的方式有上课回答问题、全组都完成作业等。H同学表示自己因为不交作业导致小组被扣过分，从来没有为小组挣过分，还有上课从不主动回答问题，有时是不知道怎么回答，有时是不敢举手回答，怕回答错了被同学嘲笑。

　　心理老师：其他同学站起来回答问题都答对吗？

　　H同学：不是，也有回答错了的。

　　心理老师：那同学们嘲笑他了吗？

　　H同学：（摇了摇头）没有。

　　心理老师：那同学们是怎么反应的呢？

　　H同学：没有什么特别的反应。

　　心理老师：听起来同学们基本上是不会那么关注谁答错了，可能更多关注的是正确答案是什么，更多关注在学习本身上，可以这么理解吗？

　　H同学：（点点头）好像是这样的（H同学若有所思）。

　　心理老师：小组成员有没有因为你没有为小组挣到分，甚至有时候不交作业导致扣分的情况而责怪你呢？

　　H同学：好像没有，因为他们自己也都有被扣分的时候，只是我自己心里感到愧疚。

　　心理老师：既然答错了没人责怪，是否可以尝试着在课堂上举手回答问题？

　　H同学犹豫着点了点头。

　　咨询结束时，心理老师给H同学布置了上次没有完成的家庭作业，如果自己没有找到自己比较好的方面，那么就去问问同学，请其他同学说说自己有什么比较好的方面。"也许同学有和你不一样的角度呢？"H同学犹豫着表示试试。

　　第9次咨询：H同学带来了上次咨询的家庭作业答案。

　　H同学：我问了同桌，同桌说我乒乓球打得好。还有，说我笑起来的时候很好看。

　　心理老师：你知道自己笑起来好看吗？

　　H同学：（很开心）不知道，但同学说了，我就知道了。

　　H同学表示只是问了同桌，因为和同桌说话相对比较多一点。

　　H同学说到这周二没有去上学，因为起床晚了，去学校的话要迟到，所以干脆就不去了。

心理老师：迟到是会被老师处罚吗？

H同学：没有，但老师会问为什么迟到，要向老师解释迟到的原因。

心理老师：是要向老师解释迟到的原因让你最终决定不去学校吗？

H同学：不是，就是不想去上学，因为在学校没意思。

关于在学校怎么才觉得有意思的问题，H同学表示要学习成绩好，或者有朋友玩，他认为老师喜欢那些学习成绩好的同学，而且学习成绩好的人都会有朋友。他还提到有一个W同学，虽然学习成绩不好，但他很"搞笑"，大家都很愿意和他玩。

心理老师：学习成绩好和有很多朋友，是两样都满足，你才觉得有意思，还是只要有一样，你就会觉得学校有意思了？

H同学：有两者中的一样，就会觉得学校有意思了。

心理老师：如果你可以选择，你是选择成为学习成绩好的人，还是有很多朋友的人呢？

H同学：有很多朋友的人。

后面心理老师请H同学谈谈学习成绩不好的W同学，除了"搞笑"，还有什么优点，H同学最初表示"不知道"。在心理老师鼓励并给时间让其思考后，H同学表示W同学很开朗很大胆，也会主动去找同学玩，还有他很大方，有吃的东西时会和别人分享，也很热心助人，同学遇到困难他都会帮助，比如有个同学腿骨折了，打着石膏，拄着拐杖上二楼不方便，W同学就多次背他上下楼。

心理老师：听起来，W同学受到大家欢迎的原因，似乎不仅仅是"搞笑"，还有开朗、大胆、主动、大方、懂分享、热心助人，这些特质也很可能是他受欢迎的原因，甚至是更重要的原因，可以这么理解吗？

H同学：（思考了一下，点点头）是的。

心理老师让H同学思考自己可以从W同学身上学习并去应用的好特质有哪些，H同学思考之后表示可以学习他大方分享，心理老师询问H同学是否可以学习W的热心助人，H同学犹豫着回答"可以"。当心理老师提到H同学乒乓球打得好，建议其可以教喜欢打乒乓球的同学打乒乓球时，H同学的眼睛闪亮了一下，表示自己以前体育课上和同学打球时，会教一下同学打球的技巧，那一刻觉得同学是喜欢自己的。心理老师肯定了H同学的助人行为，鼓励其继续这一行为，并建议H同学可以试着去学习W的分享行为。H同学表示可以后，心理老师与H同学讨论了分享什么的问题，H同学表示可以分享零食，同学们喜欢吃零食。心理老师与其具体讨论了如何去分享零食，最后确定下周就执行。

（在前期良好的咨询关系的基础上，心理老师开始对H同学的人际关系进行干预。人际是青少年自尊的重要来源，心理老师鼓励H同学交朋友，尝试跟同学建立关系。）

第10次咨询：H同学这周拿了一包辣条回学校去，和学习小组的同学们分享（学习小组的同学座位是挨着的，包括H同学和同桌，共6人），后来别的同学看到了，也来要吃，也给他们吃了。有的同学拿一根边吃边很高兴地走开，也有同学就在H同学的座位旁边吃边开玩笑，H同学也会和他们说笑一下。H同学表示很喜欢这样有人主动来和自己说话的感觉，不过觉得他们多是冲着辣条来的，因为有了辣条，才愿意和自己说话，但H同学表示有人愿意主动来找自己说话还是开心的。

心理老师：是不是所有同学都是冲着辣条才来和你说话的呢？

H同学：是的。

心理老师：假如说你虽然给同学辣条吃，但却板着脸不高兴的样子，那后面还会有那么多人过来吃辣条吗？

H同学：可能不会，因为板着脸好像不想给别人吃的感觉。

心理老师认可H同学的观点，并补充说这次辣条分享其实只是同学们过来交流的一个纽带，其实分享行为更多传递的是一种"我愿意和大家做朋友"的善意，人与人的交往，除了物质的分享，还有精神的交流，比如交换彼此的观点、谈谈自己的心里话、心情、经历的事情等等。H同学认真听着，点点头。接着心理老师与H同学探讨了传递"我愿意和你交朋友的善意"的一些方法，如主动找别人说话（观察同学们经常谈话的内容，自己做些积累准备，以便有共同话题）、加入到别人的谈话中认真听别人说话、助人行为（如教有兴趣的同学打乒乓球）、日常脸上表情放松有笑容、和同学主动打招呼等等。

（探讨怎样可以交到朋友。）

第11~16次咨询：主要围绕H同学如何建立同学之间的友谊关系开展。H同学在这段时间里，总的来说有些进步，如在学校的元旦文艺汇演时，参演的同学要换衣服，H同学与另外几个同学一起去协助递东西或者帮忙拿同学换下来的衣服。这段时间H同学有一次没有来上学。因为他在教同学打乒乓球时，班上几个很调皮的同学一起嘲笑了H同学的球技，说H同学自己都打得不好还教别人，H同学听了心里很生气但没有反驳，因为不敢反驳也不知道怎么反驳，第二天就没有去学校。心理老师就这个问题与H同学做了如何看待别人的评价（包括正面评价和负面评价）的探讨。

第17次咨询：本次咨询，心理老师先请H同学谈谈最近在学校感觉怎么样？H同学表示还行，比以前感觉好一些，没有那么孤独了（腼腆地笑了一下），因为在学校里有同学可以玩了，虽然有时候会跟同学闹点矛盾，但会和好。心理老师与H同学一起分析了同学关系变好的原因，主要从H同学努力的角度来分析：主动去找同学、与同学分享、参与同学们的聊天、不过度关注别人的负面评价、对同学的言语和行为经常从正面角度去理解、热心助人（如教同学打乒乓球、元旦帮演出的同学保管衣物等）。

H同学表示这个周末已经与住附近的几个同学约了一起去打乒乓球，H同学表示这是自己主动约同学的，因为自己之前去社区服务中心那里打过球，同学不知道，所以带同学一起去打。心理老师询问他觉得这样约同学是一件困难的事还是比较自然，H同学表示比较自然，因为这段时间在学校里也经常和他们打球。心理老师肯定了H同学主动约同学打球的行为。

（咨询到第17次时，H同学的人际关系已经有了比较大的改善。除了心理老师的陪伴与鼓励之外，H同学自身也是很努力地在做尝试。）

（三）第三阶段处理学业问题

第18次咨询：H同学表示与同学打球很开心，总共去了5个同学。打完球后，还一起去喝了奶茶，大家AA，各自买单。

这周也有不开心的事情。H同学和母亲吵架了，还发了很大的脾气。吵架的原因是H同学的母亲想趁着周末放假的时间，带H同学去舅舅家玩。可是H同学不想去舅舅家，因为不喜欢舅舅，也有些怕他。舅舅很严厉，H同学小时候被舅舅打过，虽然上初中以后，没有被舅舅打过了，但见到面，舅舅还是会说H同学，比如要好好学习、不能玩手机、要听妈妈的话等等，听了觉得烦。现在虽然与舅舅见面不多，但是H同学还是很不想见到他。吵完架后H同学看到母亲一个人坐着发呆，很难过的样子，H同学表示自己感到很内疚，觉得对不起母亲，知道母亲工作很辛苦，挣钱养家很不容易，可是吵架时又控制不住自己的脾气。两个人的相处模式就是这样的。母亲管H同学时（比如催吃饭、不许玩手机、要求写作业等等），H同学就会很生气，然后和母亲大吵大闹，但吵过后，又觉得愧疚，觉得对不起母亲，觉得自己很没用，什么都不会，也没什么能力。

心理老师：什么都不会吗？我记得你乒乓球打得不错。

H同学眼睛亮了一下之后黯淡下来。

H同学：乒乓球打得好没有用啊，要读书好才有用。我希望自己学习好，但是，学不会，我基础太差，学习太难了。

现在H同学的学习成绩中等偏下。心理老师与H同学探讨他学习方面的一些问题。H同学不能投入到学习中去，主要的障碍是基础不好，上课听不懂，对学习没兴趣，还有手机的诱惑。

咨询时间快到了，心理老师布置家庭作业，让H同学回去思考以自己目前的学习现状，通过哪些方面的努力可以提高学习水平。

（在人际关系取得进展后，咨询的重点开始转到学习上。要彻底解决拒绝上学问题，还是要对学业问题进行处理，同时学业的改善有助于自尊的提升。）

第19次咨询：H同学反馈家庭作业的答案，觉得自己可以提高学习水平的方式是不玩手机。H同学每天放学回到家，除了日常吃喝拉撒，就数玩手机消耗的时间最多，有时候会玩到一两点才睡觉，主要是打游戏和刷短视频。心理老师与他讨论了作息、写作业、玩手机和课外阅读的时间安排。因为要放假了，本次咨询结束时约定，下个学期开学后再继续咨询。

第20次咨询：这是开学的第一周，H同学回校时，特意带了零食回去和同学分享，是给本学习小组的几个同学吃的。他感觉与同学相处还可以，表示可能是刚开学的原因，大家都有很多话要说，都是说暑假的事，自己假期没有特别开心的事，就听他们说，有的同学出去旅游了，H同学表示是羡慕的。

H同学谈了假期在家的情况，总体感觉还是比较满意的，不用去学校，感觉自由很多，但在家里也多次与母亲发生冲突，主要母亲经常催H同学吃饭、冲凉（洗澡）、睡觉等等。对于母亲的经常催促，H同学觉得很烦，他经常用的应对方式是口头答应但不行动、干脆不理母亲、发脾气（如重重地把门关上锁起来或者直接吵架）。对于心理老师关于母亲催促时H同学正在做什么、感到烦的原因是什么的问题，H同学表示通常是在玩手机、打游戏、刷视频或者和网友聊天，多数是前二者，因为母亲催促而导致打游戏输了就更容易和母亲吵架。H同学表示自己打游戏赢了就会很开心，觉得自己很厉害，打游戏输赢概率大概一半一半。H同学说到不和母亲闹矛盾时也能和母亲说说话，比如想吃什么、和同学之间发生的一些事等，但通常不和母亲聊自己的心事。

关于开学回到学校的感受，H同学觉得还可以。因为暑假作业写完了，有同学没有完成作业，被级长罚放学后留下来补作业了，H同学对自己完成了暑假作业没有被罚很满意。

心理老师：你是怎么做到完成暑假作业的？

H同学：我也是开学前几天才写完的。有的不会就在网上问了同学，还有几道题是回到学校去抄同学的。

心理老师：完成的质量如何？

H同学：不知道，不太好（笑着着摇了摇头）。

心理老师：嗯，完成了假期作业，不会受罚，说明很多时候，努力去做，还是会有好的结果，是吗？

H同学：是的。

心理老师：上次布置的家庭作业，你谈谈自己思考的结果，以你目前的学习现状，通过哪些方面的努力可以提高学习水平呢？

H同学：不知道。

心理老师：那就结合这次完成假期作业来谈谈对自己的启发。

H同学：就是想玩手机的时候要放下手机，先写完作业。

心理老师：抵制住手机的诱惑是吗？

H同学：是的。

心理老师：还有别的吗？

H同学：暂时想不到别的了。

心理老师肯定了H同学刚才的总结。咨询时间到了，心理老师请H同学回去继续思考这一问题。

第21次咨询：本次主要与H同学讨论了在他现有的基础上，通过哪些方面的努力可以提高学习成绩。讨论结果如下：

1. 每天完成作业；

2. 上课认真听老师讲课，遇到听不懂的就标记下来，下课找同学或者老师问；

3. 写作业时为了减少被手机分神，要把手机放到自己看不到的地方或者给其母亲暂时保管，作业完成时间要事先确定下来，不要拖沓，如果觉得时间不好估计，可以买个闹钟放在书桌上；

4. 上课如果分神了，如发呆或者做小动作等时，可以捏一下自己，帮助自己集中注意力；

5. 在学校的时候，可以找同学一起学习，相互监督，H同学表示可以找同桌，让同桌监督和提醒自己学习。

6. 晚上不超过11点钟睡觉。

（之前，H同学的成绩不理想，采取的是消极的应对方式，如抄作业、回避等。心理老师通过跟H同学的讨论，尝试寻找更积极有效的方式来处理学业上的困难。）

第22～24次咨询：主要围绕前面讨论到的作业完成和课堂学习开展，大约每周有2次作业没有完成，这比之前每周有一半时间完不成作业有进步，没有完成的作业中没有数学作业，因为怕数学老师，不过数学作业很多都是抄同学的。上课分神的次数还是比较多，H同学表示控制不住，同桌会提醒，但自己听不懂老师讲课的内容，没兴趣听，听不下去，所以就发呆或者看窗外、玩铅笔等。晚上睡觉时间有提早，但有时要到12点才睡，相比之前经常12点或凌晨1点才睡觉，有改善。在这个过程中，心理老师主要是倾听，肯定H同学所做的努力，并帮助H同学看到他努力带来的成效。

第25次咨询：H同学提到本周又有一天没有去学校，说是"头疼"，后来在咨询过程中，H同学表示不想去上学，是因为最近感觉自己在同学中可有可无，虽然现在和同学关系好些了，也没有觉得老师有什么不好，但很少有同学主动来找自己，去上体育课，他们会一起走，不会叫自己。心理老师澄清，其实去上体育课多数同学们都是各自往操场上走，多数情况下没有出发时就谁等谁的，而是一路走着，有些同学快点，有些同学慢点，最后一起玩的同学就走到一起了。H同学听到这些后，表示认可老师的说法，脸上的表情轻松了，微微带点笑意。

接下来，H同学提到了存在感的问题。

心理老师：你说的存在感是指什么？

H同学：就是在班上你能为大家做事，让大家认可你。

心理老师：想想你可以做哪些事呢？

H同学：我好像什么都不会。

随后，H同学不经意地谈到这学期学校办运动会，其中有乒乓球团体赛，每个班3个人组队参加。体育老师找过H同学，他自己也很愿意参加，并且体育老师让他做队长，带领另外2个同学练球。H同学很开心，很希望自己的球队能得奖，但是他同时也有担忧，因为另外两个同学的实力跟其他球队相比还是有比较大的差距。

第26～28次咨询：这3次咨询除了继续谈到学习、作业和手机使用问题之外，还谈到这3周里，H同学有2次没有完成作业，一次是英语作业，一次是物理作业，2次都是因为不会，又没有来得及去抄同学的，所以就没交上。心理老师继续肯定H同学的努力，并帮助H同学看到他变得越来越积极了，H同学自己也表示自己感觉还好。

此外，更多谈到的是乒乓球备赛的事。之前，H同学有跟过另外两个同学打球。H同学表示自己很想拿奖，但总觉得他们球技不行，担心他们比赛成绩不理想，影响到拿奖，希望他们平时多练，但自己又不好意思多说。这次参赛的2个人中，有一个是经常和H同学打乒乓球的同学，H同学教过他打球，他对H同学比较友善，H同学觉得和他相处比较自在。另外一个是学习委员，H同学觉得他严肃、高冷，不可接近的感觉，平时几乎没有和他说过话。

第29次咨询：H同学脸上带着笑容走进咨询室。谈话开始时，H同学就迫不及待地告诉心理老师乒乓球比赛结果，拿了年级二等奖。虽然以前在小学时自己也得过奖，但是都是单打，但这次不一样，是团体奖，感觉很好，很有成就感。而且，按照班规，为班上拿奖了，班主任要让得奖的同学站到讲台上去接受同学们的掌声鼓励。这是H同学第一次站在班级讲台、接受同学们的掌声。虽然这次领的奖品只是同学们的掌声，对H同学来说是一次成就感和价值感的重要体验。

心理老师觉得这是一次比较好的提升自尊的机会，值得进一步的强化。

心理老师：接受同学们的掌声，你感受到了存在感了吗？

H同学：是的。

心理老师：除了存在感，还有哪些收获呢？

H同学：这次比赛，发现学习委员做事认真，练球很认真，有时会因为对一个动作不满意，反复练习。

心理老师：他很认真。嗯。

H同学：另外，还觉得他对我很好，没有因为我成绩不好而看不起我。

接下来，H同学讲了很多关于学习委员的事情。他经常跟H同学讨论球技，向他请教。学习委员待人也有礼貌，3个人练球相互之间意见不一致的时候，学习委员首先出来协调并让步，让争吵停止。H同学觉得学习成绩好的学习委员并没有看不起自己，这让H同学在和同学交往时更有了自信。

接下来，心理老师跟H同学进一步讨论了学习委员处理冲突的方式，希望引导H同学思考在跟他人意见不一致时，应该怎样处理。

（乒乓球比赛获奖，H同学得到同学们的掌声是一次极大的鼓励，进一步提升了自尊。通过讨论学习委员处理冲突的方式，引发H同学对自己的应对方式的思考。）

第30次～39次咨询：这10次咨询的谈话内容仍然主要是围绕H同学的作业、课堂等学习问题、手机应用问题、班级活动参与、与母亲的相处等展开谈话，对学习方法、情绪处理、行为控制和看问题的角度等予以探讨。从第25次咨询H同学谈到有一次没有缘由地不去上学之后，H同学没有再出现过不去上学的情况。在这10次咨询中，H同学也没有出现不交作业的情况，虽然偶尔还是会抄同学的，但大多数时候会尽力完成。

第31次咨询中，H同学表示自己期中考试时生物拿了班上的"进步之星"奖，进步30分以上可以拿到这个奖，具体考了多少分不知道，因为现在不公布具体分数，除非自己去找老师看。H同学没有去找老师看分数。这是H同学上初中以来拿的第一个奖状，他很高兴，对学习的信心也增强了。

（**生物考试拿了"进步之星"奖，又是一次很好的激励。**）

在第33次咨询中，H同学谈到他举手回答问题了，是英语课的一个很简单的问题，自己犹豫了一下举手了，有很多同学举手，但是老师叫了H同学站起来回答问题，这是H同学第一次为本学习小组挣分，下课后小组成员还夸H同学了，这让H同学既感觉到有些不好意思又很开心。但后来在语文课上举手回答问题答错了，H同学感到挫败和"丢脸"了，这对H同学举手回答问题的行为有一定的打击。

第36次咨询中，H同学说到母亲误会自己玩手机的一件事。原因是晚上H同学在房间里用手机查作业怎么做（不会做的作业，H同学经常会用手机查找，有时候会看过程，有时候只看答案），而母亲走进房间来催促H同学去冲凉，刚好看到H同学在用手机，便以为H同学在玩手机，就说"你还在玩手机"。H同学觉得自己明明是在学习，母亲却误会自己在玩，很生气，本来是想要把书都摔掉的，但想到心理老师说到的调节情绪的方法：深呼吸、离开情绪事件的场地，所以就很大声地说冲母亲喊了一句"我没有"，然后就冲进洗手间冲凉去了，一边冲凉一边深呼吸，冲了半个小时才出来（平时只要几分钟）。H同学出来后，母亲也没有再说什么，这件事就这么过去了。

心理老师：谈谈用老师教的方法去处理跟母亲的冲突，对你有什么启发吗？

H同学：以前一般都会直接跟妈妈吵架，闹得大家都不开心。现在觉得其实可以尝试其他的方式。

心理老师：还有哪些其他的方式可以尝试呢？

H同学：我觉得首先得立刻离开冲突发生的地点，然后转移注意力。我下次会关起门来，听歌。冲凉半个小时太浪费水了。（H同学不好意思地笑了笑）

心理老师肯定了H同学的想法。

第三阶段，H同学的问题会有反复出现的时候，也有一些新的问题表现出来。但总的来说，他变得越来越愿意积极思考和面对问题，而不是最初来时的经常以"不知道"来回答心理老师的提问。

（**H同学在尝试用新的方式去调节情绪，处理跟母亲的矛盾。他处理问题的方式在逐渐发生变化。**）

37～39次咨询：心理老师继续就H同学的应对方式进行工作。总体而言，H同学越来越多采用新的方式来处理跟同学、老师和母亲的冲突，虽然有时并不成功，但他更愿意去尝试了。心理老师一边巩固咨询成果，一边开始着手结束咨询的工作。

第40次咨询：H同学表示快要期末考试了，希望期末考试比期中考试有进步。心理老师与H同学就期末复习的进度、时间和内容的具体安排、作息、抵御诱惑（主要是手机）的方法等展开了讨论。最后，心理老师跟H同学讨论了他现在的情况，包括学习及朋友关系。整体来说，H同学感觉自己现在各方面都不错，同学关系维持很好，学习成绩也有进步，已经没有之前的不想上学的念头和行为了，甚至周末不上学还不太习惯，因为没有同学一起玩。双方约定下次咨询后就正式结束咨询。

第41次咨询：本次是约定的最后一次咨询，主要是告别，心理老师让H同学回看刚来时的自己，也让他看看现在的自己，总结一下自己的收获和改变，以及对未来的打算。关于未来，H同学表示自己下个学期即将进入初三，会好好学习，考不上高中就去读技校，具体专业还没有想好。对于未来，虽然不是很有信心，但自己会尽量按照心理老师跟自己讨论的方法去面对问题，而不是会像之前那样总是逃避问题。心理老师肯定了H同学那些好的行为、想法，表示相信H同学会越来越好，同时告诉H同学，如果觉得有需要，可以再来约心理老师咨询。最后，心理老师给了H同学一个成年人的握手仪式以示鼓励和信任来结束咨询。

五、讨论

本研究中，心理老师经过对个案的41次的咨询，基本达到预期的咨询目标，改变了H同学的拒绝上学行为。心理老师在评估了H同学的情况后，正式结束了咨询。

对该个案的咨询过程分为三个阶段。初始阶段，主要是建立良好的咨访关系；第二个阶段，处理同伴关系问题；第三阶段，处理学业问题。

咨询的初始阶段，首先，建立良好的咨访关系。心理老师对H同学采取了接纳宽容的态度，创设了一个安全的心理环境，与其建立了良好的咨询关系，为后面的工作打下比较好的基础。同时，心理老师的宽容和接纳的态度让H同学感受到尊重和平等。以往跟其他老师交往经历中，他处于被动的位置，对老师的感觉是害怕。跟心理老师的交流，给了H同学不一样的感受。其次，了解H同学的基本情况，包括家庭、同学、师生等关系，评估H同学的人格类型，了解他的自尊水平及应对方式。

通过第一阶段的访谈，心理老师对H同学的人格类型进行了初步的判断。首先，情绪稳定性。H同学的情绪稳定性差，稍不如意就会大发脾气。小时候为了买零食或跟小朋友抢玩具而哭闹不止，甚至会躺在地上不肯起来。到初中后，也会经常因小事跟母亲乱发脾气。其次，敏感。H同学很在意老师和同学对自己的评价，总是担心老师和同学不喜欢自己。另外，胆小，不敢表达自己的情绪。心理老师判断H同学是比较典型的神经质人格。

心理老师根据神经质人格的干预模式，对H同学的拒绝上学行为进行干预，将干预的重点放在自尊水平的提升及积极应对方式的培养上。

在咨询的第二阶段和第三阶段，心理老师分别对H同学的人际和学业进行处理。拒绝上学青少年的困难往往体现在人际和学习两方面。心理老师通过发掘H同学的特长，让H同学体验成功，增加了他的自信，提升其自尊水平，促进其人际关系的改善。之后，咨询工作的重点在学习方面。在心理咨询老师的陪伴和鼓励下，H同学对学习的态度有了正确的认知，学习有了一定的进步。

鉴于H同学为初一学生，对抽象概念和理论的理解能力有限，在咨询过程中，心理老师并未跟H同学就自尊和应对方式两个主题进行直接讨论，但是心理老师抓住了青少年自尊的重要来源，人际关系、学业表现、优势和特长等方面，通过逐一的处理，达到提升自尊水平及改善应对方式的目的。

经过41次的咨询，基本达到了咨询目标，改变了H同学的拒绝上学行为。心理老师对H同学的自尊水平及应对方式进行了评估。

首先，自尊方面。H同学的自尊水平有了明显的提升。H同学对"同学、老师不喜欢自己"的认知有了明显的改变，与同学的关系明显改善，比如去上体育课的路上、放学走在校道上等都不再是一个人，多数都会和同学们一起走，在学校里感觉不再孤单了。自我评价方面由原来的认为自己"什么都不会"变为现在认为"自己还是有一些可以做得好的事情的"，会主动参与班级服务，如轮到本组打扫包干区的那一周，H同学会早早到学校。以前都是迟到，自己打扫的那一区域经常完不成，要别的同学多承担一些打扫任务。现在反过来，H同学主动承担更多的任务，比如会去做多数同学不愿意做的推垃圾桶、收垃圾的任务，打扫完后会和别的同学一起把打扫工具放回到工具房。H同学还主动加入了学校志愿者协会，按学校要求参加一些志愿者服务，如在午读时间去检查各班的午读情况。

其次，应对方式方面。虽然在学校也会有不开心的时候，会因为同学的一些语言或者行为而生气、沮丧，但H同学能意识到自己的情绪，也会尝试采用一些新的方法来应对与同学发生的一些问题，比如自己尽量不去纠结那么多、做点别的事情转移注意力、离开不开心的情境等。H同学认为这些方法对于调节自己的情绪有一定的效果。与母亲也还是会时不时有冲突，多数是因为手机问题，但H同学表示自己会尽量控制。如果发了脾气，有时候也会试着去跟母亲道歉，理解母亲的不容易，尽量多跟母亲聊聊自己的事，增加母亲对自己的了解以减少亲子矛盾。

心理老师在对H同学自尊水平及应对方式的评估的基础上，结束了咨询工作。

六、反思

本研究经过对H同学的人格进行评估，确认了H同学为神经质人格。心理老师根据神经质人格的干预模式，将干预的重点放在自尊水平的提升及积极应对方式的培养上，对H同学的拒绝上学行为进行干预。在咨询过程中，心理老师并未跟H同学进行自尊或应对方式的直接讨论，而是通过具体事件的处理达到咨询的目标。

对H同学的咨询难度还是比较大的。首先，H同学有比较长的拒绝上学历史，从小学开始已经有拒绝上学倾向。其次，H同学的家庭支持不够。父亲基本是缺位的，母亲对他的教养方式也存在比较大的问题。另外，H同学的社会支持少。其家庭基本处于孤立状态，很少有来自亲友及社区的支持。如果采用常规的干预方法，以亲子关系为工作重心，对H同学的咨询可能会遇到比较大的困难。而基于人格类型的干预模式，将重点放在H同学的自尊水平及应对方式方面，避开了H同学家庭及社会支持不足的劣势。这也是人格干预模式的一个优势的体现。

学校心理老师双重身份（既是心理咨询师，又是老师）的困扰在本研究中有所体现。在咨询过程的第一和第二阶段，心理老师采纳共情、接纳的态度跟H同学一起工作，更多的是一个咨询师的身份。到了咨询的第三阶段，心理老师则更多地体现出学校老师的功能，对H同学有更多学习方面的指导及教育。因此，第三阶段的咨询比较冗长。学校心理教师多数存在这样的身份困扰，需要通过更细化的分工以及心理督导才能解决。

本研究根据拒绝上学行为的神经质人格的干预模式，通过对H同学自尊水平的提升及积极应对方式的培养，达到了改变其拒绝上学行为的目的。在本研究中，基于人格类型的干预模式有效。值得注意的是，本研究只是对该干预模式的一次探索和实践，基于人格的干预模式的有效性还需更多的研究证实。

第六章

综合讨论

本章将对整个研究的主要研究结果进行讨论，总结本研究的创新之处，并指出不足之处及未来展望。

第一节　讨论与结论

本小节将对整个研究进行总讨论，并对研究成果进行总结。

一、拒绝上学行为评估问卷（SRBES）的编制

本研究以Kearney的模型理论为指导，在对陈玉霞的儿童拒绝上学行为问卷（CSRBS）修订的基础上，形成了拒绝上学评估问卷（SRBES）。

首先，问卷的架构。根据Kearney的模型理论，拒绝上学行为是为了逃避学校相关情境（事物）或受到校外吸引，学校相关情境（事物）带给学生负面感受，而校外吸引带来更好的体验。因此，学生是否拒绝上学会体现在面临相关情景（事物）时的表现中。根据上述分析，课题组确定了编制问卷的两个维度：一个为学校相关情境（事物）、校外吸引，另一个为表现。根据架构编写条目，形成条目池。经过条目初步筛选、师生访谈、试测，形成初始问卷。经过反复测试修订，形成拒绝上学行为评估问卷（SRBES）的正式版，4个因子，27个条目。4个因子分别为父母、课业、同学、老师，涵盖了拒绝上学行为相关的几个重要因素。

问卷修订过程中，课题组对拒绝上学青少年和专家多次访谈，对拒绝上学青少年的情绪和感受进行反复梳理和提炼，筛选出其中有代表性的内容，删除重复部分，使其更为精炼。与第一稿相比，因子和条目数量减少，更有代表性，结构也更为清晰。

其次，测量学指标。探索性因子分析表明，拒绝上学行为评估问卷（SRBES）的4个因子累积方差贡献率为61.417%。问卷一致性信度和重测信度均达到标准。根据验证性因子分析结果，模型拟合指标结果为 $\chi^2/df = 5.584$，RMSEA = 0.057，CFI = 0.926，TLI = 0.918，SRMR = 0.039，模型拟合指标均符合要求，表明模型与数据整体适配良好。本研究中各潜变量的AVE平方根均高于变量之间的相关系数，表明变量之间具有区分效度。模型拟合结果表明，四因子模型的拟合结果最好，单因子模型的拟合结果最差，表明问卷具有区分效度。因网络成瘾与拒绝上学行为密切相关，本研究以网络成瘾做效标考察问卷的效度，结果显示，二者得分呈显著正相关。以学校满意度做效标发现，问卷总分与学校满意度呈显著负相关。

综上，本研究编制的拒绝上学行为评估问卷（SRBES），经过四次测试及修订，形成正式问卷。经检验，问卷各项指标达到心理测量学要求，可用于青少年拒绝上学行为的筛查，了解其流行现状。拒绝上学行为评估问卷（SRBES）使得该行为的评定有据可依，对于拒绝上学行为研究的规范化和科学化具有重要的意义。

二、拒绝上学行为筛查

本研究采用拒绝上学行为评估问卷（SRBES）调研了广州市青少年拒绝上学流行现状。以总分≥54分作为拒绝上学行为的临界标准，在2655名青少年中，检出201名总分≥54分的学生，检出率为7.6%。

本研究对不同人口学特征、学习情况、家庭情况的青少年拒绝上学行为检出率进行了分析。首先，拒绝上学行为的检出率与性别、学段、是否为独生子女、父母的学历无关。其次，居住情况对检出率有影响。与父母同住的青少年拒绝上学行为的检出率显著低于只与母亲同住的。可能是因为只与母亲同住的青少年，承受来自母亲的焦虑较多，同时缺少来自父亲的情感支持，从而更容易产生拒绝上学行为。第三，家庭经济情况对检出率有影响。家庭经济情况非常差的青少年拒绝上学行为的检出率显著高于其他家庭经济状况的。家庭经济情况非常差的家庭，父母忙于生计，对子女的情感关怀及学业关注少，导致子女容易发生拒绝上学行为。第四，学习成绩和学习压力对检出率有影响。学习成绩越差越容易产生拒绝上学行为；学习压力很重的青少年拒绝上学行为的检出率显著高于学习压力较轻、一般与较重的青少年；没有学习压力的青少年拒绝上学行为的检出率显著高于学习压力一般的青少年。上述结果反映出，学习压力很重和没有学习压力都是导致拒绝上学行为的危险因素。因此，在进行拒绝上学行为的预防和干预时，要关注青少年的学习压力情况。

本研究调查了广州市青少年拒绝上学行为的检出率，对不同人口学特征、学习成绩、学习压力等情况的青少年拒绝上学行为检出率进行了比较。研究数据可供教育等主管部门参考，作为制定相关政策的依据。该研究仅调研了广州地区青少年拒绝上学行为现状，且样本量较小。未来考虑增加样本量，同时选取国内其他地区进行调研，了解拒绝上学行为的地区差异。

三、拒绝上学青少年心理健康调研

本研究从心理健康的重要组成部分，包括人格、自尊、心理弹性、领悟社会支持等对拒绝上学青少年进行评估，比较全面地了解他们的心理健康状况。

与普通青少年相比，拒绝上学青少年在神经质（N）、精神质（P）、外倾性（E）、掩饰（L）上差异显著，拒绝上学青少年的人格存在显著偏差。人格是心理健康的重要影响因素，人格的差异可能会导致个体认知、情绪情感、意志和行为等方面的差异，在遇到压力与挫折时会产生不同的身心反应，从而影响个体的心理健康。拒绝上学青少年往往胆小、紧张焦虑、敏感多疑、行为退缩、固执任性、好攻击、缺乏同情心、对别人不友好、人际交往和社会适应能力不足，不能很好地适应学校环境。他们自我评价低或是过分要求完美，当遇到挫折时容易引发强烈的焦虑与恐惧，又不懂得如何与他人相处，继而出现人际关系紧张，容易诱发情绪和行为障碍，出现拒绝上学行为。家长及教育工作者需要对不同人格类型的青少年因材施教，以预防拒绝上学行为的发生。

拒绝上学青少年自尊水平显著低于非拒绝上学青少年。自尊与心理健康有一定的内在联系，它在某种程度上反映心理健康水平。国外的一些研究者指出，自尊是个体适应社会文化情景的重要心理机制，它调节人与环境的关系，在功能正常发挥的时候，起到缓冲焦虑的作用。国内的一些研究也发现，青少年较高水平的自尊有助于他们更好地调节自己的行为与心境，减少挫折后的躯体化倾向、神经症性、精神病性等反应。青少年时期，个体自我意识快速发展，对自尊需要逐渐增加，他们对他人的评价反应比较敏感，渴望获得别人的肯定与赞扬。同时自我意识处于不稳定状态，易受到外界评价的影响。如果受到周围重要他人不好的评价，会产生不愉快的感受，进而自我评价低，甚至讨厌自己，发生退缩和逃避行为。Sorrenti等人的研究结果表明，自尊水平低会增加儿童青少年拒绝上学的风险。另有研究显示，青少年长期拒绝上学可能导致其自尊水平下降。鉴于自尊对拒绝上学行为的影响，我们要关注青少年的自尊状况，注意培养及维护青少年良好的自尊水平。

拒绝上学青少年在领悟社会支持上的得分显著低于非拒绝上学青少年，拒绝上学青少年领悟社会支持严重不足。社会支持可以缓冲一些应激事件对儿童的影响，缓解焦虑抑郁等不良情绪反应，还可以减少一些外向型问题行为的出现，如打架、逃学等违纪行为，以及吸烟、酗酒等危害健康的行为。尤其对于那些处于不利环境条件下的儿童，社会支持更是一种重要的应对资源，既可以提高个体的自我评价水平，增强其应对不良环境的心理能力，也可以直接缓冲外在压力事件的消极影响，对心理和行为适应具有一定的保护性作用。领悟社会支持能反映个体的心理健康状况。领悟社会支持水平越高，其社会适应能力越强，心理越健康。高领悟社会支持青少年的个体能体验到更多外界支持，拥有较丰富的心理资源，应对危机时降低焦虑，采取积极应对方式，不易产生拒绝上学行为。已有研究显示，强有力的同龄人支持和学校支持能降低学生发生拒绝上学行为的可能性。上述研究结果提醒我们，一方面，需要提升青少年对来自他人的关心和支持的感受能力；另一方面，学校和家长要给予学生更多的支持，帮助他们减轻压力，预防拒绝上学行为。

拒绝上学青少年在积极应对上的得分显著低于非拒绝上学青少年，而在消极应对上的得分显著高于非拒绝上学青少年。应对方式对个体的心理健康水平有着重要作用。作为应激与心理健康之间的中介因素，应对方式在一定程度上影响着具体情境压力所引发后果的严重性。当个体面对具体情境时，恰当、有效的应对可以降低其对心理健康的伤害，反之，则可能会增加个体在面临具体情境时的情绪困扰，加重个体身心负性感受，同时可能进一步引发心理健康问题。在应激过程中，个体采取的应对方式越积极，那么其心理健康整体水平越好。针对中学生群体应对方式与心理健康之间关系的研究也证明了这一结论。拒绝上学青少年在应对方式上存在比较大的问题，他们更倾向于采用消极的应对方式。有学者认为，拒绝上学青少年有强烈的完美主义倾向和自卑感，当他们的完美主义形象受到威胁时，他们倾向于选择逃避的应对方式，回到安全、舒适的家庭，从而产生拒绝上学行为。

拒绝上学青少年在心理弹性总分及各因子上的得分显著低于非拒绝上学青少年。心理弹性是青少年心理健康的重要保护因素。心理弹性评分越高的人群，心理越健康，其适应能力越好，面对困难和挫折时，更能有效进行自我调节，从而能更好地适应周围环境。当前关于心理弹性和心理健康的研究已证实，心理弹性可以有效预测心理健康。心理弹性水平高的青少年拥有乐观、坚韧、自强的积极心理品质以及适当的应对方式，在面对创伤和逆境等应激时，它能帮助青少年抵御或缓冲应激造成的消极影响，从而更少受到抑郁和焦虑的困扰，表现出良好的学校适应。而心理弹性不足的青少年，在面对学习压力和困难时，不能及时调用其心理资源，对学校环境适应有困难，最终导致拒绝上学行为。

拒绝上学青少年在学校满意度上的得分显著低于非拒绝上学青少年。学校满意度作为衡量学生学校福祉的重要指标，是学生对其学校经历的评价，这种评价也是影响学生学校行为表现和心理体验的重要因素。学校满意度高的青少年，对学校有积极的态度，往往更愿意听教师的话，遵守学校纪律，勇于承担责任。相反，学校满意度低的青少年，对学校及学习会有消极的态度，不遵守学校纪律，产生违抗行为，最终导致拒绝上学行为。

拒绝上学青少年在网络成瘾上的得分显著高于非拒绝上学青少年。本研究在拒绝上学行为评估问卷（SRBES）的编制过程中，对拒绝上学青少年进行了访谈，发现拒绝上学青少年基本都沉迷于网络。网络与拒绝上学行为关系复杂，部分学生可能是因为沉迷网络不去上学，网络成了拒绝上学行为的正强化物；另外一些学生可能是因为不去上学，通过网络打发时间或寻求精神寄托。青少年长时间沉迷于网络虚拟环境中，会使自己与社会隔离，与同学、朋辈和亲人之间的沟通与交流大大减少，引发焦虑抑郁等负面情绪，影响社会交往技能和社会生存技能的发展。

本研究对拒绝上学青少年进行评估，比较全面地了解他们的心理健康状况。研究结果显示，与普通青少年相比，拒绝上学青少年在人格、自尊、心理弹性、领悟社会支持、学校满意度、网络成瘾等各个方面存在显著问题。拒绝上学青少年的心理健康状况令人担忧，如不及时矫正任由其发展，将会对个人、家庭、社会带来一系列损害。在青少年心理健康状况备受社会各界重视的背景下，拒绝上学青少年的心理健康状况应该受到更多的关注。

四、人格对拒绝上学行为的影响机制探讨

虽然临床观察及研究均表明，人格对拒绝上学行为有决定性的影响，但对于人格如何影响拒绝上学行为并未有研究涉及。本研究选取领悟社会支持、自尊、心理弹性、应对方式等作为中介变量，探讨不同的人格类型对拒绝上学行为的影响机制，研究结果可以为拒绝上学行为的预防和干预提供新的思路。

首先，外倾性对拒绝上学行为的影响机制。本研究发现，外倾性对拒绝上学行为、领悟社会支持、心理弹性有显著预测作用；领悟社会支持和心理弹性分别在外倾性和拒绝上学行为之间起中介作用。高外倾的人，性格外向，倾向于享受人们之间的互动并且很热情健谈，有主见，爱社交。他们乐于参加大型的社交聚会、社团活动、公众集会和商业或者政治团体的活动，很享受与别人在一起的时

光，很少时间独处。有研究发现，外倾性对积极情感具有较高的敏感性，与情绪管理能力呈显著正相关。高外倾性人格在情绪调控能力、情绪表现能力、情绪觉察能力、情绪运用能力方面有较大优势，这些优势能让他们有较高水平的领悟社会支持和心理弹性。高领悟社会支持水平的青少年能体验到更多外界支持，拥有较丰富的心理资源，应对危机时降低焦虑，采取积极应对方式，不易产生拒绝上学行为。心理弹性对社会适应行为预测显著。心理弹性水平越高的个体在面对挫折打击时，越能保持心理稳定状态，从而能更好地适应社会环境。拒绝上学青少年往往高内倾，他们内向孤独，固执任性，缺乏灵活性，领悟社会支持水平低，心理弹性不足。上述研究结果提醒我们，对于高内倾性人格的拒绝上学青少年，需要培养提升他们领悟社会支持能力及心理弹性，进行针对性的干预。

其次，神经质对拒绝上学行为的影响机制。本研究发现，神经质对拒绝上学行为、自尊、消极应对有显著预测作用；自尊在神经质和拒绝上学行为之间起中介作用，消极应对在神经质和拒绝上学行为之间起中介作用；自尊和消极应对在神经质和拒绝上学行为之间起链式中介作用。神经质被界定为情绪性特质，与更强的情绪反应、更差的情绪感知、不良的情绪应对、负性的情绪体验有关。高神经质青少年由于情绪不稳定，在学习和生活中容易受到挫折，产生低自尊。作为心理健康的重要保护因素，自尊在一定程度上影响着个体应对方式。高自尊的青少年倾向于使用解决问题、求助等积极的应对方式，低自尊的青少年则会更多使用压抑、逃避、退缩等消极的应对方式。拒绝上学行为即是青少年采取消极应对方式的结果。上述研究结果提醒我们，对于神经质人格的拒绝上学青少年，需要提升他们的自尊水平，培养积极应对方式，进行针对性的干预。

最后，精神质对拒绝上学行为的影响机制。本研究发现，精神质对拒绝上学行为、领悟社会支持、消极应对有显著预测作用；领悟社会支持和消极应对分别在精神质和拒绝上学行为之间起着中介作用。高精神质的个体冷漠、孤僻、不关心他人，不近人情，感觉迟钝，对别人不友好。他们的领悟社会支持水平低，不能感受到来自老师和同学的关心，甚至误解他人的好意，容易产生环境适应不良问题。他们个性固执任性，遇到问题不懂变通，采取冲动、冒险的等不恰当方式处理，从而导致拒绝上学行为。上述研究结果提醒我们，对于精神质人格的拒绝上学青少年，需要提升他们领悟社会支持的能力，培养积极的应对方式，进行针对性的干预。

综上，外倾性分别通过领悟社会支持和心理弹性的中介作用与拒绝上学行为相关；精神质分别通过领悟社会支持和消极应对的中介作用与拒绝上学行为相关；神经质可以分别通过自尊、消极应对的中介作用、自尊和消极应对的链式中介作用间接与拒绝上学行为相关。不同的人格类型对拒绝上学行为的作用机制不一样，为了更有效地干预青少年拒绝上学行为，需要针对不同的人格类型及其影响机制提出相应的干预模式。

五、拒绝上学行为干预模式的建立

本研究在对人格及相关理论研究的基础上，提出人格是影响青少年拒绝上学行为的根源。拒绝上学行为是青少年在人格偏差的基础上，遇到学业及人际关系等方面的问题所引发。为了有效干预青少年拒绝上学行为，应以其人格类型为基础制定针对性的干预方案。

本研究通过对三种人格类型的分析，参考其对拒绝上学的影响机制，分别对每种人格类型的拒绝上学行为提出了相应的干预模式。高神经质的青少年往往对消极的情绪有易感性，自尊水平低，在遇到挫折时容易引发强烈的焦虑与恐惧，继而出现人际关系紧张，采用回避问题的方式应对，从而出现拒绝上学行为。对于这类拒绝上学青少年，教育者要关注其自尊水平，对他们持接纳宽容的态度，减少他们的自责自疚的不良情绪。同时，给他们创造机会体验成功，逐步提升其自尊水平。另外，对青少年进行积极应对方式的培养。通过不断的学习和强化，让积极应对方式成为习惯，在面对生活中的困难和挑战时，有勇气去尝试和应对。因此，对于神经质人格的拒绝上学青少年，需要提升他们的自尊水平，培养积极应对方式。

高内倾的人，只关注和关心自己的生活，他们在群体中很少发言并且保持沉默，享受独处的时间，经常单独生活，比如阅读、写作等。外倾性对积极情感具有较高的敏感性，在情绪调控能力、情绪表现能力、情绪觉察能力、情绪运用能力方面有较大优势，这些优势能让他们有较高水平的领悟社会支持及较好的心理弹性；反之，高内倾者领悟社会支持能力低，心理弹性水平差。他们体验到的外界支持少，拥有的心理资源不足，应对危机时容易焦虑，采取消极应对方式，产生拒绝上学行为。因此，对于高内倾性人格的拒绝上学青少年，需要培养提升他们领悟社会支持能力及心理弹性水平，进行针对性的干预。

精神质特征主要包括孤独、冷酷、倔强、固执、强横、粗暴、敌意、怪异等特点。精神质分数高的个体可能会孤独、不关心他人，难以适应外部环境，不近人情，感觉迟钝，对别人不友好，喜欢寻衅挑事，干奇特出格的事情，并且不顾危险。高精神质的青少年，领悟社会支持能力低，人际关系差，不能很好地适应环境；他们个性固执刻板，遇事不会变通，往往采取消极的应对方式，容易发生拒绝上学行为。因此，对于精神质人格的拒绝上学青少年，需要提升他们领悟社会支持的能力及培养积极应对方式，进行针对性的干预。

本研究通过对精神质、神经质、外倾性三种人格类型的分析，参考其对拒绝上学行为的影响机制，分别对每种人格类型的拒绝上学行为提出了相应的干预模式。对于内倾性人格的拒绝上学青少年，需要提升他们领悟社会支持能力及心理弹性水平；对于精神质人格的拒绝上学青少年，需要提升他们领悟社会支持能力及培养积极应对方式；对于神经质人格的拒绝上学青少年，需要提升他们的自尊水平及培养积极应对方式。

第二节　创新之处

本小节将总结整个研究的创新之处。

一、编制了拒绝上学行为评估问卷（SRBES）

本研究在前期理论研究的基础上，以学校相关情境（事物）+表现为问卷编制的框架，通过考察学生在面临学校相关情境（事物）时的反应，从而评估学生是否拒绝上学。按照框架编写条目，经过4次修改及测试，最终形成拒绝上学行为评估问卷（SRBES），4个因子，27个条目。4个因子分别为老师、课业、同学、父母，涵盖了青少年拒绝上学行为的几个重要方面。问卷因子和条目数量适中，内容有代表性，结构清晰。经检验，问卷有良好的信效度，可用于对青少年拒绝上学行为的筛查，了解其流行现状。该问卷使得拒绝上学行为的评估有据可依，促进了拒绝上学行为评估的规范化和科学化。

二、调研了拒绝上学青少年心理健康状况

了解拒绝上学青少年心理健康状况是对其进行预防和干预的前提。然而，我国研究者对拒绝上学青少年心理健康状况的研究甚少，仅有的一些探索性研究，主要局限于人格特质方面，对于心理健康的其他重要组成部分的研究严重不足。本研究通过对拒绝上学青少年人格、自尊、心理弹性、领悟社会支持、学校满意

度等的调研，比较全面地了解拒绝上学青少年的心理健康状况，所获得的资料可用于指导学校开展心理健康教育及拒绝上学青少年的心理辅导工作。

三、探讨了人格对拒绝上学行为的影响机制

虽然众多的临床观察及研究均表明，人格对拒绝上学行为有决定性的影响，但对于人格如何影响拒绝上学行为尚未有研究涉及。本研究通过选取领悟社会支持、自尊、心理弹性、应对方式等作为中介变量，探讨不同人格类型对拒绝上学行为的影响机制，研究结果对于拒绝上学行为的预防和干预具有重要的指导价值。

四、建立了基于人格类型的干预模式

本研究通过探讨人格对拒绝上学行为的影响机制，提出基于不同人格类型的干预模式，并对不同的心理影响因素提出相应的干预措施，为拒绝上学行为的干预了提供理论依据；通过提供一例神经质青少年拒绝上学案例的心理咨询过程，示范基于人格类型的拒绝上学行为的干预模式在心理咨询过程中是如何操作的，供相关人员进行青少年拒绝上学行为干预时做参考。

第三节 不足与展望

本小节将分析整个研究的不足之处，同时提出未来的展望。

一、加强本土化理论的总结和提升

国外在拒绝上学行为的研究上有比较长的历史，他们的研究成果对我国青少年拒绝上学行为的研究有重要的启示。但是，由于中外文化的差异，我国青少年拒绝上学行为的成因及表现有其独特性，本土化拒绝上学行为的理论总结及提升十分迫切。国外青少年往往因校外吸引而拒绝上学，表现出更多的外显行为问题，如吸毒、加入犯罪团伙等；我国青少年拒绝上学的主要原因是学业和人际关系，以情绪方面的问题为主，表现为内倾、孤独、情感封闭、情绪不稳、敏感多疑、

焦虑、抑郁、对人有敌意等。本研究对基于人格类型的干预模式进行了探索性研究，这是拒绝上学行为本土化研究的一次有意义的尝试。未来需要在拒绝上学行为的成因、表现、预防、干预等方面进行进一步的研究，在此基础上进行理论总结及提升，建立本土化的拒绝上学行为的理论体系。

二、扩大影响因素的研究范围

本研究通过选取自尊、心理弹性、领悟社会支持、应对方式作为中介变量，探讨了人格类型对拒绝上学行为的作用机制，研究成果对拒绝上学行为的干预有较大的指导价值。本研究仍存在一定局限。首先，本次探讨的中介变量有限，未来需要将更多的影响因素纳入研究，为拒绝上学行为的预防和干预提供更多的解决方案。其次，本研究仅从中介机制上进行了探索，中介可以帮助我们在已知关系的基础上探究关系产生的内部作用机制。而科学研究的另一个方面是为现有理论划出限制条件和使用范围，更具体一点来说是为变量间关系成立的边界进行探究，也就是是否存在调节变量的作用，调节变量有助于帮助发展既有理论。本研究中未涉及调节变量，因此在理论发展的推动作用上仍有所欠缺，未来需要增加对调节变量的研究。

三、深化评估研究

本研究编制了拒绝上学行为评估问卷（SRBES），并进行了初步应用，在拒绝上学行为的评估上做了有价值的探索。鉴于我国尚处于拒绝上学行为研究的初步阶段，尚未建立本土化的拒绝上学行为理论体系，未来随着我国经济的进一步发展，青少年拒绝上学行为在产生原因、表现形式等方面可能会出现新的趋势，研究人员需要对拒绝上学行为的评估进行进一步的深化研究。首先，根据青少年拒绝上学行为的新变化，以及我国拒绝上学行为理论研究的新发展，对拒绝上学行为评估问卷（SRBES）进行进一步修订，提升其信度和效度。其次，扩大样本范围。本研究只抽取了广州市青少年的样本，虽然样本总体数量达到了统计分析的要求，但样本的代表性具有一定的局限。虽然我国青少年的成长经历和文化背景大致相同，但不同的地域文化和经济发展水平还存在着一定差异性。今后的研究中有必要扩大样本选取范围和数量，增加样本代表性，均衡地区、经济发展水平、年级等因素，增强研究的普适性。最后，本研究对拒绝上学行为的评估是采用自陈式问卷。自陈式问卷使用方便，易操作，既可个体施测，也可以用于团体测试，在心理行为的评估中被广泛使用。自陈式问卷的缺点是，由于所研究的问题带有针对性，常常引起被试的心理防御，影响测试准确性。虽然本研究设置了测谎题，但仍难避免部分青少年可能会受社会期望的影响而掩饰自己的拒绝上学行为，因此结果可能存在偏差。鉴于拒绝上学行为的复杂性，为更准确对其评估，未来可以采用多种方法收集数据，编制相应的他评问卷，如教师和家长问卷，采用多个问卷的总分来评定学生的拒绝上学行为，使评估结果更为客观。

四、扩展干预实践

本研究认为，人格在拒绝上学行为中起着决定性作用，不同的人格类型决定着拒绝上学行为出现的难易。本研究通过探讨不同人格类型对拒绝上学行为的影响机制，提出基于人格类型的干预模式，并针对拒绝上学行为的心理影响因素，包括自尊、心理弹性、应对方式等提出相应的干预措施。最后，本研究提供了一例神经质青少年拒绝上学案例的心理咨询过程，示范基于人格类型的干预模式在心理咨询中的实际操作，提供给相关人员对青少年拒绝上学行为进行干预时做参考。在本研究中，基于人格类型的干预模式有效。值得注意的是，本研究只是对该模式的一次探索，基于人格类型的干预模式的有效性还需更多的研究证实。

本研究对人格对青少年拒绝上学行为的影响机制的探讨，以及基于人格类型的干预模式的建立，对拒绝上学行为的干预提供了一个新的视角。但由于我国尚处于拒绝上学行为研究的初级阶段，尚无本土化的理论体系的提出，本研究主要以国外比较成熟的理论为指导。由于中西方文化差异，这些理论在解释我国青少年拒绝上学行为时存在一定的局限。我们需要在本土化的实证性研究的基础上，建立我国青少年拒绝上学行为的理论解释体系，为我国青少年拒绝上学行为的研究提供更多元化的研究视角及更广泛的研究视野，并在此基础上提出更多的适合我国青少年的预防和干预的新思路。

总体来说，本研究通过拒绝上学行为评估问卷（SRBES）的编制、广州市青少年拒绝上学行为的筛查、拒绝上学青少年心理健康状况的调研、人格对拒绝上学行为的影响机制的探讨、拒绝上学行为干预模式的建立等，对拒绝上学行为从评估到干预做了有价值的探索。本研究对促进拒绝上学行为研究的系统化、科学化、本土化有重要的理论意义，研究结果对拒绝上学行为的预防和干预有较大的现实指导意义。不足之处将会在今后的研究中加以完善。

附录一　儿童拒绝上学行为问卷

同学们，你们好。这是一份调查问卷，目的是了解中小学生对学习的看法。本调查以自愿参加为原则，采取匿名方式填写，**你无需将自己的姓名写在问卷上。**你们提供的宝贵信息将仅用于科学研究，个人资料**绝对保密**，不会告知老师、家长、同学等人，保证不会外泄。问卷中涉及的问题，**答案并无对错之分。**你可能同意其中的某些说法而不同意另一些说法，我们想了解你同意或不同意的程度。**请在最适合你的答案上打"√"，不要遗漏。**你的参与对我们的研究十分重要，谢谢！

学校名称：　　　　　性别：　　　年龄：

1. 早上醒来后还是觉得累，没有精神。
①完全不同意；②部分不同意；③不确定；④部分同意；⑤完全同意；

2. 在学校的时间似乎过得慢一些。
①完全不同意；②部分不同意；③不确定；④部分同意；⑤完全同意；

3. 记住课堂上所学的知识不容易。
①完全不同意；②部分不同意；③不确定；④部分同意；⑤完全同意；

4.听课时，容易犯困。
①完全不同意；②部分不同意；③不确定；④部分同意；⑤完全同意；

5. 上课或做作业时，注意力不如玩电脑或玩手机时集中。
①完全不同意；②部分不同意；③不确定；④部分同意；⑤完全同意；

6. 学习让人筋疲力尽。
①完全不同意；②部分不同意；③不确定；④部分同意；⑤完全同意；

7. 把课堂上学的知识弄懂不容易。

①完全不同意；②部分不同意；③不确定；④部分同意；⑤完全同意；

8. 在学校容易发生倒霉的事情。

①完全不同意；②部分不同意；③不确定；④部分同意；⑤完全同意；

9. 周末想起学校会心情不好。

①完全不同意；②部分不同意；③不确定；④部分同意；⑤完全同意；

10. 做作业需要有人督促，才能完成。

①完全不同意；②部分不同意；③不确定；④部分同意；⑤完全同意；

11. 上学让人紧张和害怕。

①完全不同意；②部分不同意；③不确定；④部分同意；⑤完全同意；

12. 放学后，想迫不及待地离开学校。

①完全不同意；②部分不同意；③不确定；④部分同意；⑤完全同意；

13. 课堂上不想听讲时，可以做与学习无关的事情。

①完全不同意；②部分不同意；③不确定；④部分同意；⑤完全同意；

14. 作业中遇到的难题，可以不做。

①完全不同意；②部分不同意；③不确定；④部分同意；⑤完全同意；

15. 早上起床上学是件困难的事情。

①完全不同意；②部分不同意；③不确定；④部分同意；⑤完全同意；

16. 跟老师对着干，很开心。

①完全不同意；②部分不同意；③不确定；④部分同意；⑤完全同意；

17. 除了必须完成的作业，其他练习可以不做。

①完全不同意；②部分不同意；③不确定；④部分同意；⑤完全同意；

18. 在课堂上捣乱很好玩。

①完全不同意；②部分不同意；③不确定；④部分同意；⑤完全同意；

19. 如果老师不检查作业的话，可以不做。

①完全不同意；②部分不同意；③不确定；④部分同意；⑤完全同意；

20. 周末想起学校会心情不好。

①完全不同意；②部分不同意；③不确定；④部分同意；⑤完全同意；

21. 玩电脑或玩手机时，注意力比上课或做作业时集中。

①完全不同意；②部分不同意；③不确定；④部分同意；⑤完全同意；

附录二 条目库

一、场所

（一）学校

1. 学校——主观意愿

我不想待在学校

我不想上学

我很不想上学

我不想去学校

我不愿意到学校

我不愿意在学校里待着

我不愿意上学

2. 学校——情绪

我在学校感到紧张

我在学校感觉不到快乐

我在学校感到不舒服

我对上学有抵触

我在学校感到孤单

我在学校感到烦躁

我在学校感到难受

我在学校觉得无聊

我在学校感到不安

我在学校感到恐慌

我在学校感到郁闷

我讨厌去学校

我不喜欢到学校

我反感上学

我害怕上学

3. 学校——躯体反应

我在学校会感到疲乏无力

我在学校会头痛

我在学校会胸口闷

我在学校感到不自在

我食欲不好

我肠胃不好

我在学校会呕吐

我在学校会感到恶心

在学校我会觉得头脑发木

我在学校会感到呼吸不畅

我在学校会肚子疼

我在学校会拉肚子

我在学校会头晕

我在学校会感到手脚麻木

我在学校胃口不好

我在学校会感到身体不舒服

我在学校会感到心跳快

4. 学校——行为

我上学要人送

我与他人结伴去上学

我办过休学

我拒绝上学

我旷过课

我请过病假

我不会独自去上学

我逃过学

我请假不去上学

我会不去学校

我上学拖拖拉拉

我会迟到

我会不上学

我会早退

我回避上学

（二）教室

1. 教室——主观意愿

我不愿意去教室

我不想待在教室

我不愿意坐在教室

我不想去教室

我不愿意在教室里待着

2. 教室——情绪

我不喜欢待在教室

我不喜欢去教室

我讨厌待在课室

我在教室感到难受

我在教室感到孤单

我害怕进教室

我在教室感到烦躁

我在教室感到紧张

我在教室感觉不到快乐

我在教室感到郁闷

在教室我觉得无聊

3. 教室——身体反应

我在教室会感觉身上难受

我在教室感到不自在

我在教室想睡觉

我在教室会胸口闷

我在教室会头晕

我在教室会感到身体不舒服

我在教室会感到困倦

我在教室会感到心跳快

我在课室会感到呼吸不畅

我在教室感到不舒服

我在课室感到困

我在教室会感到头痛

在教室我会觉得头脑发木

我在课室会肚子疼

我在教室会感到疲乏无力

我在课室会感到手脚麻木

4. 教室——行为

我在教室会胡思乱想

我在上课时左顾右盼

我在上课时与周围同学说话

我在教室不听课

我不听老师讲课

我不去教室

我在教室呆坐着

我会逃课

我在上课时发呆

我在教室睡觉

（三）操场

1. 操场——主观意愿

我不愿意去操场

我不想在操场活动

我不愿意待在学校操场

2. 操场——情绪

一到学校操场我就不开心

我受不了在操场活动

我在学校操场感到紧张

我不喜欢去学校的操场

我害怕去学校操场

我讨厌学校的操场

我在学校操场感觉不到快乐

我在学校操场感到烦躁

我在学校操场待着不开心

在学校操场我觉得无聊

我讨厌待在学校操场

我在学校操场感到难受

我在学校操场感到郁闷

我在操场觉得孤单

我反感去学校的操场

我害怕一个人去学校操场

我讨厌去学校操场

我不喜欢在学校操场做广播体操

我讨厌在学校操场活动

3. 操场——躯体反应

我在操场上会感到恶心

我在操场会感到身体不舒服

我在操场会感到疲乏无力

在操场我会觉得头脑发木

我在操场会感到身体不舒服

我一个人去学校操场时会感到不自在

我在操场会肚子疼

我在操场会感到心跳快

我在操场会胸口闷

我在操场会感觉身上难受

我在操场会感到手脚麻木

我在操场上会肠胃不适

我在操场上会呕吐

我在操场会感到头痛

我在操场会头晕

我在操场感到不自在

4. 操场——行为

我在学校操场散步

我会在学校操场活动（运动）

我参加做广播操

我会去学校操场

我在操场会感到呼吸不畅

我在操场上待不住

我与同学结伴去操场

我会逃离操场

我一个人会去学校操场活动

我在学校操场上运动、做操

（四）图书室

1. 图书室——主观意愿

我不想去学校图书室

我不愿意在学校图书室阅读

我不愿意待在学校图书室
我不愿意到学校图书室

2. 图书室——情绪

我讨厌待在学校图书室
我讨厌在学校图书室学习
我害怕去学校图书室
我在学校图书室感觉不到快乐
我讨厌去学校的图书室
我反感去学校的图书室
我在学校图书室待着不开心
我不喜欢在学校图书室学习
我在学校图书室待着不开心
我在学校图书室感到难受
我在学校图书室感到紧张
我在学校图书室感到郁闷
我在图书室觉得孤单
一到学校图书室我就不开心
我在学校图书室感到烦躁
我害怕一个人去学校图书室
我不喜欢去学校的图书室
我受不了在学校图书室学习
在学校图书室我觉得无聊

3. 图书室——躯体反应

我在学校图书室感到不舒服
我在学校图书室感到烦躁
我一个人去学校图书室时会感到不自在
我在图书室感到不自在

4. 图书室——行为

我避开去学校图书室

我一个人去学校图书室
我会在图书室阅读
我在图书室坐不住
我去学校的图书室
我会在学校图书室学习

（五）食堂

1. 食堂——主观意愿

我不愿意在学校食堂吃饭
我不愿意在学校食堂排队打饭
我不想在学校食堂吃饭

2. 食堂——情绪

我讨厌在学校食堂吃饭
我在学校食堂感到不舒服
我在食堂觉得孤单
在学校饭堂我觉得无聊
我在学校食堂感到郁闷
我害怕一个人去学校食堂
我受不了在学校食堂排队打饭
我讨厌去学校食堂
我在学校食堂感到紧张
一到学校饭堂我就不开心
我讨厌去学校食堂
我不喜欢去学校食堂打饭
我在学校饭堂感到难受
我害怕去学校食堂
我讨厌学校食堂
我在学校饭堂待着不开心
我在学校食堂感到烦躁
我在学校饭堂感觉不到快乐
我反感学校的食堂

3. 食堂——躯体反应
我在食堂会感到疲乏无力

我在食堂会感到头痛

我在食堂会胸口闷

我在食堂会感到身体不舒服

我在食堂感到不自在

我在食堂会感觉身上难受

我在食堂会感到手脚麻木

我在食堂会头晕

我在食堂会感到心跳快

我一个人去学校食堂时就会感到不自在

在食堂我会觉得头脑发木

我在食堂会感到呼吸不畅

我在食堂会肚子疼

4. 食堂——行为
我不去学校食堂吃饭

我避免去食堂吃饭

我不会一个人去学校食堂打饭

我让同学替我去饭堂打饭

我一个人去食堂吃饭

我在学校食堂吃饭时不跟同学说话

我在食堂不跟同学交流

（六）宿舍
1. 宿舍——主观意愿
我不愿意住校

我不想住校

我不想住学校宿舍

我不愿意待在宿舍

2. 宿舍——情绪
我在宿舍感到郁闷

我不喜欢住校

我在宿舍感觉不到快乐

我在宿舍觉得孤单

在宿舍我觉得无聊

我在宿舍待着不开心

我讨厌待在宿舍

我不喜欢待在宿舍

我讨厌住宿

我讨厌住在学校宿舍里

我反感学校的宿舍

我害怕回宿舍

我在宿舍感到难受

我在宿舍感到紧张

一回宿舍我就不开心

我在宿舍感到烦躁

3. 宿舍——躯体反应
我在宿舍会感到疲乏无力

我在宿舍会感到心跳快

我在宿舍会感到手脚麻木

我在宿舍会胸口闷

我在宿舍会感到身体不舒服

在宿舍我会觉得头脑发木

我在宿舍会感觉身上难受

我在学校宿舍感到不舒服

我在宿舍会感到呼吸不畅

我在宿舍会头晕

我在宿舍感到不自在

我在宿舍会感到头痛

我在宿舍会肚子疼

4. 宿舍——行为
我不使用宿舍的卫生间

我不会一个人待在宿舍

我在宿舍与室友争执、吵架

我在宿舍待不住

我不会待在宿舍

我在宿舍不同室友说话

我不在宿舍冲凉

我在宿舍会胡思乱想

我不敢一个人待着宿舍

我不在学校住宿

我在宿舍不与室友交流

（七）家

1. 家——主观意愿

我想待在家里

我愿意待在家里

我希望待在家里

我不想待在家里

2. 家——情绪

我在家里待着不开心

我害怕待在家里

我在家里感到郁闷

我在家里感觉不到快乐

一到家里我就不开心

我讨厌待在家里

我害怕一个人待在家里

我不喜欢待在家里

在家里我觉得无聊

我在家里感到难受

我在家里待着不开心

我在家里觉得孤单

我在家里感到紧张

3. 家——躯体反应

我在家会感到身体不舒服

我在家会感到手脚麻木

我在家会感到头痛

我一个人待在家里不自在

我在家会胸口闷

我在家会肚子疼

我在家里就感到不舒服

我在家会感觉身上难受

我在家会感到心跳快

我在家会感到恶心

我在家会感到身体不舒服

我在家会呕吐

我在家里感到不自在

我在家会感到呼吸不畅

在家我会觉得头脑发木

我在家会感到疲乏无力

我在家会肠胃不适

我在家会头晕

4. 家——行为

我待在家里

我在家里待不住

我在家里会待在我的房间里

我不回家

我在家玩游戏

我在家里做作业

我在家做家务

我在家里关着我房间的门
我在家里学习

二、校内活动

（一）上课

1. 上课——主观意愿

有些课我不想上
我对某些课没兴趣
我不想上课
上课对我来说是件不容易的事

2. 上课——情绪

我害怕上课
我对某些课感到反感
我讨厌上课
我不喜欢听某些课
我觉得上课无聊
有些课我听得无聊

3. 上课——躯体反应

我一上课就头晕
我在上课时会肚子疼
我在上课时会头痛
上课让我感到不舒服
一上课我就紧张
一上课就不舒服
我在上课时会感到身体不舒服
我在上课时会感到疲乏无力
我在上课时会感到手脚麻木
我在上课时会胸口闷
我在上课时会感到呼吸不畅
我在上课时会感到心跳快

4. 上课——行为

上课时我不听老师讲
上课时我看其他书
有些课我不听
有些课我听不进去
上课时我与周围同学聊天
我会逃课
上课时我左顾右盼
上课时我会离开课室
我听不进去课
有些课我听不懂

（二）提问

1. 提问——主观意愿

有些课我不想提问
我不愿意在有些课上被提问
我不愿意在上课时提问
有些课我不愿意提问或回答问题
我不愿意举手提问
我不想在上课时被老师提问
我不想回答老师的提问

2. 提问——情绪

我不喜欢回答老师的问题
我不喜欢被老师提问
我害怕老师上课提问我
老师一提问我，我就紧张
我讨厌回答老师的提问
上课回答问题让我感到难受
我对某些课老师的提问反感
我讨厌老师提问
我觉得回答老师的提问无聊

我不喜欢上课提问

上课提问让我感到郁闷

上课回答老师的提问对我来说是件不容易的事

3. 提问——躯体反应

我在回答老师提问时会肚子疼

我在提问时会呕吐

我在提问时会感觉身上难受

我在老师提问时会头痛

老师一提问我，我就不舒服

我在回答老师的问题时会感到身体不舒服

我在提问时会感到疲乏无力

老师一提问我会头晕

上课提问让我感到不舒服

我在提问时会感到心跳快

我在提问时会感到恶心

我在提问时会感到呼吸不畅

我在提问时会肠胃不适

我在老师提问时会感到头痛

我在提问时会感到身体不舒服

我在提问时会胸口闷

我在提问时会感到手脚麻木

在老师提问时，我会觉得头脑发木

4. 提问——行为

我拒绝回答老师的提问

老师提问我不回答

我对老师的提问保持沉默

我不回答老师的提问

我不会向老师提问

（三）作业

1. 作业——主观意愿

有些课的作业我不想做

我不愿意做作业

有些课的作业我不愿意做

我不想写作业

我不想完成作业

我做作业能应付就应付

我做作业就是为了应付老师或家长

2. 作业——情绪

有些课的作业我觉得无聊

有些课的作业我不喜欢做

我在做作业时会感到恶心

我在做作业时会感到身体不舒服

做作业让我感到难受

我不喜欢做作业

一写作业我就紧张

我害怕做作业

我讨厌写作业

一做作业我就感到郁闷

写作业对我来说是件痛苦的事

我对某些课的作业反感

写作业让我感到愤怒

我觉得做作业无聊

3. 作业——躯体反应

我做作业时会胸口闷

我在家做作业时会觉得头脑发木

我在做作业时会感觉身上难受

我在做作业时会感到头痛

一做作业我就不舒服

我在做作业时会感到呼吸不畅

我在做作业时会感到疲乏无力

我在做作业时会肚子疼

做作业让我感到不舒服

我在做作业时上会肠胃不适

我在做作业时会头晕

我在做作业时会感到手脚麻木

一提写作业我就不舒服

我在做作业时会感到心跳快

我在做作业时会感到身体不舒服

我在做作业时会呕吐

4. 作业——行为

我做作业时反复涂改

做作业时我注意力不集中

我不做作业

我写作业拖拉

老师或家长反复催促我才会做作业

我不会主动交作业

我不交作业

有些课的作业我不交

我抄别人的作业

有些课的作业我不做

(四) 考试

1. 考试——主观意愿

我不愿意考试

我不想参加考试

对于考试我就是应付

有些课的考试我不想参加

有些课的考试我不愿意参加

2. 考试——情绪

我不喜欢考试

一考试我就紧张

我对有些课的考试反感

有些课的考试我不喜欢

考试让我感到难受

一考试我就感到郁闷

我觉得考试无聊

考试对我来说是件痛苦的事

我对某些课的考试反感

考试对我来说是件无聊的事

我讨厌考试

我害怕考试

考试让我感到愤怒

我不喜欢考试

3. 考试——躯体反应

我在考试时会头晕

我在考试时会肠胃不适

一提到考试我就不舒服

我在考试时会感到呼吸不畅

我在考试时会头痛

我在考试时会感到身体不舒服

我在考试时会感到恶心

我在考试时会感觉身上难受

我在考试时会胸口闷

我在考试时会感到手脚麻木

我在考试时会呕吐

一考试我就不舒服

一考试我会头晕

我在考试时会感到心跳快

考试让我感到不舒服

我在考试时会肚子疼

我在考试时会觉得头脑发木

4. 考试——行为

考试时我请假

有些课的考试我交白卷

考试时我交白卷

我不参加考试

我有缺考

有些课的考试我不做

有些课的考试我不参加

我不交试卷

（五）集体活动

1. 集体活动——主观意愿

我不想参加班里或学校组织的集体活动

我不想参加班里的集体活动

我不愿意参加集体活动

我不愿意参加小组活动

2. 集体活动——情绪

我觉得集体活动无聊

我讨厌参加集体活动

集体活动让我感到难受

我对集体活动反感

集体活动让我感到愤怒

我害怕参加集体活动

我对集体活动反感

集体活动对我来说是件无聊的事

参加集体活动对我来说是件痛苦的事

班里的有些集体活动我不喜欢参加

我不喜欢参加小组活动

一参加集体活动我就紧张

一参加集体活动我感到郁闷

我不喜欢班里的集体活动

我不喜欢参加班里或学校组织的春游

3. 集体活动——躯体反应

我在参加集体活动时会感到呼吸不畅

我在参加集体活动时会感到恶心

我在参加集体活动时会呕吐

我在参加集体活动时会感到身体不舒服

我在参加集体活动时会头晕

我在参加集体活动时会头痛

一提参加集体活动我就不舒服

我在参加集体活动时会肠胃不适

我在参加集体活动时会感觉身上难受

我在参加集体活动时会感到手脚麻木

一参加集体活动我会头晕

我在参加集体活动时会胸口闷

在参加集体活动时我会觉得头脑发木

一参加集体活动我就不舒服

我参加集体活动会肚子疼

我参加集体活动时会感到心跳快

参加集体活动让我感到不舒服

我在参加集体活动时会感到疲乏无力

4. 集体活动——行为

我融入不了集体中

班里的有些集体活动我不参加

我远离集体活动

遇到集体活动我就请假

我不参加小组活动

我与班集体保持距离

我不参加班里的集体活动

我不参加班里或学校组织的集体活动

我不参加班里或学校组织的春游

我不参加小组活动

我拒绝参加班里的集体活动

我与同学保持距离

三、人物

（一）教师

1. 教师——主观意愿

我不想见到某些老师

我不愿意见到某些老师

2. 教师——情绪

见到某些老师我会紧张

见到某些老师我会害怕

我不喜欢见到某些老师

我讨厌见到某些老师

见到某些老师我会尴尬

见到某些老师我会难受

我看某些老师不顺眼

3. 老师——身体反应

我与某些老师待在一起时会心慌

我与某些老师在一起时会心跳加快

见到某些老师我会不自在

与某些老师待在一起我会不舒服

4. 老师——行为

我躲着某些老师

我不敢看某些老师

我背地里骂老师

我背地里说老师坏话

我顶撞老师

我作弄过老师

我投诉过老师

我看某些老师不顺眼

某些老师歧视我

（二）家长

1. 家长——主观意愿

我不愿意见到父母

我不想见到父母

我不想在学校见到父母

我不愿意与父母说话

我不想与父母交谈

我不愿意与父母在一起

我不想与父母交流

我不希望见到父母

2. 家长——情绪

我见到父母就紧张

与父母在一起我会感到心慌

我讨厌见到父母

我见到父母就害怕

我不喜欢与父母在一起

与父母在一起我感到难受

与父母在一起我感到紧张

我见到母亲就来气

我见到母亲就烦躁

我讨厌与父母在一起

我害怕与父母在一起
我不喜欢与父母在一起

3. 家长——躯体反应

与父母交谈我不自在
与母亲说话我不舒服
与父母在一起我会肚子疼
与父母在一起我会感到胸口闷
与父母在一起我感到不舒服
我与父母在一起时会头痛
在家里见到父母我感到不舒服
与父母闲聊让我会感到呼吸不畅
在家里见到父母我感到不自在
我与父母在一起时会头晕
我与父母在一起时感到疲乏
与父母在一起我会感到身体不舒服
与父母说话我会感到头脑发木
我与父母在一起玩时会感到身体难受
与父母在一起我会感到心跳快
在家里与父母闲聊让我感到不舒服

4. 家长——行为

我拒绝与父母交谈
我大声呵斥父母
我对父母发脾气
我躲着父母
我对父母冷淡
我与父母和睦相处
我与父母吵架
我不理父母
我与父母斗气
我与父母顶嘴

我不跟父母说话

（三）同学

1. 同学——主观意愿

我不想跟同学待在一起
我不想见到同学
我不愿意跟同学交流
我不希望见到同学
我不想跟某些同学一起玩

2. 同学——情绪

我不喜欢与同学接近
我害怕与同学关系紧密
我喜欢与同学保持距离
与同学在一起我感到尴尬
我讨厌某些同学
我害怕某些同学
我对某些同学感到愤怒
我对某些同学感到生气
我嫉妒同学
与某些同学在一起我感到紧张
与某些同学在一起我感到不舒服
与某些同学在一起我感到难受
在学校与同学闲聊让我感到不舒服

3. 同学——躯体反应

与同学在一起我感到不自在
与某些同学在一起我感到不舒服
我与同学在一起时会头痛
我与同学玩耍时会头痛
与同学在一起我会肚子痛
与同学在一起我会感到身体不适
与同学在一起我会感到胸口闷

与同学在一起我会感到心慌
与同学闲聊会让我感到呼吸不畅
与同学在一起时我会感到疲乏
与同学说话我会感到头脑发木
与同学交谈我会感到恶心

4. 同学——行为
我躲着某些同学
我被某些同学孤立
我被某些同学排挤
我被某些同学忽视
某些同学欺负我
某些同学骂我
某些同学打我
我看某些同学不顺眼
我讨好同学
我迎合同学
我跟同学不交心

（四）朋友
1. 朋友——主观意愿
我不想交朋友
我想交朋友
我不愿意交朋友

2. 朋友——情绪
我嫉妒朋友

我与朋友在一起很开心
我与朋友在一起很难受
我喜欢交朋友
我讨厌交朋友

3. 朋友——躯体反应
与朋友在一起我感到不自在
与朋友在一起我感到不舒服
我与朋友在一起时会头痛
我与朋友玩耍时会头痛
与朋友在一起我会肚子痛
与朋友在一起我会感到身体不适

4. 朋友——行为
我不交朋友
我没有朋友
我交不上朋友
我与朋友疏远
我忽视朋友
我与朋友发生冲突
我与朋友争吵
我与朋友有距离
我拒绝与朋友在一起
我不与朋友交流
我与朋友不交心
我对朋友斤斤计较
我回避见到朋友

附录三　拒绝上学行为评估问卷（初始版）

本问卷用来了解你对学习、学校、同学和父母的态度、情绪、反应和行为等。请你仔细阅读每个题目，根据你的实际情况，从以下多个选项中选一个：从不、偶尔、有时、经常和总是。本问卷**需要**你填上性别、年龄和年级，**不需要**填写姓名、班级或学校。

性别：　　　年龄：　　　年级：

1=从不；2=偶尔；3=有时；4=经常；5=总是

1. 我想交朋友。
2. 我在学校感到不自在。
3. 我不想待在学校。
4. 我躲着某些同学。
5. 我不想上某些课。
6. 我宁可打游戏，也不愿意上学。
7. 我不能主动做作业。
8. 我打游戏时充满成就感。
9. 我在上课时会感到身体不舒服。
10. 我做作业时感到很痛苦。
11. 我与朋友有隔阂。
12. 我讨厌参加集体活动。
13. 我对某些同学感到生气。
14. 我做作业时会头晕。
15. 我参加集体活动时感到痛苦。
16. 考试让我觉得很痛苦。
17. 我讨厌去学校。
18. 我在家将自己隔绝起来。
19. 我在教室感到胸口闷。
20. 我在学校感到不安。
21. 我不听老师讲课。
22. 我见到某些老师时会尴尬。
23. 我害怕某些同学。
24. 我在老师提问时会手脚发抖。
25. 我做作业时觉得很困。
26. 我打游戏不知疲倦。
27. 我在教室发呆。
28. 某些同学欺负我。
29. 我上学迟到。
30. 我不愿意跟父和/或母在一起。
31. 老师一提问我，我就紧张。
32. 我在教室感到很疲倦。
33. 我讨厌考试。
34. 我害怕离开家。
35. 我跟某些同学在一起时会不舒服。
36. 我在意同学的评价。
37. 我不想在上课时被老师提问。
38. 我不参加集体活动。

39. 我在学校会头痛头晕。

40. 我躲着某些老师。

41. 我打游戏没有节制。

42. 我在教室感到紧张。

43. 我不想跟父和/或母说话。

44. 我与老师争执。

45. 我参加集体活动时会感到孤单。

46. 我听不进老师讲课。

47. 我与父和/或母有冲突。

48. 我考试时睡觉。

49. 我不回答老师提问。

50. 我在学校会感到身体不舒服。

51. 我在学校感到紧张。

52. 我背地里说老师坏话。

53. 我在教室感到呼吸不畅。

54. 同学不理我。

55. 我见到某些老师时会不舒服。

56. 我打游戏时很兴奋。

57. 我无法忍受没有网络。

58. 我嫉妒某些同学。

59. 我只想待在家里。

60. 我请假不去上学。

61. 我做作业时拖拖拉拉。

62. 我害怕考试。

63. 我在学校感到无聊。

64. 我主动交朋友。

65. 我只有在家时才会觉得安心。

66. 我在考试时会肚子疼。

67. 我不想回答老师的提问。

68. 我害怕离开父和/或母。

69. 我在学校感到不舒服。

70. 我无法控制使用网络的时间。

71. 我讨厌某些同学。

72. 我做不完作业。

73. 我在学校感到孤单。

74. 我参加集体活动时会身体不舒服。

75. 我上学拖拖拉拉。

76. 我不参加考试。

77. 我不想见到某些老师。

78. 我与朋友冲突。

79. 我不敢看某些老师。

80. 我讨厌老师提问。

81. 我在学校感到难受。

82. 我讨厌做作业。

83. 我在学校感到烦躁。

84. 我上课时注意力不集中。

85. 我讨厌上某些课。

86. 我不想参加集体活动。

87. 我见到某些老师时会紧张。

88. 我觉得上课无聊。

89. 我应付作业。

90. 我在学校会肚子疼。

91. 我不做试卷。

92. 我跟同学在一起时会不自在。

93. 我应付考试。

94. 我不想参加考试。

95. 我听不懂老师讲课。

96. 我见到某些老师时会害怕。

97. 我害怕同学的注视。

98. 我觉得集体活动无聊。

99. 我参加集体活动时会感到紧张。

100. 我抄别人的作业。

101. 我在上课时想睡觉。

102. 我在老师提问时会觉得头脑空白。

103. 我考试时很紧张。

104. 我在老师提问时会感到心跳加快。

105. 我在考试时会觉得头脑空白。

106. 我不想写作业。

107. 我考试时发呆。

108. 我不喜欢见到某些老师。

109. 我害怕老师上课提问我。

110. 我在学校能交上朋友。

111. 我在教室感到难受。

112. 我做作业时会感到身体不舒服。

113. 我对上课提不起兴趣。

114. 我不想和同学待在一起。

115. 我在考试时会感到身体不舒服。

116. 我不想待在教室。

117. 我没有朋友。

118. 我害怕上某些课。

119. 我上课时做其他事情。

120. 我见到某些老师时会不自在。

121. 我不上课。

122. 我想一个人躲在家里。

123. 我在上课时发呆。

124. 我跟父和/或母在一起会感到不舒服。

125. 我在考试时会头晕。

126. 做作业时我注意力不集中。

127. 我在教室胡思乱想。

128. 我在教室感到不自在。

129. 我见到某些老师时会心慌。

130. 我不上学。

附表四　拒绝上学行为评估问卷（第一稿）

本问卷用来了解你对学习、学校、同学和父母的态度、情绪、反应和行为等。请你仔细阅读每个题目，根据你的实际情况，从多个选项中选一个：从不、偶尔、有时、经常和总是。本问卷**需要**你填上性别、年龄和年级，**不需要**填写姓名、班级或学校。

性别：　　　年龄：　　　年级：

1=从不；2=偶尔；3=有时；4=经常；5=总是

1. 我躲着某些同学。

2. 我宁可打游戏，也不愿意上学。

3. 我与朋友有隔阂。

4. 我讨厌参加集体活动。

5. 我对某些同学感到生气。

6. 我参加集体活动时感到痛苦。

7. 考试让我觉得很痛苦。

8. 我在家将自己隔绝起来。

9. 我见到某些老师时会尴尬。

10. 我害怕某些同学。

11. 我打游戏不知疲倦。

12. 某些同学欺负我。

13. 我不愿意跟父和/或母在一起。

14. 我讨厌考试。

15. 我害怕离开家。

16. 我跟某些同学在一起时会不舒服。

17. 我不参加集体活动。

18. 我在学校会头痛头晕。

19. 我躲着某些老师。

20. 我打游戏没有节制。

21. 我在教室感到紧张。

22. 我不想跟父和/或母说话。

23. 我听不进老师讲课。

24. 我与父和/或母有冲突。

25. 我在学校会感到身体不舒服。

26. 我在学校感到紧张。

27. 我在教室感到呼吸不畅。

28. 同学不理我。

29. 我打游戏时很兴奋。

30. 我只想待在家里。

31. 我做作业时拖拖拉拉。

32. 我害怕考试。

33. 我只有在家时才会觉得安心。

34. 我害怕离开父和/或母。

35. 我在学校感到不舒服。

36. 我做不完作业。

37. 我参加集体活动时会身体不舒服。

38. 我不敢看某些老师。

39. 我在学校感到难受。

40. 我上课时注意力不集中。

41. 我不想参加集体活动。

42. 我见到某些老师时会紧张。

43. 我觉得上课无聊。

44. 我应付作业。

45. 我不想参加考试。

46. 我见到某些老师时会害怕。

47. 我觉得集体活动无聊。

48. 我抄别人的作业。

49. 我在上课时想睡觉。

50. 我不喜欢见到某些老师。

51. 我在教室感到难受。

52. 我对上课提不起兴趣。

53. 我上课时做其他事情。

54. 我见到某些老师时会不自在。

55. 我想一个人躲在家里。

56. 我在上课时发呆。

57. 我跟父和/或母在一起会感到不舒服。

58. 做作业时我注意力不集中。

59. 我在教室胡思乱想。

60. 我见到某些老师时会心慌。

附录五　学生学业、纪律和人际关系评价问卷

　　尊敬的老师，根据您对以下同学的了解，请对其学习成绩、在校纪律和人际关系作出评价。每个条目有5个选择答案：很不好、不好、一般、好和很好。每个条目只能选择1个答案，请在对应的格内打"√"。谢谢！

学号：

1=很不好；2=不好；3=一般；4=好；5=很好

1. 该学生的学习成绩	6. 该学生与老师的关系
2. 该学生的课堂纪律	7. 该学生对学业的专注
3. 该学生完成作业	8. 该学生对学习的兴趣
4. 该学生的学校纪律	9. 该学生对人际关系的兴趣
5. 该学生与同学关系	

附录六　第一次专家函询

致专家信

尊敬的专家：

您好！我们诚挚邀请您参加本次拒绝上学行为评估问卷编制的专家咨询，请给予指导和建议。

近年，学生拒绝上学人数呈逐渐上升的趋势，因其具有较强的隐蔽性，往往发展到较为严重时才会引起重视，错过早期干预时机。本研究拟编制适用于青少年的拒绝上学行为的筛查工具，实现对其早期预防和干预的目的。

本咨询函主要由三部分组成：第一部分为《拒绝上学行为评估问卷咨询表》，第二部分为专家基本信息表，参考资料为《拒绝上学行为评估问卷的初步构建》。请您填写第一和第二部分的表格，并在<u>11月16日</u>之前反馈给我们。我们会在2～3轮的咨询完成后根据相关标准向您汇寄咨询费，因此请您务必详细填写专家信息表中的相关内容。本咨询仅作为学术之用，我们会严格遵守保密原则。

本问卷如有任何不明确之处，请随时与我联系。

第一部分　拒绝上学行为评估问卷咨询表（第一轮）

填表说明：

请根据您的理解，对维度和条目的重要性程度进行评判。**重要性程度分为5个等级，1=很不重要，2=不重要，3=一般，4=重要，5=很重要。**请在重要程度栏填上您认为合适的等级。若您需要进行修改或增减，请在表格中的修改意见栏或增减意见栏分别填写您的意见。

表1　问卷维度咨询表（学业分量表）

维度	重要程度	修改意见栏
1. 考试		
2. 作业		
3. 上课		
增减意见栏：		

表2　问卷条目咨询表（学业分量表）

维度		条目	重要程度	修改意见栏
1. 考试	认知信念	①我必须成绩好		
		②我觉得成绩不好是羞耻的		
		③我总是考不好		
		④考试不能促进学习		
		⑤分数就是一切		
	态度情绪	①我害怕考试		
		②我觉得考试很痛苦		
		③我考试时很紧张		
		④我讨厌考试		
	行为反应	①我考试时会头脑空白		
		②我考试时会身体不舒服		
		③我考试时会肚子痛		
		④我考试时会头晕		
		⑤我应付考试		
增减意见栏：				
2. 作业	认知信念	①我完不成作业		
		②我觉得写作业浪费时间		
		③我写作业就是应付		
	态度情绪	①我讨厌做作业		
		②我不想写作业		
		③我做作业感到很烦躁		
		④我觉得写作业是件痛苦的事情		

维度		条目	重要程度	修改意见栏
	行为反应	①我无法专注做作业		
		②我做作业时会头晕		
		③我做作业时觉得很困		
		④我做作业需要监督		
		⑤我抄别人的作业		
		⑥我故意忘记做作业		
增减意见栏：				
3. 上课	认知信念	①我觉得上课讲的东西没有用		
		②我觉得课堂规矩太多了		
	态度情绪	①我觉得上课无聊		
		②我上课时觉得很压抑		
		③我讨厌上某些课		
		④我对上课提不起兴趣		
		⑤我害怕上某些课		
		⑥我上课想睡觉		
	行为反应	①我上课时注意力不集中		
		②我上课时觉得很疲惫		
		③我上课时胡思乱想		
		④我上课不听讲		
		⑤我听不进老师讲课		
		⑥我上课睡觉		
		⑦我上课时会觉得头晕或胸闷		
		⑧我上课时觉得浑身不自在		
增减意见栏：				

表3　问卷维度咨询表（人际关系分量表）

维度	重要程度	修改意见栏
1. 集体活动		
2. 同学		
3. 老师		
4. 父母		
增减意见栏：		

表4　问卷条目咨询表（人际关系分量表）

维度		条目	重要程度	修改意见栏
1. 集体活动	认知信念	①集体活动让人尴尬		
		②集体活动没意义		
		③集体活动是多余的		
		④我融入不了集体活动		
	态度情绪	①我讨厌参加集体活动		
		②我在集体活动时感到孤单		
		③我害怕参加集体活动		
		④我不屑于参加集体活动		
	行为反应	①我在集体活动时会难受		
		②我在集体活动时无法放松		
增减意见栏：				
2. 同学	认知信念	①同学不喜欢我		
		②同学不愿意跟我交往		
		③同学孤立我		
		④同学在背后议论我		
		⑤同学针对我		

维度		条目	重要程度	修改意见栏
	态度情绪	①我对某些同学生气		
		②我害怕某些同学		
		③我嫉妒某些同学		
		④我不愿意和同学待在一起		
		⑤我讨厌某些同学		
	行为反应	①我跟同学在一起时会尴尬		
		②我不跟某些同学交往		
		③我在意同学的评价		
		④我躲着某些同学		
		⑤我跟同学有冲突		

增减意见栏：

维度		条目	重要程度	修改意见栏
3. 老师	认知信念	①老师不喜欢我		
		②老师太严厉		
		③老师冷落我		
		④老师偏心		
		⑤老师不真诚		
		⑥老师能力差		
	态度情绪	①我害怕某些老师		
		②我对某些老师厌烦		
		③我对某些老师愤怒		
		④我不想见到某些老师		
	行为反应	①我见到某些老师会心慌		
		②我见到某些老师会尴尬		
		③我不敢看某些老师		
		④我背地里说老师坏话		
		⑤我躲着某些老师		

增减意见栏：

续表

维度		条目	重要程度	修改意见栏
4. 父母	认知信念	①父母对我期望太高		
		②父母拿我跟别人比较		
		③父母干涉我的生活和学习		
		④父母对我要求很多		
		⑤父母忽视我		
		⑥父母只关心我的学习		
		⑦父母拿我出气		
	态度情绪	①我对父母愤怒		
		②我不愿意跟父母在一起		
		③我不想跟父母交流		
		④我担心达不到父母的期望		
		⑤我害怕父母		
	行为反应	①我见到父母就烦躁		
		②我与父母有冲突		
增减意见栏：				

第二部分　专家基本信息表

1. 请填写您的真实情况。

姓名		性别		年龄	
工作单位					
工作年限		最高学历		职称	
开户行及支行：			银行卡或存折账号：		

2. 您对拒绝上学行为问题的熟悉程度（单选）:（　　　）

A. 很熟悉　　B. 熟悉　　C. 一般　　D. 不熟悉　　E. 很不熟悉

3. 判断依据及影响程度（我们将判断依据分为下列4种，将每种依据对判断的影响又分为大、中、小三种程度，请您根据自身情况进行填写）。

判断依据	影响程度（大、中、小）
1. 直觉判断	
2. 工作经验	
3. 理论分析	
4. 参考国内外资料	

本次咨询到此结束，谢谢您的支持。

参考资料

拒绝上学评估问卷的初步构建

一、概念界定

拒绝上学行为指的12~18岁的青少年自动地不去学校或难以整天坚持在课堂学习的表现。拒绝上学行为按由轻到重的程度可分为以下表现：①威胁或哀求父母不上学，②要求父母陪同上学，③反复出现回避上学的行为，④偶尔不上学或缺课，⑤反复交替出现不上学或缺课，⑥某段时间不上学，⑦长期休学在家。拒绝上学行为是一个综合性概念，其核心问题是儿童没有保持和年龄相符的上学功能或应对学校压力源的能力。

二、理论依据

美国心理学家Kearney认为，拒绝上学的原因有以下四个：为了逃避引发负面情绪或身体不适的学校相关事物和情境（刺激）；为了逃避学校令人苦恼的社交或评价情境；为了获得校外其他重要之人的关注；为了获得或追求校外实质利益，寻求学校以外更有吸引力的事物。前两种类型的拒绝上学行为是因为负强化或逃离学校的不愉快事物；后两种类型的拒绝上学行为是因为正强化或追求学校以外的某种利益。

三、条目编制

陈玉霞编制的拒绝上学行为评估问卷（SRBES）涉及场所（教室、家）、活动（上课和作业、考试、集体活动、游戏）、人物（教师、父母、同学）等三个维度9个因子。研究小组通过文献研究及对拒绝上学学生访谈，确定拒绝上学学生面临的主要困难为学业和人际关系，经过讨论决定将学业和人际关系作为修订问卷的两个维度。研究小组在对原有的9个因子进行分析和调整基础上，将学业分为考试、作业、上课等3个因子，人际关系分为集体活动、同学、老师、父母等4个因子，删除原有的场所维度（教室、家）及游戏因子。同时对问卷的条目进行增删，形成有97个条目的条目池。邀请专家对每一维度和条目的重要性程度进行判断。条目的重要性程度分为很重要（5）、比较重要（4）、重要（3）、不太重要（2）、不重要（1）。同时每一条目均附有修改意见栏，专家可提出自己的修改或增减意见和理由。

附录七　第二次专家函询

致专家信

尊敬的专家：

您好！非常感谢您对本研究的支持。

研究组通过对第一次专家咨询结果的整理和分析，删除了人际分量表中的集体活动维度；对条目进行了增删；修订了部分条目的表述。现邀请您参加第二轮的专家咨询，请给予指导和建议。

请填写《拒绝上学行为评估问卷咨询表（第二轮）》，并于2021年1月5日之前反馈给我们。

如有任何不明确之处，请随时与我联系。

拒绝上学行为评估问卷咨询表（第二轮）

填表说明：

请根据您的理解，对维度和条目的重要性程度进行评判。**重要性程度分为5个等级，1=很不重要，2=不重要，3=一般，4=重要，5=很重要**。请在重要程度栏填上您认为合适的等级。若您需要对维度或条目进行修改或增减，请在表格中的修改意见栏或增减意见栏分别填写出您的意见。

表1　问卷维度咨询表（学业分量表）

维度	重要程度	修改意见栏
1. 考试		
2. 作业		
3. 上课		
增减意见栏：		

表2　问卷条目咨询表（学业分量表）

维度		条目	重要程度	修改意见栏
1. 考试	认知信念	①我觉得我必须成绩好		
		②我觉得我总是考不好		
		③我觉得分数就是一切		
		④我觉得成绩不好是羞耻的		
	态度情绪	①我害怕考试		
		②考试让我觉得痛苦		
		③我讨厌考试		
		④我考试前很焦虑		
		⑤我考试时很紧张		
	行为反应	①我考试时会头脑空白		
		②我考试时会肚子痛		
		③我考试时会头晕		
		④我在考试时会不舒服		

增减意见栏：

维度		条目	重要程度	修改意见栏
2. 作业	认知信念	①我完不成作业		
		②我觉得写作业就是浪费时间		
	态度情绪	①我讨厌做作业		
		②我写作业就是应付		
		③我做作业时感到烦躁		
		④我觉得写作业很痛苦		
		⑤我不想写作业		
	行为反应	①我无法专注做作业		
		②我做作业时会头晕		
		③我做作业时觉得困		
		④我做作业需要监督		
		⑤我抄别人的作业		

增减意见栏：

续表

维度		条目	重要程度	修改意见栏
3. 上课	认知信念	①我觉得上课讲的东西没有用		
		②我觉得课堂规矩太多了		
		③上课讲的东西我听不懂		
	态度情绪	①我上课时觉得很压抑		
		②我觉得上课无聊		
		③我讨厌上某些课		
		④我对上课提不起兴趣		
		⑤我害怕上某些课		
		⑥我上课时想睡觉		
	行为反应	①我上课时注意力不集中		
		②我上课时觉得很疲惫		
		③我上课时胡思乱想		
		④我上课时不听讲		
		①我听不进老师讲课		
		②我上课睡觉		
		③我上课时会觉得头晕或胸闷		
		④我上课时觉得浑身不自在		
增减意见栏:				

表3　问卷维度咨询表（人际关系分量表）

维度	重要程度	修改意见栏
1. 同学		
2. 老师		
3. 父母		
增减意见栏:		

表4 问卷条目咨询表（人际关系分量表）

维度		条目	重要程度	修改意见栏
1. 同学	认知信念	①我觉得同学不喜欢我		
		②我觉得同学不愿意跟我交往		
		③我觉得同学孤立我		
		④我觉得同学在背后议论我		
		⑤我觉得同学针对我		
	态度情绪	①我对某些同学生气		
		②我害怕某些同学		
		③我嫉妒某些同学		
		④我不愿意和同学待在一起		
		⑤我讨厌某些同学		
	行为反应	①我跟同学在一起时会尴尬		
		②我不跟同学交往		
		③我在意同学的评价		
		④我躲着某些同学		
		⑤我跟同学有冲突		

增减意见栏：

2. 老师	认知信念	①我觉得老师不喜欢我		
		②我觉得老师太严厉		
		③我觉得老师不信任我		
		④我觉得老师冷落我		
		⑤我觉得老师偏心		
		⑥我觉得老师不真诚		
	态度情绪	①我害怕某些老师		
		②我讨厌某些老师		
		③我对某些老师愤怒		
		④我不想见到某些老师		

续表

维度		条目	重要程度	修改意见栏
		⑤我见到某些老师会觉得尴尬		
		⑥我见到某些老师会心慌		
	行为反应	①我不敢看某些老师		
		②我躲着某些老师		

增减意见栏：

维度		条目	重要程度	修改意见栏
3. 父母	认知信念	①父母对我期望高		
		②父母拿我跟别人比较		
		③父母干涉我的学习和生活		
		④父母对我要求多		
		⑤父母忽视我		
		⑥父母只关注我的学习		
		⑦父母拿我出气		
	态度情绪	①我对父母愤怒		
		②我不愿意跟父母在一起		
		③我担心达不到父母的期望		
		④我害怕父母		
		⑤我见到父母就烦躁		
	行为反应	①我与父母有冲突		
		②我不跟父母交流		

增减意见栏：

本次咨询到此结束，谢谢您的支持。

附录八 第三次专家函询

致专家信

尊敬的专家：

您好！非常感谢您对本研究的支持。

研究组通过对第二轮专家咨询结果的整理和分析，对部分条目进行了修订。现邀请您参加第三轮的专家咨询，请给予指导和建议。

请填写《拒绝上学行为评估问卷咨询表（第三轮）》，并于2021年1月31日之前反馈给我们。

如有任何不明确之处，请随时与我联系。

拒绝上学行为评估问卷咨询表（第三轮）

填表说明：

请根据您的理解，对维度和条目的重要性程度进行评判。**重要性程度分为5个等级，1=很不重要，2=不重要，3=一般，4=重要，5=很重要**。请在重要程度栏填上您认为合适的等级。若您需要对维度或条目进行修改或增减，请在表格中的修改意见栏或增减意见栏分别填写出您的意见。

表1 问卷维度咨询表（学业分量表）

维度	重要程度	修改意见栏
1. 考试		
2. 作业		
3. 上课		
增减意见栏：		

表2　问卷条目咨询表（学业分量表）

维度		条目	重要程度	修改意见栏
1. 考试	认知信念	①我必须成绩好		
		②我觉得我总是考不好		
		③我觉得分数就是一切		
		④我觉得成绩不好是羞耻的		
	态度情绪	①我害怕考试		
		②考试让我觉得痛苦		
		③我讨厌考试		
		④我考试前很焦虑		
		⑤我考试时很紧张		
	行为反应	①我考试时会头脑空白		
		②我考试时会肚子痛		
		③我考试时会头晕		
		④我在考试时会不舒服		

增减意见栏：

维度		条目	重要程度	修改意见栏
2. 作业	认知信念	①我完不成作业		
		②我觉得写作业就是浪费时间		
	态度情绪	①我讨厌做作业		
		②我写作业就是应付		
		③我做作业时感到烦躁		
		④我觉得写作业很痛苦		
		⑤我不想写作业		
	行为反应	①我无法专注做作业		
		②我做作业时会头晕		
		③我做作业时觉得困		
		④我做作业需要监督		
		⑤我抄别人的作业		

增减意见栏：

维度		条目	重要程度	修改意见栏
3. 上课	认知信念	①我觉得上课讲的东西没有用		
		②我觉得课堂规矩太多了		
		③上课讲的东西我听不懂		
	态度情绪	①我上课时觉得很压抑		
		②我觉得上课无聊		
		③我讨厌上某些课		
		④我对上课提不起兴趣		
		⑤我害怕上某些课		
		⑥我上课时想睡觉		
	行为反应	①我上课时注意力不集中		
		②我上课时觉得很疲惫		
		③我上课时胡思乱想		
		④我上课时不听讲		
		⑤我听不进老师讲课		
		⑥我上课睡觉		
		⑦我上课时会觉得头晕或胸闷		
		⑧我上课时觉得浑身不自在		

增减意见栏：

表3　问卷维度咨询表（人际关系分量表）

维度	重要程度	修改意见栏
1. 同学		
2. 老师		
3. 父母		

增减意见栏：

表4　问卷条目咨询表（人际关系分量表）

维度		条目	重要程度	修改意见栏
1. 同学	认知信念	①我觉得同学不喜欢我		
		②我觉得同学不愿意跟我交往		
		③我觉得同学孤立我		
		④我觉得同学在背后议论我		
		⑤我觉得同学针对我		
	态度情绪	①我对某些同学生气		
		②我害怕某些同学		
		③我嫉妒某些同学		
		④我不愿意和同学待在一起		
		⑤我讨厌某些同学		
	行为反应	①我跟同学在一起时会尴尬		
		②我不跟同学交往		
		③我在意同学的评价		
		④我躲着某些同学		
		⑤我跟同学有冲突		
增减意见栏：				
2. 老师	认知信念	①我觉得老师不喜欢我		
		②我觉得老师对我严厉		
		③我觉得老师不信任我		
		④我觉得老师冷落我		
		⑤我觉得老师偏心		
		⑥我觉得老师不真诚		
	态度情绪	①我害怕某些老师		
		②我讨厌某些老师		
		③我对某些老师愤怒		
		④我不想见到某些老师		

维度		条目	重要程度	修改意见栏
	行为反应	①我见到某些老师会觉得尴尬		
		②我见到某些老师会心慌		
		③我不敢看某些老师		
		④我躲着某些老师		
增减意见栏:				
3. 父母	认知信念	①父母对我期望高		
		②父母拿我跟别人比较		
		③父母干涉我的学习和生活		
		④父母对我要求多		
		⑤父母不理会我的感受		
		⑥父母只关注我的学习		
		⑦父母拿我出气		
	态度情绪	①我对父母愤怒		
		②我不愿意跟父母在一起		
		③我担心达不到父母的期望		
		④我害怕父母		
		⑤我见到父母就烦躁		
	行为反应	①我与父母有冲突		
		②我不跟父母交流		
增减意见栏:				

本次咨询到此结束，谢谢您的支持。

附录九　拒绝上学行为评估问卷（第二稿）

本问卷用于了解你对学业（上课、考试、作业）、人际关系（同学、老师、父母）的看法、态度、情绪和行为。请你仔细阅读每个题目，根据自己的实际情况，从五个选项中选择一个，并在相应的空格内打"√"。选项没有对错之分，你只需要根据自己的真实体验回答即可。每道题均需作答，不可以空题。

性别：　　　　年龄：　　　　年级：

序号	题目	从不	偶尔	有时	经常	总是
1	父母对我期望高					
2	我上课时胡思乱想					
3	我考试时很紧张					
4	我在意同学的评价					
5	我完不成作业					
6	我觉得同学不愿意跟我交往					
7	我觉得我总是考不好					
8	我听不懂老师讲课					
9	我觉得我必须成绩好					
10	我害怕某些老师					
11	父母不理会我的感受					
12	我做作业时会头晕					
13	我害怕考试					
14	我见到某些老师会觉得尴尬					
15	我上课时注意力不集中					
16	父母只关注我的学习					
17	我觉得写作业就是浪费时间					
18	我听不进老师讲课					
19	我讨厌某些同学					
20	我担心达不到父母的期望					

序号	题目	从不	偶尔	有时	经常	总是
21	我在考试时会不舒服					
22	我不想写作业					
23	父母拿我跟别人比较					
24	我上课时会觉得头晕或胸闷					
25	我不想见到某些老师					
26	我害怕某些同学					
27	我无法专注做作业					
28	我讨厌考试					
29	我觉得同学在背后议论我					
30	我不跟父母交流					
31	我抄别人的作业					
32	我上课时觉得浑身不自在					
33	我觉得同学孤立我					
34	我考试前很焦虑					
35	我跟同学在一起时会尴尬					
36	我觉得写作业很痛苦					
37	父母干涉我的学习和生活					
38	我觉得老师不真诚					
39	我考试时会头脑空白					
40	我不愿意跟父母在一起					
41	我觉得成绩不好是羞耻的					
42	我害怕上某些课					
43	我考试时会肚子痛					
44	父母对我要求多					
45	我讨厌做作业					
46	我觉得同学针对我					
47	我讨厌上某些课					
48	我躲着某些老师					
49	我觉得上课讲的东西没有用					
50	我对某些老师愤怒					

续表

序号	题目	从不	偶尔	有时	经常	总是
51	我害怕父母					
52	我考试时会头晕					
53	我觉得老师对我严厉					
54	我做作业需要监督					
55	我觉得同学不喜欢我					
56	我讨厌某些老师					
57	我上课时想睡觉					
58	我对某些同学生气					
59	我写作业就是应付					
60	我觉得老师偏心					
61	我上课时不听讲					
62	我不愿意和同学待在一起					
63	我觉得老师不喜欢我					
64	我上课睡觉					
65	父母拿我出气					
66	我觉得老师不信任我					
67	我嫉妒某些同学					
68	我做作业时感到烦躁					
69	我与父母有冲突					
70	我躲着某些同学					
71	我对上课提不起兴趣					
72	我跟同学有冲突					
73	我觉得老师冷落我					
74	我见到父母就烦躁					
75	我觉得上课无聊					
76	我不跟同学交往					
77	我做作业时觉得困					
78	我觉得课堂规矩太多了					
79	我对父母愤怒					
80	我上课时觉得很疲惫					

序号	题目	从不	偶尔	有时	经常	总是
81	我觉得分数就是一切					
82	我不敢看某些老师					
83	考试让我觉得痛苦					
84	我上课时觉得很压抑					
85	我见到某些老师会心慌					

问卷到此结束，谢谢你的参与，祝你学习进步！

附录十　拒绝上学行为评估问卷（第三稿）

本问卷用于了解你对学业（上课、作业）、人际关系（同学、老师、父母）的看法、态度、情绪和行为。请你仔细阅读每个题目，根据自己的实际情况，从五个选项中选择一个，并在相应的选项上打"√"。选项没有对错之分，你只需要根据自己的真实体验回答即可。每道题均需作答，不可以空题。

性别：　　　年龄：　　　年级：

1. **父母对我要求多。** ①从不　②偶尔　③有时　④经常　⑤总是

2. **我对上课提不起兴趣。** ①从不　②偶尔　③有时　④经常　⑤总是

3. **同学孤立我。** ①从不　②偶尔　③有时　④经常　⑤总是

4. **我做作业时觉得困。** ①从不　②偶尔　③有时　④经常　⑤总是

5. **我上课睡觉。** ①从不　②偶尔　③有时　④经常　⑤总是

6. **我见到某些老师时会紧张。** ①从不　②偶尔　③有时　④经常　⑤总是

7. **同学欺负我。** ①从不　②偶尔　③有时　④经常　⑤总是

8. **我害怕父母。** ①从不　②偶尔　③有时　④经常　⑤总是

9. **我写作业就是应付。** ①从不　②偶尔　③有时　④经常　⑤总是

10. **我跟同学在一起时会不舒服。** ①从不　②偶尔　③有时　④经常　⑤总是

11. **我上课时觉得胸闷。** ①从不　②偶尔　③有时　④经常　⑤总是

12. **老师偏心。** ①从不　②偶尔　③有时　④经常　⑤总是

13. 我见到父母就烦躁。①从不　②偶尔　③有时　④经常　⑤总是

14. 我害怕某些老师。①从不　②偶尔　③有时　④经常　⑤总是

15. 我觉得上课无聊。①从不　②偶尔　③有时　④经常　⑤总是

16. 我不跟同学交往。①从不　②偶尔　③有时　④经常　⑤总是

17. 我做作业时会头晕。①从不　②偶尔　③有时　④经常　⑤总是

18. 我不愿意跟父母在一起。①从不　②偶尔　③有时　④经常　⑤总是

19. 我觉得写作业很痛苦。①从不　②偶尔　③有时　④经常　⑤总是

20. 我不想见到某些老师。①从不　②偶尔　③有时　④经常　⑤总是

21. 父母只关注我的学习。①从不　②偶尔　③有时　④经常　⑤总是

22. 我做作业时注意力不集中。①从不　②偶尔　③有时　④经常　⑤总是

23. 同学不喜欢我。①从不　②偶尔　③有时　④经常　⑤总是

24. 我见到某些老师会心慌。①从不　②偶尔　③有时　④经常　⑤总是

25. 我上课时想睡觉。①从不　②偶尔　③有时　④经常　⑤总是

26. 我与父母有冲突。①从不　②偶尔　③有时　④经常　⑤总是

27. 老师看不起我。①从不　②偶尔　③有时　④经常　⑤总是

28. 我跟父母在一起会感到难受。①从不　②偶尔　③有时　④经常　⑤总是

29. 我不敢看某些老师。①从不　②偶尔　③有时　④经常　⑤总是

30. 父母不理会我的感受。①从不　②偶尔　③有时　④经常　⑤总是

31. 同学不愿意跟我交往。①从不　②偶尔　③有时　④经常　⑤总是

32. 我不想跟父母说话。①从不　②偶尔　③有时　④经常　⑤总是

33. 我躲着某些老师。①从不　②偶尔　③有时　④经常　⑤总是

34. 我做作业时感到烦躁。①从不　②偶尔　③有时　④经常　⑤总是

35. 我跟同学在一起时会尴尬。①从不　②偶尔　③有时　④经常　⑤总是

36. 老师不喜欢我。①从不　②偶尔　③有时　④经常　⑤总是

37. 我上课时觉得浑身不自在。①从不　②偶尔　③有时　④经常　⑤总是

38. 父母干涉我的学习和生活。①从不　②偶尔　③有时　④经常　⑤总是

39. 我见到某些老师会觉得尴尬。①从不　②偶尔　③有时　④经常　⑤总是

40. 我上课时觉得很压抑。①从不　②偶尔　③有时　④经常　⑤总是

41. 同学在背后议论我。①从不　②偶尔　③有时　④经常　⑤总是

42. 父母拿我跟别人比较。①从不　②偶尔　③有时　④经常　⑤总是

43. 我觉得课堂规矩太多了。①从不　②偶尔　③有时　④经常　⑤总是

44. 我跟父母在一起会感到不舒服。①从不　②偶尔　③有时　④经常　⑤总是

45. 我不愿意和同学待在一起。①从不　②偶尔　③有时　④经常　⑤总是

46. 我对父母愤怒。①从不　②偶尔　③有时　④经常　⑤总是

47. 我害怕上某些老师的课。①从不　②偶尔　③有时　④经常　⑤总是

48. 同学针对我。①从不　②偶尔　③有时　④经常　⑤总是

49. 父母拿我出气。①从不　②偶尔　③有时　④经常　⑤总是

50. 我上课时觉得很疲惫。①从不　②偶尔　③有时　④经常　⑤总是

51. 我见到某些老师时会不舒服。①从不　②偶尔　③有时　④经常　⑤总是

52. 我跟同学有隔阂。①从不　②偶尔　③有时　④经常　⑤总是

问卷到此结束，谢谢你的参与，祝你学习进步！

附录十一　青少年心理健康调查问卷

同学，你好！本问卷是为了了解青少年拒绝上学的情况及其影响因素，研究结果将有助于促进青少年身心健康发展。本次调查采取匿名方式，所有资料将严格保密并仅限于科研用途，请放心填写。**请仔细阅读，并按要求认真填写，不要遗漏**。答案没有对错之分，根据你的实际情况填写即可。你的参与和支持对我们的研究工作十分重要，感谢你参与本次调查！

一、基本情况

1. 年龄：

2. 性别：①男　②女

3. 年级：①初一　②初二　③高一　④高二

4. 是否独生子女：①是　②否

5. 你是否与父母住在一起：

①与父母同住　②只与父亲同住　③只与母亲同住　④父母都不与我同住

6. 父亲的文化程度：

①初中及以下　②高中或中专　③大专　④大学本科及以上

7. 母亲的文化程度：

①初中及以下　②高中或中专　③大专　④大学本科及以上

8. 你家里的经济状况：

①非常差　②较差　③一般　④较好　⑤非常好

9. 你在班级中的学习成绩：

①中下（班级后1/3）　②中等　③中上（班级前1/3）

10. 你认为自己的学习压力如何？

①没有　②较轻　③一般　④较重　⑤很重

二、问卷

1. 请尽快回答下列问题，不要在每道题上有太多思考。答案无所谓正确与错误，无需考虑应该怎样，仅回答你平时是怎样的。

	是	否
1 你的情绪是否时起时落？	1	2
2 当你看到小孩（或动物）受折磨时是否感到难受？	1	2
3 你是个健谈的人吗？	1	2
4 如果你说了要做什么事，即使此事不顺利你都总能遵守诺言？	1	2
5 你是否会无缘无故地觉得自己可怜？	1	2
6 欠债会使你感到忧虑吗？	1	2
7 你认为自己活泼吗？	1	2
8 你是否曾贪图过超过你应得的分外之物？	1	2
9 你是个容易被激怒的人吗？	1	2
10 你会服用能产生奇异或危险效果的药物吗？	1	2
11 你愿意认识陌生人吗？	1	2
12 你是否曾经有过明知自己做错了事却责备别人的情况？	1	2
13 你的感情容易受伤害吗？	1	2
14 你是否愿意按照自己的方式行事，而不愿意按照规则办事？	1	2
15 在热闹的聚会中你能使自己放得开，使自己玩得开心吗？	1	2
16 你所有的习惯是否都是好的？	1	2
17 你是否时常感到极其厌倦？	1	2
18 良好的举止和整洁对你来说很重要吗？	1	2
19 在结交新朋友时，你经常是积极主动的吗？	1	2
20 你是否有过随口骂人的时候？	1	2

	是	否
21 你认为自己是一个胆怯不安的人吗？	1	2
22 你是否认为婚姻是不合时宜的，应该废除？	1	2
23 你能否很容易地给一个沉闷的聚会注入活力？	1	2
24 你曾毁坏或丢失过别人的东西吗？	1	2
25 你是个忧虑重重的人吗？	1	2
26 你喜欢和别人合作吗？	1	2
27 在社交场合你是否倾向于待在不显眼的地方？	1	2
28 如果你犯错了，你会感到忧虑吗？	1	2
29 你讲过别人的坏话吗？	1	2
30 你认为自己是个神经紧张或"弦绷得过紧"的人吗？	1	2
31 你是否觉得人们为了未来有保障，而在储蓄和保险方面花费的时间太多？	1	2
32 你喜欢和别人打成一片，整天在一起吗？	1	2
33 当你还是个小孩子的时候，你是否曾有过对父母耍赖或不听话的行为？	1	2
34 在经历令人难堪的事之后，你是否会为此烦恼很长时间？	1	2
35 你是否尽力使自己不粗鲁？	1	2
36 你是否喜欢在自己周围有许多热闹和令人兴奋的事情？	1	2
37 你曾在玩游戏时作过弊吗？	1	2
38 你是否因自己的"神经过敏"而感到痛苦？	1	2
39 你愿意别人怕你吗？	1	2
40 你曾利用过别人吗？	1	2
41 你是否喜欢说笑话和谈论有趣的事？	1	2
42 你是否时常感到孤独？	1	2
43 你是否认为遵循社会规范比按照个人方式行事更好一些？	1	2
44 在别人眼里你总是充满活力的吗？	1	2
45 你总能做到言行一致吗？	1	2
46 你是否时常被负疚感所困扰？	1	2
47 你有时将今天该做的事情拖到明天去做吗？	1	2
48 你能使一个聚会顺利进行下去吗？	1	2

2. 本问卷用于了解你对学业（上课、作业）、人际关系（同学、老师、父母）的感受。请你仔细阅读每个题目，根据自己的实际情况，从五个选项中选择一个，并在相应的选项上打"√"。

	从不	很少	有时	经常	总是
1 我对父母愤怒	0	1	2	3	4
2 我跟同学在一起时会尴尬	0	1	2	3	4
3 我觉得上课无聊	0	1	2	3	4
4 我见到某些老师会心慌	0	1	2	3	4
5 我不愿意跟父母在一起	0	1	2	3	4
6 我不跟同学交往	0	1	2	3	4
7 我上课时觉得疲惫	0	1	2	3	4
8 我不敢看某些老师	0	1	2	3	4
9 我见到父母就烦躁	0	1	2	3	4
10 我不愿意和同学待在一起	0	1	2	3	4
11 我上课做其他事情	0	1	2	3	4
12 我躲着某些老师	0	1	2	3	4
13 我不跟父母说话	0	1	2	3	4
14 我跟同学有隔阂	0	1	2	3	4
15 我上课时觉得压抑	0	1	2	3	4
16 我跟某些老师在一起会不自在	0	1	2	3	4
17 我对不起父母	0	1	2	3	4
18 我躲着某些同学	0	1	2	3	4
19 我写作业时觉得痛苦	0	1	2	3	4
20 我不想见到某些老师	0	1	2	3	4
21 我对父母态度冷淡	0	1	2	3	4
22 我跟同学有矛盾	0	1	2	3	4
23 我做作业时感觉困	0	1	2	3	4
24 我跟老师有冲突	0	1	2	3	4
25 我跟父母在一起会感到不舒服	0	1	2	3	4
26 我对同学生气	0	1	2	3	4
27 我做作业注意力不集中	0	1	2	3	4
28 我见到某些老师时感到难受	0	1	2	3	4

	从不	很少	有时	经常	总是
29 我写作业时觉得难受	0	1	2	3	4
30 我嫉妒同学	0	1	2	3	4
31 我写作业就是应付	0	1	2	3	4
32 我看某些老师不顺眼	0	1	2	3	4
33 我不想跟同学待在一起	0	1	2	3	4
34 我害怕父母	0	1	2	3	4

3. 以下列出的是当你在生活中经受到挫折打击或遇到困难时可能采取的态度和做法。请在最适合你的情况的数字上打"√"。

	从不	偶尔	有时	经常
1 通过学习或活动解脱	0	1	2	3
2 与人交谈，倾诉内心烦恼	0	1	2	3
3 尽量看到事物好的一面	0	1	2	3
4 改变自己的想法，重新发现生活中什么重要	0	1	2	3
5 不把问题看得太严重	0	1	2	3
6 坚持自己的立场，为自己想得到的斗争	0	1	2	3
7 找出几种不同的解决问题的方法	0	1	2	3
8 向家人、朋友或同学寻求建议	0	1	2	3
9 改变原来的一些做法	0	1	2	3
10 借鉴他人处理类似困难情景的办法	0	1	2	3
11 寻求业余爱好，积极参加文体活动	0	1	2	3
12 尽量克制自己的失望、悔恨、悲伤和愤怒感情	0	1	2	3
13 试图休息或休假，暂时把问题（烦恼）抛开	0	1	2	3
14 通过吸烟、喝酒、服药和吃东西来解除烦恼	0	1	2	3
15 认为时间会改变现状，唯一要做的便是等待	0	1	2	3
16 试图忘记整个事情	0	1	2	3
17 依靠别人解决问题	0	1	2	3
18 接受现实，因为没有其他办法	0	1	2	3
19 幻想可能会发生某种奇迹改变现状	0	1	2	3
20 自己安慰自己	0	1	2	3

4. 请阅读下面每句话，并根据你自己的实际情况，选择一个最能够代表自己的选项。

	极不同意	很不同意	稍不同意	中立	稍同意	很同意	极同意
1 在我遇到问题时，有人（老师、亲戚）会出现在我身边	1	2	3	4	5	6	7
2 有人（老师、亲戚）能分享我的快乐与忧伤	1	2	3	4	5	6	7
3 我的家人能够给我具体的帮助	1	2	3	4	5	6	7
4 我的家人可以给我心理上的支持	1	2	3	4	5	6	7
5 当我有困难时，有人（老师、亲戚）能够安慰我	1	2	3	4	5	6	7
6 我的朋友能真正帮助我	1	2	3	4	5	6	7
7 如果有什么事发生，我可以依靠我的朋友	1	2	3	4	5	6	7
8 我能与家人谈论我的难题	1	2	3	4	5	6	7
9 我能够与朋友分享快乐与忧伤	1	2	3	4	5	6	7
10 在我的生活中，有人（老师、亲戚）关心我的感受	1	2	3	4	5	6	7
11 我的家人愿意和我一起做决定	1	2	3	4	5	6	7
12 我可以跟朋友讨论自己的问题	1	2	3	4	5	6	7

5. 以下是一些用来描述个人感受的句子，请选择最能够代表你的感受的答案。

	很不符合	不符合	符合	非常符合
1 我感到我是一个有价值的人，至少与其他人在同一水平上	1	2	3	4
2 我感到我有许多好的品质	1	2	3	4
3 归根结底，我倾向于觉得自己是一个失败者	1	2	3	4
4 我能像大多数人一样把事情做好	1	2	3	4
5 我感到自己值得自豪的地方不多	1	2	3	4
6 我对自己持肯定态度	1	2	3	4
7 总的来说，我对自己是满意的	1	2	3	4
8 我希望我能为自己赢得更多尊重	1	2	3	4
9 我时常感到自己毫无用处	1	2	3	4
10 我时常认为自己一无是处	1	2	3	4

6. 根据你最近一个星期的感觉，在符合你情况的数字上打"√"。

学校	完全 不同意	很 不同意	不同意	部分 同意	同意	完全 同意
1 我期待上学	1	2	3	4	5	6
2 我喜欢待在学校里	1	2	3	4	5	6
3 学校很有趣	1	2	3	4	5	6
4 我希望我可以不去上学	1	2	3	4	5	6
5 学校里有很多我不喜欢的事情	1	2	3	4	5	6
6 我喜欢参加学校的活动	1	2	3	4	5	6
7 我在学校学习了很多东西	1	2	3	4	5	6
8 我在学校感觉很不舒服	1	2	3	4	5	6

7. 请仔细阅读下面每一句话，根据自己的实际情况进行选择。

	从不	有时	经常
1 你沉溺于上网（总想着以前上网的经历或是期待着下一次的上网）吗？	1	2	3
2 你需要通过增加上网时间以获得满足感吗？	1	2	3
3 你经常不能抵制上网的诱惑或很难下网吗？	1	2	3
4 停止上网时你会产生消极的情绪体验和不良的生理反应吗？	1	2	3
5 你每次上网实际所花的时间比原定时间要长吗？	1	2	3
6 上网已经对你的人际关系、学习造成了负面影响吗？	1	2	3
7 你对家人、朋友或心理咨询人员隐瞒了上网的真实时间和费用吗？	1	2	3
8 你将上网作为逃避问题和排遣消极情绪的一种方式吗？	1	2	3

8. 请根据过去一个月你的情况，选出最符合你的答案。

	从不	很少	有时	经常	总是
1 我能适应变化	0	1	2	3	4
2 我有亲密、稳定的关系（亲人、朋友）	0	1	2	3	4
3 当问题无法解决时，命运或机缘能帮忙	0	1	2	3	4
4 无论发生什么事情我都能处理	0	1	2	3	4
5 过去的成功让我有信心面对挑战	0	1	2	3	4

续表

	从不	很少	有时	经常	总是
6 面临难题时，我试着去看到事物积极的一面	0	1	2	3	4
7 应对压力使我感到有力量	0	1	2	3	4
8 经历艰难或疾病后，我往往会很快恢复	0	1	2	3	4
9 不管好坏，我相信事出必有因	0	1	2	3	4
10 无论结果怎样，我都会尽自己最大努力	0	1	2	3	4
11 我能实现自己的目标	0	1	2	3	4
12 当事情看起来没什么希望时，我不会轻易放弃	0	1	2	3	4
13 我知道去哪里寻求帮助	0	1	2	3	4
14 在压力下，我能够集中注意力并清晰思考	0	1	2	3	4
15 我喜欢在解决问题时起带头作用	0	1	2	3	4
16 我不会因失败而气馁	0	1	2	3	4
17 我认为自己是个强有力的人	0	1	2	3	4
18 我能做出不寻常的或是艰难的决定	0	1	2	3	4
19 我能处理不快乐的情绪	0	1	2	3	4
20 我有时按直觉行事	0	1	2	3	4
21 在生活中，我有明确的目标	0	1	2	3	4
22 我感觉我能掌控自己的生活	0	1	2	3	4
23 我喜欢挑战	0	1	2	3	4
24 我能努力学习以达到目标	0	1	2	3	4
25 我对自己的成绩感到骄傲	0	1	2	3	4

问卷到此结束，谢谢你的参与，祝你学习进步！

附录十二　拒绝上学评估问卷正式版

本问卷用于了解你对学业（上课、作业）、人际关系（同学、老师、父母）的感受。请你仔细阅读每个题目，根据自己的实际情况，从五个选项中选择一个，并在相应的选项上打"√"。

	从不	很少	有时	经常	总是
1 我对父母愤怒	0	1	2	3	4
2 我跟同学在一起时会尴尬	0	1	2	3	4
3 我觉得上课无聊	0	1	2	3	4
4 我见到某些老师会心慌	0	1	2	3	4
5 我不愿意跟父母在一起	0	1	2	3	4
6 我不跟同学交往	0	1	2	3	4
7 我上课时觉得疲惫	0	1	2	3	4
8 我不敢看某些老师	0	1	2	3	4
9 我见到父母就烦躁	0	1	2	3	4
10 我不愿意和同学待在一起	0	1	2	3	4
11 我上课做其他事情	0	1	2	3	4
12 我躲着某些老师	0	1	2	3	4
13 我不跟父母说话	0	1	2	3	4
14 我跟同学有隔阂	0	1	2	3	4
15 我上课时觉得压抑	0	1	2	3	4
16 我跟某些老师在一起会不自在	0	1	2	3	4
17 我对不起父母	0	1	2	3	4
18 我躲着某些同学	0	1	2	3	4
19 我写作业时觉得痛苦	0	1	2	3	4
20 我不想见到某些老师	0	1	2	3	4
21 我对父母态度冷淡	0	1	2	3	4
22 我跟同学有矛盾	0	1	2	3	4
23 我做作业时感觉困	0	1	2	3	4
24 我跟老师有冲突	0	1	2	3	4
25 我跟父母在一起会感到不舒服	0	1	2	3	4
26 我对同学生气	0	1	2	3	4
27 我做作业注意力不集中	0	1	2	3	4
28 我见到某些老师时感到难受	0	1	2	3	4
29 我嫉妒同学	0	1	2	3	4
30 我写作业就是应付	0	1	2	3	4
31 我看某些老师不顺眼	0	1	2	3	4
32 我害怕父母	0	1	2	3	4

参考文献

一、中文参考文献

[1] 陈玉霞.拒绝上学行为评估问卷的编制 [J].教育导刊，2021（06）：69-74.

[2] 陈玉霞，徐明玥.拒绝上学行为的评估进展 [J].教育导刊，2020（07）：57-60.

[3] 陈玉霞.拒绝上学行为研究 [M].广东：广东教育出版社，2017：86-92.

[4] 陈玉霞.儿童青少年拒绝上学的治疗进展 [J].中小学德育研究，2010第6期：52-53.

[5] 陈玉霞，杨海荣，陈桂娴.拒绝上学中学生家庭教养、生活事件及社会支持研究 [J].教育导刊，2013，4（511）：31-33.

[6] 陈玉霞.国外拒绝上学行为概念的发展及界定 [J].中小学德育研究，2014年第2期：43-45.

[7] 陈玉霞，麦锦城.学校相关人员对学生拒绝上学行为的知晓率及态度调查 [J].中国健康心理学杂志，2014，22（10）：1569-1571.

[8] 陈玉霞.拒绝上学行为概念的界定 [J].中国校医，2014，28（9）：719-720.

[9] 陈玉霞，杨升平，戴育红，等.儿童拒绝上学行为问卷的编制 [J].中国心理卫生杂志，2015，29（11）：843-847.

[10] 陈玉霞，戴育红，杨升平.拒绝上学行为理论模式的发展及对我国的启示 [J].中国校医，2016，30（1）：28-29.

[11] 陈玉霞，戴育红，杨升平.广州市中小学生拒绝上学行为调查 [J].中国心理卫生杂志，2016，30（2）：140-141.

[12] 陈玉霞，戴育红，杨升平.广州市中小学生拒绝上学行为现状分析与对策研究 [J].教育导刊，2016，581（3）：41-45.

[13] 陈玉霞，徐莹.儿童拒绝上学行为的家庭影响因素研究综述 [J].中小学心理健康教育，2016，302（15）：13-16.

[14] 陈玉霞，徐莹.两个中学生拒绝上学行为的发展过程及分析反思 [J].中小学心理健康教育，2017，313（2）：62-65.

[15] 陈玉霞，徐莹，张绍华．一例中学生拒绝上学的音乐治疗[J]．中小学心理健康教育，2017，322（11）：46-49．

[16] 大石史博．发育临床心理学[M]．东京：中西屋出版公司，2005：89-97．

[17] 董小苹，魏莉莉．上海初中辍学生研究————个案调查与发现[J]．青年研究，2007（2）：1-9．

[18] 戴海崎，张锋，陈雪枫．心理与教育测量[M]．广东：暨南大学出版社，2001：68-92．

[19] 董小苹，程福财．都市里的辍学青少年——以上海为例[J]．青年研究，2003（8）：1-11．

[20] 傅安球，聂晶，李艳平，等．中学生厌学心理及其干预与学习效率的相关研究[J]．心理科学，2005，25（1）：22-23．

[21] 郭兰婷，单友荷，周在东，等．学龄儿童的抑郁[J]．中国心理卫生杂志，1998，12（3）：151-154．

[22] 郭志芳，盛世明，郭海涛．农村小学生厌学现状及影响因素[J]．教育学术月刊，2011（9）：58-60．

[23] 关明杰，徐能义．包头市昆区中学生厌学状况及其影响因素[J]．中国学校卫生，2002，23（6）：492-493．

[24] 高利兵．中学生厌学的归因与矫治[J]．教育科学研究，2004（7）：53-55

[25] 胡静敏，李小白．儿童及青少年拒绝上学问题与家庭教养方式关系的研究[J]．中国健康心理学杂志，2012，20（11）：1710-1711．

[26] 霍翠芳．义务教育阶段辍学相关概念的学理剖析[J]．教育导刊，2010，12月上半期：13-16．

[27] 侯瑞鹤，愈国良．儿童情绪表达规则认知发展及其与焦虑的关系[J]．中国临床心理学杂志，2005，13（3）：301-303．

[28] 侯杰泰，温忠麟，成子娟．结构方程模型及其应用[M]．北京：教育科学出版社，2004：12-161．

[29] 姜季妍，李晓非，任传波，等．儿童少年情绪障碍260例分析[J]．中国全科医学，2003，6（3）：229-230．

[30] 静进．儿童青少年厌学和拒绝上学的诊断和治疗[J]．中国实用儿科杂志，2007，22（3）：172-174．

[31] 静进．儿童青少年厌学和拒绝上学现状分析．中国学校卫生[J]．2007，28（10）：865-866．

[32] 昝飞.行为矫正技术［M］.北京：中国轻工业出版社，2009：207.

[33] 克里斯托弗.A.科尼，安妮.玛丽.阿尔巴诺.孩童厌学治疗师指南[M].北京：中国人民大学出版社，2010：14.

[34] 李致忠，冯忠娜.广西贫困地区中学生厌学因素的logistic分析[J].中国心理卫生杂志，2002，16（2）：134.

[35] 李云涛.刍议中国教育体制的改革[J].青年学研究，2003（2）：40-41.

[36] 李雪荣.现代儿童精神医学［M］.长沙：湖南科学技术出版社，1994：263-266.

[37] 刘录护.西方拒学研究述评[J].青年探索，2012（1）：85-91.

[38] 刘录护.城市青少年的逃学与拒学研究：一个群体社会化的解释框架[J].青年研究，2006，387（6）：1-12.

[39] 刘录护，李春丽.西方青少年逃学与拒学现象的研究与矫正[J].中国青年政治学院学报，2013（2）：6-12.

[40] 刘录护.群体社会化对于青少年的影响[J].青年探索，2009（1）：65-68.

[41] 孟四清，陈志科，李强.天津市中小学生厌学状况的调查[J].天津市教科院学报，2009（3）：46-49.

[42] 梅建，陈辉，杨育林，等.影响湖区学生就学因素的调查分析[J].中国心理卫生杂志，1998（1）：51-52.

[43] 欧婉杏，汪玲华，查彩惠.学校恐怖症儿童的心理特征[J].实用医学杂志，2007，23（15）：2331-2332.

[44] 欧贤才，王凯.自愿性辍学：新时期农村初中教育的一个新问题[J].中国青年研究，2007（5）：60-63.

[45] 秦晓霞，黄永进.学校恐怖症的临床特点与心理社会因素分析[J].中国心理卫生杂志，2000，14（5）：346-347.

[46] 清水凡生.小儿心身医学指南[M].东京：北大路书房，1999：220-227.

[47] 沈红艳，程文红.心理咨询门诊儿童青少年拒绝上学行为及疾病诊断调查[J].精神医学杂志，2011，24（2）：92-94.

[48] 苏林雁，殷青云，王凯，等.长沙市小学生焦虑障碍现状调查[J].中国神经精神疾病杂志，2003，29（5）：330-333.

[49] 王洪芳，张建新.日本拒绝上学概念的演变和原因探讨[J].心理学新进展，2007，15（4）：648-651.

[50] 王晓雪，王旭梅.儿童青少年拒绝上学行为现况分析[J].国际精神病学杂志，2010，37[3]：184-187.

[51] 王晓雪，王旭梅，何强.儿童青少年拒绝上学行为影响因素的初步探讨[J].中华行为医学与脑科学杂志，2010，19（10）：941-943.

[52] 魏莉莉，董小苹.日本"不登校"研究对我国城市辍学研究的启示[J]，青年研究，2010（1）：80-87.

[53] 武丽杰.学校恐怖症的心理成因与防治[J].中国学校卫生，2006，27（7）：607-609.

[54] 吴歆，刘芳，朱澜，等.不同治疗方法对儿童青少年拒绝上学的疗效观察[J].中国学校卫生，2007，28（6）：519-520.

[55] 吴歆，刘芳.拒绝上学的临床表现及治疗[J].国际儿科学杂志，2006，33（5）：356-358.

[56] 王旭梅，张莹，何强.儿童青少年拒绝上学原因问卷的编制及信效度检验[J].国际精神病学杂志，2012，21（9）：853-856.

[57] 王晨阳，林节南，甘诺.拒绝上学住院儿童的临床分析及个性特征初探[J].中国心理卫生杂志，2002，16（6）：411-413.

[58] 汪向东，王希林，马弘，等.心理卫生评定量表手册[J].中国心理卫生杂志，1993（增刊）：216-217.

[59] 王余幸，刘筱蔼.小学新生适应障碍及预防干预措施[J].中国校医，2007，21（3）：349-351.

[60] 温忠麟.实证研究中的因果推理与分析[J].心理科学，2017，40（1），200-208.

[61] 温忠麟，侯杰泰，张雷.调节效应与中介效应的比较和应用.心理学报[J]，2005，37（2）：268-274.

[62] 温忠麟，刘红云，侯杰泰.调节效应和中介效应分析[M].北京：教育科学出版社，2012.

[63] 王济川，王小倩，姜宝法.结构方程模型[M].北京：高等教育出版社，2011.

[64] 王孟成.潜变量建模与Mplus应用基础篇.重庆：重庆大学出版社，2014.

[65] 杨晓玲.学校恐怖症-附10例临床分析[J].中国心理卫生杂志，1991，5（2）：76-77.

[66] 杨平.中小学学生厌学的原因与对策[J].教育实践与研究，2004（7）：15-16.

[67] 岳冬梅，李鸣杲，金魁和等.父母教养方式：EMBU的初步修订及其在神经症患者中的应用[J].中国心理卫生杂志，1993，7（3）：97-101.

[68] 余益兵.初中生逃学行为：基于学校心理学视角的研究[J].现代中小学教育，2006（1）：63-65.

[69] 邹小兵，静进.发育和行为儿科学[M].北京：人民卫生出版社，2005：280-280.

[70] 张莹，王旭梅.儿童青少年拒绝上学的评估方法[J].国际精神病学杂志，2011，38（2）：110-113.

[71] 转型期中国重大教育政策案例研究课题组.缩小差距：中国教育政策的重大命题[M].北京：人民教育出版社，2005：201.

[72] 郑日昌.编制心理量表须注意的几个问题[J].中国心理卫生杂志，2009，23（11）：761-762.

二、英文参考文献

[73] A. C. O. Ellis. Influences on School Attendance in Victorian England[J]. British Journal of Educational Studies, 1973, 21(3): 313-326.

[74] Berg I. School refusal and truancy [J]. Arch Dis Child,1997, 76 (2): 90-91.

[75] Berg I, Nichols K, Pritchard C. School phobia: its classification and relationship to dependency[J]. J Child Psychol Psychiatry 1969,10(2): 258-259.

[76] Bernstein GA, Hektner JM, Borchardt CM, et al. Treatment of school refusal[J]. JAACAP,2001,40(2): 206-213.

[77] Bernstein GA. Borchardt CM. School refusal: family constellation and family functioning[J]. Journal of Anxiety Disorders, 1996, 10(1): 1-19.

[78] Bernstein GA, Warren SL, Massie Ed, et al. Family dimensions in anxious-depressed school refusers[J]. Journal of Anxiety Disorders, 1999, 13(5): 513-528.

[79] Bernstein GA, Borchardt CM, Perwien AR, et al. Impramine plus cognitive-behavioral therapy in the treatment of school refusal [J]. J Am Acad Child Adolesc Psychiatry, 2000, 39(3): 276-283.

[80] Bernstein GA. Comorbidity and severity of anxiety and depressive disorders in a clinic sample[J]. J Am Acad Child Adolesc Psychiatry, 1991, 30(1): 43-50.

[81] Bernstein GA,Massie ED, Thuras PD, et al. Somatic Symptoms in anxious-depressed school refuses[J]. Journal of the American Academy of Child & Adolescent Psychiatry, 1997, 36(5): 661-668.

[82] Buitelaar JK, Van Andel H, Duyx JH, et al. Depressive and anxiety disorders in adolescence:a follow-up study of adolescents with school refusers[J]. Acta Paedopsychiatr, 1994, 56(4): 249-253.

[83] Brown BB, Eicher SA, Petrie S. The Importance of Peer Group(Crowd)Affiliation in Adolescence[J]. Journal of Adolescence, 1986, 9(1): 73-96.

[84] Brand C, Conner LO. School Refusal: It Takes a Team[J]. Children & Schools, 2004, 26(1): 54−64.

[85] Compton SN, Grant PJ, Chrisman AK, et al. Sertraline in children and adolescents with social anxiety disorder: an open trial[J]. Journal of the American Academy of Child & Adolescent Psychiatry, 2001, 40(5): 564−571.

[86] Chiland C, Young JG. Why children reject school: views from seven countries[M]. New Haven: Yale University Press, 1990.

[87] Doobay AF. School Refusal Behavior Associated With Separation Anxiety Disorder: A Cognitive-Behavioral Approach To Treatment[J]. Psychology in the Schools, 2008, 45(4): 261−272.

[88] Elliot JG. Practitioner Review: school refusal: issue of conceptualization, assessment, and treatment[J]. Child Psychol Psychiatric, 1999, 40(7): 1001−1009.

[89] Fremont WP. School refusal in children and adolescents[J]. Am fam physician, 2003, 68(8): 1555−1560.

[90] Granell de Aldaz E, Vivas E, Gelfand DM, et al. Estimating the prevalence of school refusal and school-related fears. A Venezuelan sample[J]. Journal of Nervous and Mental Disease, 1984, 172(12): 722−729.

[91] Gosschalk PO. Behavioral treatment of acute onset school refusal in a 5-year old girl with separation anxiety disorder[J]. Education and treatment of children, 2004, 27(2): 150−160.

[92] Gullone E, King NJ, Tonge BJ, et al. The fear survey schedule for children-Ⅱ (FSSC-Ⅱ): Validity data as a treatment outcome measure[J]. J Am Acad Child Adolesc Psychiatry, 2000, 39(3): 276−283.

[93] Hibbett A, Fogelman K, MANOR O. Occupational outcomes of truancy[J]. British Journal of Educational Psychology, 1990, 60(1): 23–36.

[94] Heaviside S, Rowland C. Violence and discipline problems in us public schools: 1996-1997[M]. Washington DC: Department of Education, 1998: 45−67.

[95] Hersov L. School refusal. In: Rutter M, Hersov L, editors. Child and adolescent psychiatry: modern approaches. 2nd ed[M]. Oxford: Blachwell, 1985: 382−399.

[96] Heyne D, Sauter FM, Van Widenfelt BM, et al. School refusal and anxiety in adolescence: Non-randomized trial of a developmentally sensitive cognitive behavioral therapy [J]. Journal of Anxiety Disorders, 2011, 25(7): 870−878.

[97] Heyne D,King NJ,Tonge BJ, et al. School refusal: epidemiology and management[J]. Therapy In Practice, 2001, 3(10): 721−722.

[98] Heyne D, King NJ, Tonge BJ, et al. Evaluation of child therapy and caregiver training in the treatment of school refusal [J]. J Am Acad Child Adolesc Psychiatry, 2002, 41(6): 687−695.

[99] Johnson AM, et al. School phobia[J] . Am J Orthopsychjat. 1993, 11: 702−715.

[100] Johnson AM, Falstein EI, Szurek SA, et al. School Phobia[J]. American Journal of Orthopsychiatry, 1941, 11(4): 702−711.

[101] Ken Reid, Linda Kendall. A Review of Some Recent Research into Persistent School Absenteeism[J]. British Journal of Educational Studies, 1982, 30(3): 295−312.

[102] Kearney CA. Bridging the Gap Among Professionals Who Address Youths With School Absenteeism: Overview and Suggestions for Consensus[J]. Professional Psychology: Research and Practice, 2003, 34(1): 57−65.

[103] Kearney CA. School Refusal Behavior in Youth[M]. American Psychological Association, Washington DC, 2006: 6−85.

[104] Kearney CA. School absenteeism and school refusal behavior in youth: A contemporary review [J]. Clinical Psychology Review, 2008, 28(3):451−471.

[105] Kearney CA. An interdisciplinary model of school absenteeism in youth to inform professional practice and public policy[J]. Educ Psychol Rev, 2008, 20(3): 257−282.

[106] Kearney CA, Eisen AR, Silverman WK. The legend and myth of school phobia[J]. School Psychology Quarterly, 1995, 10(1): 65−69.

[107] Kearney CA, Silverman WK. The evolution and reconciliation of taxonomic strategies for school refusal behavior[J]. Clinical Psychology: Science and Practice, 1996, 3(4): 339−354.

[108] Kearney CA,Albano AM. The functional profiles of school refusal behavior: diagnostic aspects. Behavior Modification, 2004, 28(1): 147−161.

[109] Kearney CA,Sliverman WK. A preliminary analysis of a functional model of assessment and treatment for school refusal behavior[J]. Behavior Modification, 1990, 14(3): 340−366.

[110] Kearney CA. Identifying the function of school refusal behavior: a revision of the School Refusal Assessment Scale[J]. Journal of Psychopathology and Behavioral Assessment, 2002, 24(4): 235−245.

[111] Kearney CA, Sliverman WK. Family environment of youngsters with school refusal behavior: a synopsis with implications for assessment and treatment[J]. American Journal of Family Therapy, 1995, 23(1): 59−72.

[112] Kearney CA, Sliverman WK. Functionally-based prescriptive and non-prescriptive treatment for children and adolescents with school refusal behavior[J]. Behavior Research and Therapy, 1999, 30(4): 673−695.

[113] Kearney CA, Silverman WK. A critical review of pharmacotherapy for youth with anxiety disorders: things are not as they seem[J]. Journal of Anxiety Disorders, 1998, 12(2): 83−102.

[114] Kennedy WA. School phobia: Rapid treatment of fifty cases[J]. Journal of Abnormal Psychology,1965, 70(47): 285–289.

[115] King NJ, Tonge BJ, Heyne D, et al. Cognitive-behavioral treatment of school refusing children: a controlled evaluation[J]. J Am Acad Child Adolesc Psychiatry, 1998, 37(4): 395−403.

[116] King NJ, Heyne D, Tonge B,Gullone E, et al. School Refusal: Categorical Diagnoses, Functional Analysis and Treatment Planning[J]. Clinical Psychology and psychotherapy, 2001, 8(5): 352−360.

[117] King NJ, Bernstein GA. School refusal in children and adolescents: a review of the past 10 years[J]. J Am Acad Child Adolesc Psychiatry, 2001, 40 (2): 197−205.

[118] Last CG,Strauss CC. School refusal in anxiety-disordered children and adolescents[J]. Journal of the American Academy of Child & Adolescent Psychiatry[J], 1990, 29(1): 31−35.

[119] Last GG, Hansen C, Franco N. Cognitive behavioral treatment of school phobia[J]. J Am Acad Child Adolesc Psychiatry 1998, 37(4): 404−411.

[120] Lyon AR, Cotler S. Toward reduced bias and increased utility in the assessment of school refusal behavior: the case for diverse samples and evaluations of context[J]. Psychology in the Schools, 2007, 44(6): 551−552.

[121] Mcshane G, Walter G, Rey JM. Characteristics with school refusal[J]. Australian and New Zealand College of Psychiatrists, 35(6): 822−826.

[122] March J, Silva S, Petrycki S, et al. Fluoxetine, cognitive-behavioral therapy, and their combination for adolescents with depression: Treatment for Adolescents With Depression Study (TADS) randomized controlled trial [J]. JAMA, 2004, 292(7): 807−820.

[123] Ollendick TH, Mayer JA. School phobia. In Behavioral Theories and Treatment of Anxiety, Turner SM(ed.)[M]. Plenum Press: New York, 1984: 367−411.

[124] Olfson M, Marcus SC, Druss B, et al. National trends in the outpatient treatment of depression [J]. JAMA, 2002, 287(2): 203−209.

[125] Phelps L, Cox D, Bajorek E. School phobia and separation anxiety: diagnostic and treatment comparisons[J]. Psychol Sch, 1992, 29(4): 384−394.

[126] Pellegrini DW. School non-attendance: definitions, meanings, responses, interventions[J]. Educational Psychology in Practice,2007, 23(1): 63−64.

[127] Pilkington CL, Piersel WC. School Phobia Analysis of the Separation Anxiety Theory and an Alternative Conceptualization [J]. Psychology in the Schools, 1991, 28(4): 290−300.

[128] Shoko Yoneyama. Student discourse on school phobia/refusal in Japan: burnout or empowerment? [J]. British Journal of Sociology Education, 2000, 21(1): 77−92.

[129] Swell J. School refusal [J]. Australian Family Physician, 2008, 37(6): 406−408.

[130] Stearns E, Moiler S, Potochnick S. Staying Back and Dropping Out: The Relationship between Grade Retention and School Dropout[J]. Sociology of Education, 2007, 80(3): 210−240.

[131] Tyerman MJ. Truancy[M]. London: University of London Press, 1968: 217−225.